우리아이를 이해하는
사분면 상담지표

# 우리아이를 이해하는 사분면 상담지표

발행일 | 2023년 03월 06일

지은이 | 박명옥

책임 기획 | 손유섭, 김민정, 박정주     편집 | 이흥기, 안수현

디자인 | 흐 름

출판사 | 자 존     출판등록 | 2020년 6월 2일(제 000013호)

주소 | 부산 부산진구 서전로 8 6층 자존출판사     홈페이지 | www.jajonbooks.com

이메일 | thsdbtjq96@naver.com

값 | 19,000원     ISBN | 979-11-982066-3-3

# 우리아이를
# 이해하는

박명옥 지음

# 사분면

# 상담지표

**우리 나라의 미래는 청소년에 달려있다**

그들과 소통하는 방법이 한국의 미래를 여는 유일한 길이다

≡ JAJONBOOKS

자 존 출 판 사

# 목차

## Part 1. 위기 청소년들은 상담이 답이다

## Part 2. 상담의 마중물이 되는 '사분면 상담지표'

## Part 3. 일사분면
## - 집착하는 부모와 순응하는 자녀의 갈등관계 6가지 사례

## Part 4. 이사분면

### - 집착하는 부모와 순응하는 자녀의 갈등관계 6가지 사례

## Part 5. 삼사분면

### - 방임하는 부모와 순응하는 자녀의 갈등관계 6사례

# Part 6. 사사분면

## - 방임하는 부모와 반항하는 자녀의 갈등관계 6사례

# Part 7. 사사분면

## - '사분면 상담지표'의 4가지 활용 TIP

사분면 속에 갇힌 갈등(유리벽 같은 사분면 속의 청소년)

내 상담은 특별했던 아이를 보통의 아이로 만들어 주기 위한 봉사에서부터 시작됐다. 우연히 상담 센터에 들르게 되었는데, 분노에 가득 찬 눈빛으로 상대방을 보면서 자신의 감정을 주체하지 못하고 욕을 하는 청소년을 봤다. 그때 내 아들이 떠올랐다. 부모가 바쁘다는 핑계로 사춘기가 지나가는 시기에 관심을 주지 못해 탈선 위기에 있었던 일이 항상 마음 한구석에 자리 잡고 있었기 때문이다.

보통의 아이들이 특별한 시선을 받을 때는 다 이유가 있다. 마음이 아프다고 호소하는 아이를 심리적으로 회복시켜줄 수 있는 것이 상담이다. 상담은 사람의 심리를 나루는 중요한 일이라는 깃을 청소년을 상담하면서 알게 되었다. 청소년 상담 봉사와 대학원에서 상담 공부를 병행하면서 지낸 20여 년 동안 과학의 발달과 사회의 환경변화 등의 요인으로 청소년들의 성격이나 성향도 많이 변했다. 내가 상담으로 만난 청소년들은 처음과 마찬가지로 지금도 여전히 내면의 갈등을 어떻게 해소할지 몰라 다양한 방법으로 자신의 감정을 드러내고 있다. 이제는 청소년의 문제들을 바라보는 시선이 바뀌어야 한다. 한국의 미래는 청소년들에게 있다. 이 책을 통해 부모나 청소년들이 그동안 자신의 마음을 전하지 못한 채 쌓아왔던 갈등 요인들을 서로 이해하고 소통할 수 있기를 바란다.

청소년들에게 상담이 필요하다.

청소년들은 예기치 못한 상황이나 방황에 상담 받을지 말지 고민한다. 상담을 어른들의 잣대에 맞추어서 생각하고 문제를 해결하려는 걸 청소년들은 잘 알고 있기에 청소년들을 위한 상담으로 접근하기는 어렵다. 청소년 상담 중 안타깝게도 극단적인 선택을 한 경우의 공통점들은 누구에게도 진심으로 자신의 고민을 털어놓거나 마음을 나눌 친구가 없었다는 것이다. 친구도 경쟁자라는 인식에 길들어져 있기 때문이기도 하다. 운동장에서 뛰어놀며 친구들과의 교류로 즐거움을 찾는 것은 먼 과거의 역사일 수 있다.

현재 우리는 과학 발달의 산물인 스마트 폰에 익숙해지면서 인간적인 감정이 없는 시대를 살아가고 있다. 시대가 바뀌어도 청소년기의 생각이나 행동은 마치 생밤을 모닥불 위에 올려둔 것 같다. 언제나 현실에 처해 있는 환경에서 자신들 만의 탈출구가 필요하다. '시간이 지나면 괜찮아지겠지.' 하면서 청소년들의 정서와 행동에 무관심으로 일관할 것이 아니라, 시대에 적응하는 청소년을 이해하는 시선으로 소통을 도울 수 있게 상담에도 변화가 필요하다. 청소년들이 가지고 있는 불만이나 부모와의 갈등을 파악하여 소통할 수 있는 기회를 만드는 것이 청소년 상담이 필요한 가장 큰 이유다.


청소년들은 인공지능과 함께 살아가야 하는 불안정한 현실에 서 있다.

최근에 발생한 코로나19의 팬데믹으로 비대면 수업이 늘어났고, 마스크를 사용함으로써 표정과 입모양이 차단되어 서로의 감정을 읽지 못했다. 쌓여만 가는 불안감과 스트레스를 해소하는 방법으로 인터넷 속 세상에 의존하려는 경향이 크다. 청소년들의 신조어로 '온노'라는 말이 있다. 온노란 '온라인 노예'라는 뜻이다. 청소년들은 무의식중에 기계와 공존함과 동시에 경쟁 또한 해야 하는 시대적인 불안감에 시달리고 있다는 생각이 든다.

서울특별시 교육청(교육감 조희연)은 〈인공지능과 미래사회〉 교과서를 인정 도서로 승인했다. 현실의 청소년들은 '미래를 위한 인공지능'에 대한 공부뿐만 아니라 인공지능과 함께 살아갈 준비도 해야 한다. 인터넷과 컴퓨터로 현실 속에 깊이 들어와 있는 AI는 일상화되고 있다. 미래의 인공지능인 딥러링(Deep Leating)의 등장 및 기계학습과 인공지능의 환경은 청소년들에게 미래의 희망일까? 아니면 위기일까? 앞으로는 인공지능인 AI를 넘어선 가상 인간과 경쟁하면서 살아가야 한다. 미래에 대해 청소년들이 무의식에 가지고 있는 불안정한 심리에도 상담은 매우 중요한 역할을 할 것이다.


사녀와 소통하려면 통역이 필요하다.

부모는 자녀의 언어와 행동을 이해하지 못해 자녀와 소통하면서 화가 날 때가 많다. 사회 환경의 변화로 부모, 자녀 세대 간의 이해가 부족하다. 부모가 가진 생각과 자녀가 가진 생각은 '틀린 것'이 아니고 '다르다'는 것을 부모는 이해하려고 노력해야 한다. 부모도 자녀와 같은 시대에 살고 있다는 것을 인정하고 자녀와 관계에서 일어나는 부정적인 원인을 알아야 자녀와 갈등을 줄일 수 있고 원활한 소통이 가능해진다. 청소년들도 자신의 의견이나 감정을 전달하기 위해 부모와 소통하는 것은 매우 어렵고 불편하다고 한다. 욕을 추임새로 넣지 않으면 자신들끼리도 1분 이상 대화를 하지 못하는 언어 습관 때문이다.

청소년들은 왜 욕을 할까? 경쟁에서 뒤처지면서 오는 과도한 스트레스나 불안감을 해소하고 자신의 감정도 표현하기 위한 수단으로 욕설을 한다. 대화에 욕과 은어를 사용해서 자기 생각을 전달하는데 익숙한 자녀와 소통하려면 부모에게 통역사가 필요할 정도다. 청소년들이 변화된 생활환경에 적응하는 고충을 이해하고, 청소년들과 제대로 소통하기 위해서는 상담이 필요하며, 이 상담이 통역과 같은 역할을 한다.

청소년들을 상담할 때 갈등 요인을 빠르게 파악하기 위해 사분면 상담지표를 고안했다. 청소년들이 어릴 때부터 시각적, 공간적 영상인 미디어와 스마트 폰에 장시간 노출되어 성장하는 과정은 정서와 인지적인 부분에 영향을 끼친다. 미디어에 오랫동안 노출되어 영상의 인지 속도와 공간과 시각적인 것에 익숙한 청소년을 상담할 때 일반적인 상담기법들은 청소년들을 답답하게 했다. 그리고 일반적인 상담에 거부감을 강하게 표현하기도 했다.

과학의 발달과 사회적 생활환경에서 성장한 청소년에게 일어나는 가장 많은 갈등 요인은 가정에서 부모로부터 시작되는 경우가 대다수다. 자신들이 요구하는 것들이 해결되지 않으면 밖으로 시선을 돌리게 되며 학교 밖의 위기 청소년이 되는 경우가 많다. 인지 속도와 시각화에 민감한 청소년들이 가지고 있는 갈등의 요인과 크기를 빠르게 파악하고 시각적, 공간적으로 인지시키기 위해 사분면 상담지표를 고안한 것이다.

이 책은 자녀와 원인을 알 수 없는 갈등으로 힘들어하는 부모나 청소년을 상담하고 있는 분들에게 조금이라도 도움이 되길 바라며 집필하였다. 수많은 상담 사례 중 부모, 자녀 사이의 다양한 상황과 환경에서 이루어진 24가정의 상담 경험을 각색하여 수록했다. 모든 청소년이 가정에서 부모와 소통하고, 사회에서 관계적으로도 잘 적응할 수 있길 바란다. 사분면 지표를 활용하여 청소년을 상담하면서 부모, 사회와 소통하는 데 도움을 주는 소통 통역사로 활동하는 것이 나의 소명이다.

청소년이 한국의 미래라고 생각하는

박 명 옥

Part 1

# 위기 청소년들은
# 상담이 답이다

청소년들은 미래의 자산이다. 현재 청소년들이 안정하지 않다면 한국의 미래 또한 보장할 수 없다. 청소년들이 사회적으로 물의를 일으키는 범법 사건들이 늘어나는 추세에 청소년들을 탓하고 통제하기보다는 이제라도 안정적으로 청소년기를 보내며 성장할 수 있도록 모두가 관심을 가지고 노력해야 한다. 누구에게나 상담은 필요하다. 자신이 깨닫지 못하는 것을 이해하고 성찰할 기회가 될 수 있기 때문이다.

# 행복하려면
# 무기력을 벗어던지자

위기는 산불과 흡사하다. 산불 자체는 위험하다. 하지만 오래된 나무를 한순간에 없애고 새로운 숲이 조성되는 놀라운 기회를 제공한다. 누구나 산불을 좋아하지도, 일어나는 것을 바라지도 않는다. 그래도 산불은 세상을 위해 숲을 재생한다.

- 짐 로저스 -

현시대 청소년들의 축 처진 무기력한 모습을 자주 보게 된다. 요즘 청소년들을 보면서 느껴지는 것은 '무기력' 현상이다. 청소년들의 '무기력'한 현상은 무엇일까?

무기력은 크게 기질적 무기력과 학습된 무기력으로 나뉜다. 우리나라 청소년들에게서 볼 수 있는 무기력은 사회적 특유의 과열된 부모의 교육열,

학력 위주의 인정으로 인한 대학입시제도의 경쟁, 주입식 학습법의 학업 스트레스, 부모의 지다친 욕심과 기대에 부합되지 못한 좌절감 등으로 나타난다. 학습된 무기력은 학년이 올라감에 따라 증가하며, 특히 사춘기를 전후한 중학교 시기에 기질적 무기력이 우울과 무력감으로 급격히 증가한다. 청소년들은 무기력으로 인해 문제해결에 대해 노력이나 시도가 줄어들어, 매사에 의욕이나 동기가 저하되어 쉽게 포기하게 된다.

'청소년의 무기력 극복을 위한 단상'에서는 청소년의 무기력증의 원인을 다음과 같이 말하고 있다. 첫 번째, 학업 스트레스와 일찍부터 겪게 되는 경쟁의식으로 나타나는 증상이다. 두 번째, 개인요소로 과잉보호와 과잉통제이다. 스스로 자율성이 부족하여 주도적 경험이 부족하여 매사 의욕이 없다. 세 번째, 감정형인 성격으로 스트레스에 취약한 청소년이 주위 환경에 복잡한 심리적 공허함을 느낀다. 그래서 의욕을 상실하고, 노력은 해보지만 만족할 만한 결과를 내지 못할 때 좌절감을 느끼게 된다고 한다. (전재학, 2020)

## /자신을 찾지 못하는 청소년들

청소년기는 목표를 세우고 자신의 꿈을 키워나가는 시기다. 그러나 지금 우리 옆에 있는 청소년들을 살펴보자. 신체적 영양 상태는 좋아서 신체적인 성장은 어른과 별 차이가 없다고 해도 과언이 아니다. 그러나 표정을 보면 눈은 동공이 풀어져 초점이 없어 보이며, 귀는 늘 이어폰과 함께하고 자신이 관심 없는 상황에 무감각하다. 또한, 어른들은 청소년이 대화나 요구에 즉시 반응하지 않는 것에 답답함을 느끼면서 세대 차에서 오는 거리감을 느끼고 있다. 그리고 청소년들의 긴장감이 없는 무표정과 무엇이든 스스로 할 수 없을 것 같은 자신감 없는 모습에서 무기력함을 느낀다. 어깨는 무거운 가방을 들고 학교 다니던 60~70년대보다 더 처져 있고, 걸음조차 힘 빠진 영혼 없는 걸음걸이로 보인다.

이런 청소년들이 자신에게 닥친 위기나 어려움이 발생한다면 누구에게 손을 내밀어 도움을 요청할 능력조차도 없는 무기력을 나타낸다. 그리고 해결해야 할 문제를 회피하거나 두더지처럼 어둠으로 숨어들거나 타조 인간형처럼 현실을 도피하는 행동을 나타낸다. 학교나 가정에서 원하는 것을 스스로 하지 못하게 될 때마다 좌절하고 그런 경험이 쌓이면 학습된 무기력과 연관된다. 청소년 스스로가 할 수 있는 일이 아무것도 없다고 생각해서 일상생활을 유지하기도 어렵다.

이런 좌절감을 가지면 '나는 왜 하지 못할까? 나는 할 수 없어!', '다른 친구들은 잘하는데.'라고 생각하면서 점점 소극적으로 변한다. 그래서 부모나 주위의 눈치를 보게 되고, 부모에게 인정받지 못하는 것에 의기소침해지면서 자아존중감을 상실한다.

오래전 뉴스에 나온 이비인후과 의사의 칼럼 내용이다. 초등학교 5학년 학생이 감기에 걸려 코가 막혀서 숨을 쉴 수가 없었다. 이비인후과에 갔더니 의사 선생님이 코로 숨을 쉬기 힘들면 입으로 숨을 쉬면 지금처럼 숨이 넘어가는 고통을 줄일 수 있다고 했다. 그랬더니 그 초등학생은 사람이 입으로 숨을 쉴 수 있다는 것을 처음 듣고 무척 놀라워했다. 그리고 자신은 입으로 숨을 쉬는 것을 할 수 없다고 하는 초등학생의 말에 의사 선생님도 너무 놀랐다는 이야기였다.

이 뉴스는 그 당시 화제가 되었다. 이 학생은 신생아부터 감기에 걸려 콧물이 코를 막으면 부모가 콧물 빼는 기계로 늘 코를 빼줘서 본능적으로 입으로 숨을 쉬는 법이 퇴화한 경우일 것이다. 이 뉴스로 인해 오래전부터 부모의 과잉보호를 사랑으로 생각하고 자녀를 양육한 결과가 현시대까지 이어지고 있다고 할 수 있다.

부모의 어리석은 양육으로 자녀는 스스로 할 수 있는 일을 하지 못하는 청소년으로 성장하게 되고 어려운 위기에 처하면 그것을 해결하지 못하고 좌절감에 빠지거나 무기력해지게 만든다. 타인에게 문제해결을 의지하거나 현재 상황을 회피부터 한다. 자신이 해결하기 어려운 문제에 대처 능력이 부족하도록 청소년이 성장하게 되는 동기는 무엇일까? 부모의 무분별한 과잉적 자식 사랑? 공교육의 문제? 사회적으로 급변하는 환경? 과학발달로 기성세대의 통제 불가? 등에서 이유를 찾아보려고 하지만 정확한 답변으로 판단하기는 어렵다.

# /현실 속에서 청소년들의 무기력한 삶

청소년들은 자신을 무력하게 만드는 현실적인 문제에 스스로 무력감에 맞서기보다는 도피하고 외면한다. 이런 청소년들의 '무기력'을 해결하는 데 도움을 주는 방법이 있다. 첫째, 성공한 사람을 기준으로 청소년을 평가하지 말아야 한다. 성공한 사람과 비교해서 청소년을 평가하면 더욱 심리적 위기로 무기력을 초래하게 된다. 둘째, 청소년의 관심과 사랑의 요구에 따뜻하게 대해줘야 한다. 어떤 경우에도 최고의 명약은 부모의 격려와 응원 그리고 칭찬과 격려이다.

셋째, 성적과 경쟁만을 강요해서는 안 된다. 작은 목표치를 정하더라도 스스로 정하도록 조언해주고 그 목표치를 조금씩 이루어 성취 의욕이 생기게 해야 한다. 넷째, 청소년을 우선하는 제도와 분위기를 만들어야 한다. 교육이나 학업 분위기, 진로 지도 등을 청소년들의 의견이나 주장을 수렴하여 청소년에게 맞는 교육제도로 개정되어야 한다. 다섯째, 청소년의 꿈과 목표를 격려와 공감으로 소통해야 한다. 청소년 무기력증은 주위의 환경도 중요하므로 주변 환경을 밝게 만들고 서로 공감하고 소통할 수 있도록 노력해야 한다.

자녀의 타고난 적성과 주도적인 기질을 인정하고 할 수 있는 작은 것부터 성공하면 칭찬하고 해냈다는 성취감을 느끼게 하면서 격려해주는 것이 좋다. 작은 것부터 하나씩 성취감을 맛보게 함으로써 동기 부여해주면서 자신감을 가질 수 있도록 도와줘야 한다.

청소년들이 꿈과 목표를 가지고 스스로가 무기력에서 벗어나 자신의 행복을 추구하며 성장할 수 있도록 어른들의 무한한 지지와 격려, 그들의 생각을 인정해주는 것이 필요하다. 청소년의 무기력은 심리적인 우울과 인지적인 실행기능의 미숙함과 불안정한 성장과정에서 발생한다. 무기력에 빠진 청소년은 성장과정의 발달과 부모의 양육 태도나 방법, 기질 등 다양한 관점에서 바라보고 이해하며 효율적인 상담을 통해 청소년들이 무기력에서 벗어나 행복한 청소년기로 성장할 수 있는 방법을 찾도록 도와야 한다.

# 소통하려다 불통이 되는
# 한 가지 이유

명확한 언어의 적은 위선이다. 사람은 겉으로 주장하는 목적과 실제 목적
이 다를 경우 오징어가 먹물을 뿜어내듯 본능적으로 위선에 가득 찬 긴 단
어와 낡아빠진 구문에 기대게 된다.

- 조지 오웰 / 영국 작가, 언론인, 소설가, 비평가, 정치평론가 -

누구나 우리말을 똑바로 사용하지 않을 때 발생하는 문제점을 인식해
야 한다. 뜻이 서로 통하지 않아서 오해할 수 있고, 아름다운 우리말의 뜻
에 담긴 우리의 정신도 사라질 수 있다. 시대의 변화에 따라 새로운 것들
이 만들어지면서 우리말을 고집할 수는 없지만, 청소년들이 간단히 축약
하여 사용하는 '축약어'와 '신조어'는 너무 다양하고 복잡하며 기성세대들
은 이해하기 힘들다.

청소년들과 함께 살아가는 기성세대나 특정 세대는 언어파괴라는 지적부터 서로의 소통까지도 단절하게 만든다고 호소한다. 청소년들이 사용하는 신조어, 축약어, 은어, 외래어 남용 등을 부모나 기성세대는 이해하지 못하여 바로 반응하지 못하면 세대 간의 격차를 따라갈 수 없어 소통의 어려움을 느낀다.

　언어를 소통의 도구라고 한다면 시대가 변하여 서로 이해할 수 있는 편의를 위해 새롭게 만들어져야 하고 모든 세대가 사용하고 이해하는 불편함이 없도록 해야 한다. 하지만 청소년들이 그들만의 언어인 신조어 등의 사용은 기성세대뿐만 아니라 신세대들도 뜻을 이해하지 못하고 청소년들과 갈등을 유발한다.

　신조어는 시대가 변화하면서 그 시대 세대들만의 현상이 아닌 모든 시대에 존재하는 언어적 특성이다. 신조어는 시대별로 생성되지만 보통 10여 년이 지나면 자동으로 소멸하기도 한다.

　신조어는 그 시대의 사회성이나 사회 분위기가 반영되어 생성된다. 매체의 발전에 맞는 변화가 가장 큰 원인이라고 할 수 있다. 전 국립국어원장이자 한국학회장인 권재일 서울대학교 언어학과 명예교수는 신조어란 '특정 집단에만 속해 있지 않고, 일반인에게 널리 쓰이고, 저항감 없이 널리 쓰일 경우, 의사소통 도구로서 성공한 신조어'가 신조어로서 자격이 될 수 있다고 했다. 시대가 변화되면서 발생하는 신조어를 막을 수는 없으면 신조어로 인한 갈등과 소통의 측면에서 무시할 수 없는 언어의 형식으로 인정할 필요가 있다.


## /청소년들이 사용하는 다양한 언어들

소통을 위해 필요한 언어들을 살펴보면 은어, 속어, 외래어, 축약어가 있다. '은어'란, 어떤 집단 안에서 비밀을 유지하기 위해 만든 말이다. 집단 외의 사람이 알아듣지 못하도록 하는 데 목적을 두고 사용하는 언어이다.

'속어'란 격이 낮고 속된 말로 통속적인 말을 뜻하며 일반 대중들에게도 널리 사용되고 문학작품에 어감의 효과를 높이기 위해 사용한다. '외래어'는 다른 나라와 교류하는데 우리 고유의 말로 표현하기 어려운 경우 만들어진 언어라고 할 수 있다. 현대는 국어로 인정을 하고 국어사전에 많이 용어들이 국어로 인정되어 기록되어 있다. 인터넷이 발달하면서 새로운 인터넷 언어가 생겨났다.

특히 청소년들이 많이 사용하고 있는 인터넷 언어는 인터넷 속도에 맞추기 위해서 뜻만 통하도록 간단히 나타내려는 경향으로 '축약어'를 많이 사용한다. '축약어'를 많이 사용하여 소통하려고 하다 보니 본래의 뜻이 사라지고 언어생활에 부정적인 영향을 미친다.

최근에 청소년들이 즐겨 사용하는 단어는 축약된 형태다. 축약어 사용하는 것도 빠른 시대에 살아가고 있는 청소년들은 길다고 느껴서 단어의 초성으로 기존의 단어를 더 간결하게 표현하는 '초성체'도 사용한다. 왜 청소년들은 자신들과 연관되어 있지 않으면 소통하기 힘든 이런 '축약어'나 '초성체'를 사용하는 것일까? 과학의 발달로 컴퓨터가 개발되면서 인터넷 방송, 온라인 수업, 스마트 폰이나 인터넷 게임 중 상대방과 빠른 소통을 위해서 발전되었을 것이다.

청소년들은 방송을 볼 때나 게임을 할 때 친구들끼리 서로 소통하고 자신의 뜻을 빠르게 전달하고자 할 때 간결하고 신속하며 재치 있게 보내는 단어로 사용하려다 보니 빠르게 확산되고 있다. 하지만 빠른 의사전달을 위해 사용하는 청소년들이 축약어나 초성 형식 언어는 전달하고자 하는 내용의 정확성이 떨어져 오해를 일으켜 의외의 사건으로 발전되는 경우가 많다. 또한, 부모나 기성세대와 소통하기에는 어려움이 많이 발생하여 청소년들의 현실적인 언어소통의 문제점으로 대두되고 있다.


## /새롭게 탄생한 언어사용의 문제점

청소년들이 사용하는 언어의 문제는 무엇일까? 청소년들이 사용하는 언어는 우리말의 고유한 특성을 심각하게 파괴한다고 하지만, 청소년들의 언어는 대부분 유행어로 일시적으로 사용되다가 어느 정도 시간이 지나면 소멸한다. 청소년들이 표준어와 비표준어를 구별하여 정확하게 사용하지 못하는 것이 대부분이다. 청소년은 언어사용 언어발달 능력에 긍정적인 면으로 인식시키기 위해 교육적인 측면에서 신경 써야 한다.

'축약어'나 '신조어'는 책을 보고 상상력을 키우거나 문장의 내용을 이해하기보다는, 미디어에 먼저 노출이 된 시각으로 모든 것을 인지하기 때문에 청소년들은 이미 문해력이 부족한 것으로 예견된 것인지 모르겠다. 글로써 전달하는 장문의 편지나 직접 전할 수 있는 전화로 하는 소통도 청소년들에게 편리성보다는 불편한 일로 생각하며 내용이 길거나 교육적인 내용의 학습적인 문장은 읽어도 전달하고자 하는 뜻을 이해하지 못하는 것이 현실이다.

초성으로 의사를 전달하는 경우가 많다 보니 청소년 소통의 대부분을 차지하는 문자도 이제는 한글의 초성 몇 자로 뜻을 전달한다. 청소년들의 소통 장소인 SNS는 문자는 짧고 재밌지만, 자신들의 깊은 감정을 전달하기 어렵다. 짧고 간단한 단어를 사용하게 되므로 서로의 감정이나 내용이 정확하게 전달되지 않는 경우 서로 간의 오해를 유발하게 되어 청소년들의 폭력적인 집단싸움으로 연결되기도 한다.

요즘 청소년은 우리말을 잘 모르는 세대로 발전되어 간다. 어른들과 대화를 5분 이상 유지하기 힘들 정도로 의사소통에 문제를 일으키기도 한다. 대화하면 서로 답답해서 소통의 어려움에 대화 단절에 이르기도 한다.

한자어를 이해하지 못해서 그렇다고 하고 사회변화에 의한 현상과 교육의 문제점이라고도 말한다. 이런 이유가 청소년들과의 소통에 걸림돌일까? 급변하는 시대에 맞춰서 자신들을 맞추기 위해서 청소년들 스스로가 변화되는 과정이 아닐까?

강희숙 조선대 국어국문학과 교수는 "청소년들이 사용하는 신조어, 축약어의 경우 기존의 언어를 복원할 수 있는 범위를 넘어 새로운 의미를 부여해 특정 집단만의 어휘체계를 구성하고 있다."라고 했다. 그리고 "잘못된 언어 사용을 무조건 꾸지람하기보다는 좋은 문장이 담긴 책을 선물하거나 완성된 언어를 사용할 수 있도록 도와야 한다."라고 말했다.

자원이 풍부한 시대의 삶 속에서 청소년들은 지루함을 참지 못하고 무엇이든 빠르게 해결되거나 결과가 나타나야 한다. 조용함이나 고요함에 익숙하지 못해 항상 주위가 복잡하고 시끄러운 환경에서 심리적인 충동을 스스로 조절하지 못하고 폭력성을 나타내는 경우가 만연하다. 그러므로 정서적인 불안으로 발생하는 심리적인 불안정 상태를 상담을 통해 청소년들 스스로 내면을 이해할 힘을 길러줄 수 있어야 한다.

# 일주일에 1시간,
# 자녀를 변화시키는 '밥상머리 교육'

사람의 성품은 물과 같으니 물이 한번 기울어 흩어지면 돌이킬 수 없고, 성품이 한번 방종해지면 바로 잡지 못한다. 물을 제어 하는 것은 반드시 둑으로 하고 성품을 제어하는 것은 예법이다.

– 명심보감 –

동서고금을 막론하고 '밥상머리 교육'은 가정교육의 기본으로 매우 중요하다. '밥상머리 교육'이라고 하면 미국 대통령을 배출한 존F 케네디 가문이 대표적이라고 할 수 있다. 케네디 가문은 100년 이상 동안 유명 정치인을 배출한 정치 가문이다. 케네디가의 교육법 중 가장 대표적인 것이 '밥상머리 교육'이다. 바빠도 가족이 함께 모여 저녁 식사하면서 토론을 했으며, 토론이라는 것이 다른 사람과 의견을 서로 주고받는 것이라는 것을 교육했다. 토론을 통해 다른 사람의 의견을 듣고 자신의 의견을 전달하는 것을 어릴 때부터 습관이나 학습이 된다면 성장 후 타인의 의견을 경청하고 존중하는 태도가 될 수 있다.

미국의 유명한 소설가이자 사회심리학자인 제임스 볼드윈(James Baldwin, 1924~1987)은 "어른들의 말을 잘 듣는 아이는 없다. 하지만 어른들이 하는 대로 따라 하지 않는 아이도 없다."라는 유명한 말을 남겼다. 조부모, 부모가 하는 행동이나 언어를 보고, 듣고, 느끼면서 자연스럽게 본받으며 예절을 배운다. 전통적인 '밥상머리의 식사 예절'은 가정교육의 시작이다. 식사는 밥만 먹는 자리이기 전에 가족 간에 서로를 인정하고 배려하는 자리이고, 집안의 대소사를 전달하기도 한다. 또한 지켜야 할 기본예절을 배우는 자리이다.

예전의 밥상에서는 가족 구성원 간에 관계를 유지하고 공동체의 질서와 서로 소통하는데 필요한 기초적인 교육이 이루어졌다. 그러나 과학의 발달이나 급변하는 사회성장에 따른 핵가족이나 1인 가족 단위로 늘어나면서 가정에서 식사하는 경우가 희박해졌다.

'밥상머리 교육'이라는 말은 사라져가고 있다. 청소년이 배워야 할 기본적인 인성교육 중 사회적 예의범절과 가정에서 이루어져야 할 기본교육도 함께 사라져가고 있는 것이 현실이다.

# /가족체계의 변화에 '가정교육'이 사라지는 현실

과학과 산업의 발달로 사회체계의 변화는 대가족에서 핵가족으로 가족체계가 바뀌고 그것을 인정하는 시대가 되었다. 이제는 1인 세대로 변화되는 가족구성의 인정과 함께 확대되면서 사회는 불안정한 시선을 나타내기 시작한다. 가정이라는 구조가 흐트러지면서 가족이 함께 밥 먹는 식사 시간이 없어지고, 가족이 각자 일정의 시간에 맞춰서 혼자 밥을 먹는 게 익숙해졌다. 1인 시대의 가족구성 현상을 긍정적으로 되돌아봐야 할 시기인 것 같다. '밥상머리 교육'이라는 가정의 기초교육에 뜻하는 의미는 이제 옛말로 기억되면서 잊히고 있다.

세대 간의 교류가 적어지다 보니 어린아이가 노인을 보며 마치 외계인을 보는 것 같은 시선으로 울먹이며 공포까지 느꼈다는 뉴스가 있었다. 지하철을 타고 가는 젊은 엄마가 안고 있는 아이가 옆에 할아버지가 와서 앉는 것을 보고 손가락질을 하면 울기 시작한 모습이 이슈가 되었다. 어린이가 부모와 생활하며 노인이 된 조부모를 본 적이 없기에 노인이 이상하게 보이는 현상을 웃어넘길 일은 아닌 것 같다. 이미 이런 노인화 사회로 접어들었다고 인정해 버린다면 노인과 아이들의 미래를 어떻게 예측해야 한단 말인가? 노인화 사회로 접어드는 시점에 이제는 1인 사회가 당연시되어가고 있는 사회변화에 따른 가족구성이 안타깝다.

학교에서 하는 공교육이나 학원, 고액 과외 같은 사교육이 청소년들의 정서나 인성교육에 얼마나 많은 영향을 미칠까? 현재 청소년을 위한 인성교육의 심각성에 늦었다고 말하기 전에 교육과 사회, 과학발달로 변화에 맞는 청소년들의 인성교육에 관심을 가질 필요가 있다. 그럼 왜 밥상머리 교육이 필요한가에 대해 생각해 봐야 한다. 국가의 공교육인 학교 교육에서 교과서나 책으로 가르칠 수 없는 인성교육을 가정에서만 가능한 인성교육이 있다.

청소년들은 '라떼'라고 하면서 기성세대를 무시하지만 그런 무시를 받게 된 것은 누구 탓이라고 말할 수 있는가? 그건 자업자득으로 편리성을 추구하던 기성세대가 스스로 판 우물이라고 생각한다. 바쁘다는 이유로 자녀를 돌보지 못하고, 피곤하다는 이유로 자녀들과 눈을 맞추지 않고, 자녀를 사랑하는 마음으로 안아주어야 할 때 힘없다고 침대부터 안은 부모들의 행동에 대해 돌아봐야 할 시기이다.

서로의 생활환경이 다르다는 이유로 가족이지만 집에서부터 각자의 식사를 해결하게 되면서 자녀들과 대화가 점점 사라지거나 가족들 간의 신뢰도 없어지고 있다. 가정은 이제 부모는 자녀의 학교 성적, 자녀는 부모에게 금전 문제 등 자신들의 요구사항을 전달만 하는 장소로 전락하고 있다.

# /교육의 기본인 인성을 위한 '밥상머리 교육'의 필요성

청소년 학교폭력이나 집단 따돌림과 같은 사건들은 가해자나 피해자 모두가 가정교육 부재의 산물이다. 가정에서의 '밥상머리 교육' 문제는 수직성이나 일방성에 있다. 생각해 보자. 과거의 밥상머리에서는 대화가 아닌 끊임없이 이어지는 어른들의 훈계만 있었다. 3~4대로 이루어진 가족 구성원으로 식사 시간이 얼마나 고역이었던가. 그러나 그런 고역이라는 상황 중에서도 어른에 대한 공경을 배우고 지혜나 깨달음을 배우는 장소이기도 했다.

그러나 수직적인 교훈과 어른들의 일방적인 지시에 무조건 따라야 한다는 과거의 밥상머리 교육이 바쁜 일상에 어울리지 않다고 점점 사라지고 있다. 하지만 오늘날에 가정에서만 이룰 수 있는 인성교육의 중요성을 재인식하고, 다시 가족과 공감하고 소통을 위해서 자녀들을 밥상머리로 불러들여야 한다는 주장들이 늘어나는 추세다.

한국 정서에 맞는 '밥상머리 교육'의 중요성을 재인식하면서 가족의 행복을 위한 식사 시간에는 TV, 핸드폰을 끄고 아이의 눈높이에 맞는 대화를 해야 한다. 학교 교육, 성적 등도 중요하지만 자녀의 이야기를 공감하면서 들어주는 경청도 우리 가족의 행복을 위해 매우 중요하다. 자녀를 위해 가정에서 '밥상머리 교육'으로 적어도 일주일에 1시간 정도 투자하자. 그와 동시에 꼭 지켜야 할 규칙들이 있다. 첫 번째는 가족들과의 식사 시간의 날을 정해서 꼭 지키도록 노력해야 한다. 두 번째는 식사할 때는 서로를 비난하기보다는 배려와 존중을 하는 기본적인 예절을 익혀야 한다. 세 번째는 자녀의 생활 태도나 성적을 비판하기보다는 자녀의 어려움을 공감하거나 칭찬하면서 즐거운 식사 시간이 되도록 만들어야 한다. '밥상머리 교육'은 단순히 밥만 먹는 식사 시간이 아니고 작은 것이라도 칭찬을 하고 서로를 지지해주면서 가족 간의 친밀감을 향상하는 것이 먼저다.

 우리 교육은 큰 위기를 맞고 있다. 오늘의 부모들은 가정교육의 중요성을 깊이 인식하지 못하고 공교육에만 의존하려는 타성이 있다. 현시대의 부모는 자녀교육에 대한 교육열은 높지만 바른 교육관은 없다고 느낀다. 청소년은 삶의 보람에 대한 확고한 개념에 바탕을 둔 인생관이나 가치관을 갖지 못하고, 이기적 성공지향주의에 의한 서열화 경쟁에 휘말려 인성적인 교육목표는 무너지고 있다. 청소년들의 학교폭력이나 따돌림 등 사회에서 자행되는 부적절한 행동을 교육하지 않은 인성의 부재라고 할 수 있다.

 "문제의 부모는 있어도 문제 아이는 없다."라는 말이 있다. 자녀의 인성은 어릴 때 가정에서부터 길러지며 부모와 가족들의 올바른 행동을 본받고 자라면 긍정적인 인성으로 성장한다. 자녀가 현대 경제나 사회의 성장이 빠르고 다양하게 일어나는 변화에 긍정적으로 대응하면서 행복하게 살게 하려면 튼튼하고 끈기 있는 도덕적인 인성부터 강화해야 한다. 그러므로 가정교육의 기능을 회복하기 위해 고유의 밥상머리에서 했던 인성교육부터 다시 시작해야 한다. 가정에서의 '밥상머리 교육'은 자녀의 자아개념을 형성하고 자존감을 강화하고 사람의 도리를 배우고 익히는데 필요한 인성교육의 중요한 장소로 꼭 필요하다.

가정에서의 많은 경험은 또 다른 지혜의 보고(寶庫)라는 말이 있듯이 가정은 인격과 인성을 단련시키는 학교이며, 훌륭한 엄마는 백 명의 교사보다 가치가 있다. 가정에서 배워야 할 가정교육을 기초로 하여 배우지 못하고 성장한 자신의 잘못된 행동을 일깨워 줄 방법은 마음을 풀어놓고 긍정적인 안정감을 느낄 수 있는 '상담'이 있다. 상담은 가정이나 학교에서 적응을 힘들어하는 청소년들의 심리적 불안감을 긍정적으로 공감해주고 소통할 수 있도록 도움이 되는 최고의 방법이다.

# '내'가 아니라
# '뇌'가 화낸 거야!

세상을 살아가는데 한 걸음 양보하는 것이 뛰어난 행동이니, 물러나는 것이 곧 나아가는 바탕이기 때문이다. 사람을 대할 때에는 너그럽게 하는 것이 복이 되니, 남을 이롭게 하는 것이 실로 자신을 이롭게 하는 바탕이기 때문이다.

– 채근담 / 중국 유학자 홍자성 –

도덕성의 사전적 의미는 인간이 옳고 그름을 판단하거나 선과 악을 판단하는 태도와 능력이다. 개인적 차원에서 도덕성은 한 개인이 가지고 있는 도덕적 신념과 그것에 따른 행위의 성향과 이것들로 특징짓는 인격을 통칭하는 개념이다. 즉, 사회적인 차원으로는 한 사회가 문화적인 특징을 가지고 도덕적인 가치판단의 일반적인 기준과 지향하는 도덕적 이상을 통칭

하는 개념으로 정의한다.

2018년 사회를 떠들썩하게 했던 부산 여중생 폭행 사건은 중학생들이 여학생 한 명을 집단으로 구타한 사건이다. 이처럼 집단 폭행, 학교폭력, 집단따돌림 심지어 성범죄까지 청소년들의 범죄 사건이 연일 보도 되고 있다. 또한, 청소년들의 일상으로 하는 대화는 속에는 욕설이 섞이지 않으면 말을 이어나갈 수 없을 정도로 욕설이 성행하는 실정이다.

2020년에 경기도 지하철 노인 폭행 사건은 폭행보다 수위가 높은 노인학대죄를 적용하려 했지만, 이들은 만13세로 '촉법소년'에 해당하여 형사입건보다 법원 소년부로 송치돼 보호처분을 받았다. 또 2021년 여주시의 나물 파는 할머니에게 담배심부름을 들어주지 않는다는 이유로 근처 위안부 소녀상 위에 있는 국화꽃으로 할머니의 머리를 여러 차례 내려치면서 능욕했던 사건도 청소년들의 인성이 부족한 범죄로 뉴스가 되었다. 문제의 청소년 5명은 할머니의 나물 손수레를 망가뜨리고 조롱하며 비웃기까지 하며 동영상을 촬영하여 유포했다. 그뿐만 아니라, 위안부 소녀상 앞 국화꽃의 경건함에 대한 무례한 만행을 저지르고도 잘못을 뉘우칠 줄 몰랐다.

청소년의 범죄 중에 많은 사람들이 분노하는 사건은 약자인 미성년자나 노인, 장애인 등의 사람들을 집단으로 폭행하는 사건이다. 일각에서는 청소년들이 약한 상대를 대상으로 저지르는 도덕적인 개념이 상실된 범죄는 강하게 처벌해야 한다고 주장한다.

청소년들의 도덕성에 어긋난 범죄적 폭력 행동은 부모의 양육에서 가정 교육과 학교 교육의 기초가 흔들리고 있다는 걸 보여주고, 사회 전체를 불안전하게 만들고 있다. 인성교육과 도덕적 윤리가 실종된 현실에서 청소년의 도덕불감증으로 기성세대의 사건이나 범죄들을 무분별하게 모방하는 범죄 현상을 심각하게 고민해야 한다. 도덕성이 실종된 현재의 청소년들에게 나타나는 정서적 특징은 약자를 괴롭히면서 타인의 고통이나 괴로움을 공감하지 못하고 단지 자신들이 재미로 즐기는 게임으로 여기는 것이다.

## /도덕성 불감적인 청소년들의 문제점

도덕지능(MQ)이라는 개념을 미국 아동심리학자 로버트 콜스(미국 하버드대 정신의학)교수가 지능지수(IQ), 감성지수(EQ)와 더불어 아이들의 성장에 또 하나의 중요한 지수라고 했다. 그의 저서 〈아이들의 도덕지능(The Moral Intelling endeof Children)〉에서 도덕지능(MQ)의 중요성을 말했다. 아이들은 도덕적으로 성장하는데 밑거름이 되는 도덕지능(MQ)는 규칙적인 암기나 추상적인 토론과 가정에서의 순응 교육으로 길러지지 않는다고 했다. 아이들은 스스로 다른 사람들과 교감을 하면서 지낼 수 있고 보고 듣고 서로 겪어가면서 도덕지능(MQ)은 변화되고 성장한다. 그러므로 도덕심 형성에 중요한 시기는 초등학교 때라고 주장했다. 이때 생성되는 도덕지능(MQ)은 다른 사람의 고통을 공감하고 남에게 옳지 않은 행동을 하면 부끄러움을 알 수 있는 능력의 성장이다. 자신의 감정을 조절하고, 욕구 충족을 참을 수 있고, 타인의 생각을 이해하며 존경심을 가질 수 있는 능력이 이에 해당한다.

사회나 문화가 변화한 현대는 법도 시대정신에 따라 바뀌고 도덕의 기준이 바뀌는 것이 현실이다. 하지만 도덕이 상식이라고 한다면 그건 매우 모호한 개념이다. 갈수록 심각해지는 청소년들의 뉴스를 보면서 어른들은 혀를 차거나 고개를 흔든다. 청소년들을 비판하기 전에 윤리와 도덕성 회복에 대한 교육 방향을 고민해야 한다. 잘못된 상식에 대한 이해와 편리한 대로 잣대가 변경될 수 있는 것이 도덕이라고 할 수 있다.

청소년이 성장 후 사회생활에서 필요한 상호존중을 학교의 도덕 시간에 가르쳐야 할 도덕의 일반성과 상대성에 대해 중요하게 여기지 않는다. 요즘 청소년들은 도덕이라는 의미조차 이해하지 못하고 있는데 이는 교육적으로 불안정함을 나타낸다. 교과목에서 도덕이 슬기로운 생활로 변경되어 교육하지만, 도덕이라는 그 근본적 내용은 변하지 않아야 한다. 도덕적인 개념을 바로 세우려고 한다면 가정에서부터 올바른 행실과 행동을 배우면서 성장해야 한다. 아이들은 가정에서 작은 것부터 익히는 도덕성 인식으로 시작해야 가정 밖에서 제대로 활동하거나 긍정적인 사회관계망을 유지할 수 있다.

# /도덕 과목의 하위권 시험성적이 이상하지 않은 현실

청소년들은 불편한 것을 참지 못하고, 남의 시선을 무시하고, 자신이 하고 싶은 대로 하는 방종을 자유로 잘못 인식하고 있다. 청소년들의 방종 같은 행동에 불편한 시선으로 보는 기성세대와 세대 간의 갈등을 일으키는 사회적 현상은 현실적으로 청소년들의 도덕성 실종의 실태다. 요즘은 기성세대가 청소년들에게 잘못된 행동을 지적하거나 훈계하는 말을 하지 못한다. 그들의 집단적인 보복행위가 무서워서 할 수 없는 세상이기 때문이다. 함부로 타이르거나 훈계를 했다가는 도리어 큰 낭패를 볼 수 있다. 지하철이나 버스에서 경로석 자리 양보나 담배나 술 부름을 부탁하는 잘못된 행위를 하는 청소년에게 훈계했다가 집단 폭행이나 보복 살해를 당하는 상황의 뉴스나 보도를 자주 접한다. 이런 부도덕한 사건들로 인해 청소년들에게 도덕적으로 그릇된 행동을 어떻게 선도해야 할 것인지에 대한 교육의 앞날이 어둡게만 느껴진다고 할 정도다.

폭력적인 한 청소년들에게 왜 그런 행동을 했는지 물어보니 "그건 '내'가 하는 것이 아니라 자신의 '뇌'가 시키는 거예요."라고 대답했다. 청소년들에게는 도덕성이 있는 '내'가 아닌 또 다른 자신을 조정하는 '뇌'가 있다는 것이다. 과학발달에 의한 눈에 보이지 않는 다양한 전자파들이 성장기의 청소년들에게 영향을 주고 있는 많은 문제점도 국가나 학교에서 해결해야 할 과제이다.

현실적으로 청소년들은 도덕이라는 말의 의미를 모른다고 한다. 지하철이나 버스에서 경로석에 청소년들이 버젓이 독차지하고 앉아있거나 노인들에게 자리를 양보하지 않고 당당하게 앉아있으면서 잘못된 행동이라고 생각하지 않는다. 청소년들을 현혹하는 불법 아르바이트 또한 도덕심이 상실된 경우라고 할 수 있다. 돈이면 무엇이든 할 수 있다는 돈이 전부인 것처럼 잘못된 물질만능주의도 도덕성이 무너진 것에 문제점 중 하나로 본다.

학교에서 시험을 치면 도덕 점수가 타 과목에 비해 하위권이라고 한다. 그런데 왜 요즘 청소년들은 도덕 시험을 망친단 말인가? 기성세대들은 도덕 시험의 하위권 점수에 대한 것을 이해하지 못한다. 도덕은 시험 치면 자연스럽게 높은 점수를 받을 수 있다고 생각하는 시대에 교육받은 어른들은 왜 청소년들이 도덕 시험점수가 하위권인지 이해하지 못한다. 도덕이 슬기로운 생활로 교과 명칭이 변경되면서 어른들은 학교에서 도덕을 배우지 않는다고 생각한다. 도덕적 판단력을 학교에서도 배우지 못하니 도덕심이 부족하여 상식 이하의 생각으로 행동할 수밖에 없다며 어른들은 도덕심 부재로 이해한다. 도덕적으로 이해할 수 없는 청소년들의 불편한 언행으로 소통과 공감에 어려움이 많다고 한다.

어른들에게 손가락질하거나 부정적인 언어로 예의 없는 행동을 하고, 어른들을 무시하거나 비방을 한다고 생각한다. 그리고 잘못을 지적한다면 자신들이 올바르다며 심하게 고집이나 반항을 한다고 말들 한다. 도덕심은 학교에서 가르치거나 배워야 하는 것보다 청소년이 어른들의 올바른 행동이나 모습에서 스스로가 보고, 듣고, 익히면서 자연스럽게 터득해야 한다고 생각한다. 시간 없고 바쁘다는 핑계로 부모가 자녀들에게 무관심했던 가정의 인성교육과 성적 위주의 상위학벌을 지지하는 학교 교육체계가 우리 사회의 도덕심 부재라는 병폐를 만든 것은 아닌지 기성세대는 되돌아보고 반성해야 한다.

현실 속에 살아가고 있는 청소년들은 도덕심에 부합하고 상식에 맞지 않은 행동으로 기성세대와 소통하지 못하고 있다. 그런 청소년들의 부정적인 심리를 파악하고 갈등 요인을 알아내는 방법 중 가장 자연스럽게 접근할 수 있는 방법 또한 상담이다.

# 5 / 한국의 학생 3명 중 1명은 시달린다는 증상

배우는 길에 있어서는, 이제 그만하자고 끝을 맺을 때가 없는 것이다. 사람은 일생을 통하여 배워야 하고, 배우지 않으면 어두운 밤에 길을 걷는 사람처럼 길을 잃고 말 것이다.

- 태자 -

어느 시대든지 과학이나 사회가 발전하면서 변화에 가장 민감한 세대는 청소년들일 것이다. 청소년들은 변화에 많은 스트레스를 받는다고 한다. 정서적, 신체적 성장과 급변하는 사회적, 과학적 발달도 스트레스를 일으키는 원인 중 하나이다. 스트레스의 요인으로는 부모의 간섭과 또래와의 갈등, 입시 위주의 교육제도에 의한 성적 갈등, 학교 적응 문제, 물질만능주의, 외모지상주의, 경제적 불만족이 있다. 이런 스트레스를 극복하지 못하는 청소년은 우울과 좌절, 대인관계의 부적응으로 인한 스트레스 해소를 위한 문제행동을 함으로써 비행과 범죄에 노출되어 있다.

스트레스를 잘 대처하지 못하는 청소년들은 불안, 우울, 비행 등 사회적 부적응 양상을 보일 수 있다. 특히 청소년기는 심리적 방어의 발달이 충분치 않아 급격한 스트레스요인에 공격적 행동, 또래들의 집단따돌림, 집단폭력, 불법 범죄 행위의 양상을 나타낼 경향이 높다.

요즘 놀랄만한 사회적 문제가 되는 청소년들의 범죄형 사건, 사고가 많이 발생한다. 기성세대가 이해하기 힘든 무분별한 범죄형 사건, 사고 또한 청소년들이 스트레스로 인한 탈출구를 찾기 위한 불안정한 행위라고 한다.

2019년, 청주의 한 고층 아파트에서 날달걀이 수시고 떨어서 주민들을 불안하게 하는 사건이 있었다. 범인은 같은 아파트에 거주하는 14세 청소년이었는데 이유는 학업 스트레스가 원인이었다고 밝혀졌다. 또한 2020년, 서울 고등학생이 친구들을 자신의 휴대폰으로 나체사진과 합성한 사진을 해외 음란물 사이트에 게시한 사건이 있었다. 처음에 학업 스트레스로 시작한 장난이 불법 음란으로 발전된 경우다. 2021년, 광주에 어느 고등학교 2학년 학생이 유서에 학업 스트레스에 관한 내용과 함께 "심한 장난을 말려줘서 고맙다."라고 적었다. 친구에게 학교폭력의 괴로움을 '고맙다'로 역설적으로 표현하면서 자신이 자살의 위험을 선택할 수밖에 없음을 알렸다.

왜 학업 스트레스가 문제인가? 학업 스트레스는 학생이라면 누구나 겪고 있는 스트레스 중의 하나일 것이다. 학업에 집중해야 할 시기에 학생들의 진로 선택, 시험성적 관리 실패 등을 경험한다. 시험 불안장애로 인한 중압감으로 스트레스가 극심하다. 시험이나 중요한 일정이 다가오면 두통이나 피로, 식욕부진, 근육통 등 신체적인 증상과 정신적 불안을 넘어 신경질적인 태도로 우울을 호소하거나 공격성을 유독 심하게 나타낸다. 스트레스를 해소하지 못하면 신체적, 정서적, 심리적 건강에 큰 영향을 끼친다. 이런 증상의 원인은 학력 위주인 한국의 교육 방침, 사회적 구조가 청소년이 사회에 진출하는 지름길이라고 생각하기 때문일 것이다. 이제 청소년들의 스트레스로 일으키는 사건, 사고들이 그들만의 문제뿐만 아니라 전반적인 사회적 문제이기도 하다.

## /청소년들 사이에 유행하고 있는 위험한 '자해 인증샷'

청소년들이 학업 스트레스 해소하는 방법의 심각성을 사이버상에 SNS에서 어렵지 않게 찾아볼 수 있다. 청소년들을 위협하는 위태로운 현상이 있다. "스스로를 파괴하라."라고 하는 청소년들에게 유행처럼 퍼지고 있는 '자해 인증샷'이다. 청소년 자해는 스스로 견디기 힘든 정신적인 스트레스를 일시적으로 피하려는 수단이다. 자해란 스스로 자기 몸에 일부러 상처를 내고 고통을 느끼는 행위다. '자해러'라는 말도 있다. 최근에 SNS에 유행 아닌 유행을 하는 청소년들의 자해 행위를 일컫는 신조어다. SNS를 통해 청소년 자해는 칼로 몸의 일부에 상처를 내거나 찌르는 등 '비 자살적'인 자해 행위를 하는 모습을 서로 공유하면서 이슈가 되고 있다.

청소년들이 많이 사용하는 SNS에서 '자해'를 검색하면 2만 건이 넘는 '인증샷'과 영상들을 볼 수 있다. SNS를 통해 청소년 자해에 관련 댓글이나 인증 사진을 공유하면서 점차 자해의 심각성의 청소년들에게는 인식이 낮아지고 있다. 직접 자해 행위를 한 사진을 SNS에 올리는 '자해러'의 '자해 인증샷'은 정신적 면역력이 약한 청소년들이 자해를 미화하고 유행처럼 선도하는 분위기를 만든다.

요즘 청소년들은 스트레스를 스스로 해소하는 방법을 잘 모른다. 청소년들은 어른과 다르게 스트레스 해소 방법이 매우 한정적이다. 특히 청소년들은 하루의 대부분을 책상 앞에 앉아 학업을 위해 시간을 보낸다. 이런 환경 속에서 받는 스트레스와 압박감, 심리적 부담을 해소할 방법으로 또 다른 강한 자극을 통해 스트레스를 해소하려고 한다.

청소년 자해의 원인은 학업, 친구 관계 등 복합적인 상황에서 발생하기 때문에 자해 행위가 자신의 불안정한 감정을 주위에 도움을 요청하는 신호일 수 있다. 청소년 자해 또한 중독성이 있으며 더 강한 자극을 위해 자해 강도를 높인다. 인천의 한 중학교에서 상담교사로 근무하는 이모(28)씨는 세계일보와의 인터뷰에서 "자해는 횟수를 거듭할수록 더 강한 자극을 원하게 되면서 그 강도가 강해지면 목숨까지 위험해질 수 있다."라며 "요즘 검색만 하면 누구나 '자해 인증샷' 사진을 볼 수 있는데 이런 위험한 문화가 더 확산되기 전에 빨리 대책이 마련돼야 한다."라고 강조했다. 자해를 경험한 청소년에 대해 부정적이고 차가운 시선으로 보지 말고 꾸준한 공감을 표현하고 지지해주는 것이 정서적인 성장에 긍정적인 효과를 줄 수 있다.


/청소년의 정서와 신체를 위협하는
'화병'과 사이버범죄

한국의 아동·청소년이 수면 부족에 시달리고 있다. 행복 수치는 국제적으로 비교하면 경제협력개발기구(OECD)와 유럽 주요국 가운데 가장 낮은 것은 이미 잘 알고 있다. 또한 삶에 대한 만족도의 평균 점수는 6.6점(2018년 기준)으로, OECD와 유럽 주요국과 비교해 최하위권 속한다. 한국의 청소년들이 OECD와 유럽 주요 국가에 비해서 행복하지도 않고 삶의 질도 낮은 주요 원인은 학업 스트레스다.

청소년 학업 스트레스의 원인으로 발병되는 청소년의 '화병'이 있다. 중년 여성에게 잘 나타난다는 화병을 10대 청소년들에게도 급증하고 있다. '청소년 화병'은 청소년기의 2차 성징으로 인해 몸과 마음이 예민한 시기에 감정 기복이 유달리 심하고 사소한 일에도 스트레스를 호소하면 의심해봐야 할 질환이다. '청소년 화병'에서 많이 나타나는 증상은 갑자기 허공에 소리를 지르거나 짜증을 많이 낸다. 누적된 스트레스로 인해 화가 '열'의 성질로 변하면서 심장을 달아오르게 하고 우울감, 무기력감, 갑작스러운 체중 변화, 만성피로 등을 호소한다. 이런 증상을 무관심으로 넘긴다면 학업성취 저하와 건강에도 악영향을 준다.

2018년, 국회 보건복지위원회 김광수 의원(민주평화당)은 건강보험심사평가원으로부터 제출받은 '최근 5년간 화병 환자 현황' 자료를 분석했다. 그 결과, 10대 화병 환자는 2013년 293명에서 2017년 602명으로 2배 이상 늘었다. 10세 미만 화병 환자도 2013년 79명에서 2017년 104명으로 31.6%나 증가했다. 전문가들은 청소년들이 주로 학업이나 입시 스트레스 때문에 '화병'이 급증하는 것으로 추정한다. "청소년들은 누구로부터 관심을 받고 싶어 하고 어떤 집단의 주체가 되고자 하는 욕구와 열망이 강한 특성을 갖고 있다."라며 "이런 부분들에 대해 사회적 관심이 부족하다 보니 자해나 다양한 스트레스가 증가하는 것"이라고 설명했다. 그리고 "휴대전화와 통신수단 등이 발달하면서 청소년들이 혼자서 보내는 시간이 많아졌다. 소통은 기계랑 하는 것이 아니라 사람이랑 해야 하는 것"이라며 "청소년들이 다른 사람들과 직접 만나 눈을 마주 보고 몸으로 부딪치면서 어울리는 기회가 많아져야 할 것 같다"라고 조언했다.

학업 스트레스가 지속되면 다양한 방법으로 자신들만의 해소법을 찾는다. 가장 손쉽게 접하는 방법은 SNS인데, 긍정적인 활용보다 부정적인 사이버 폭력에 빠지기 쉽다는 것이 가장 큰 문제다. 청소년들은 온라인 해소법으로 폭력적인 교묘하고 다양한 방법을 개발하고 있다. 또래의 피해 학생을 모호하게 특정한 채 비방하는 글과 영상을 SNS에 올리는 '저격', '떼카', '방폭', '메신저 감옥', '지인능욕', '성범죄나 성희롱/추행' 등으로 기성세대가 미처 알아채기 전에 발생하는 청소년 범죄형 사건, 사고가 만연해지고 있다.

청소년들이 극단적인 선택을 하는 원인으로는 부모와 갈등, 또래나 교우 갈등, 진로/학업 스트레스 등이 있다. 또한 학업 중단이나 가출, 비행, 범죄, 각종 중독, 자살, 학교생활 부적응으로도 나타난다. 이런 형상은 상대방의 표정을 보거나 감정을 느끼면서 대화하는 것이 아닌 비대면 SNS가 활성화되며 최근 청소년들은 공감 능력이 떨어지며, 공감 능력 부재로 인해 나타나는 현상으로는 젠더갈등, 성범죄의 무감각 등이 나타나고 있다. 청소년들의 불법적이고 비합리적인 일탈을 막는 방법은 부모나 학교에서 관심을 가진다.

청소년 3명 중 1명은 시달린다는 '화병', 여기서 가장 중요한 키워드는 '소통'이다. 문제가 발생한다면 전문가를 통해 정확한 진단을 받은 후에 부모는 기관이나 자녀와 끊임없이 소통하며 효과적인 방법을 함께 찾아야 한다.

현대 복잡한 사회현상에서 청소년들은 스트레스를 이겨내기 위해서 마음의 정화에 건강한 정서를 가질 수 있는 상담의 기회를 제공해야 한다. 또 가정에서 자녀의 감정을 잘 표현 할 수 있도록 부모는 격려하고 지지해주자. 자녀에게 꾸준한 관심을 기울여 위기 상담을 마친 후 일상으로 돌아갈 때도 가장 중요한 것은 가족 간의 협조와 긍정적인 소통 및 화합이다.

# 사회현상으로 본 한계를 넘은 청소년들의 집단 폭력

놀이는 우리에게 활기를 불어넣고 우리를 생동감 있게 만든다. 놀이는 우리의 짐을 덜어준다. 놀이는 낙관에 대한 자연스러운 감각을 새롭게 하고 우리에게 새로운 가능성을 열어준다.

- 스튜어트 브라운 -

청소년들은 질풍노도의 감정에 휩싸여 불안을 해소하려고 무엇인가에 의존하려고 한다. 자본주의와 물질만능주의에 따라 급변한 사회에서는 자신이 원하는 만족감을 찾기 위해 더 불안감을 가질 수 있다.

청소년들에게 도덕적, 사회적으로 문제가 되는 건 무엇이 있을까? 온라인 접속 시간이 길어지면서 불법도박 사이트, 게임 정보 사이트의 무분별 광고 게시물에 호기심으로 접속한다. 그러면서 청소년들이 불법도박에 빠진다. 처음에는 게임인 줄 알고 시작했는데 자신도 모르게 불법도박에 빠지게 되었고 심한 도박중독까지 되는 사회적으로 심각한 문제가 되고 있다. 청소년은 밤을 새워 불법 사행성 베팅 게임을 하고 부족한 수면을 학교에서 해결한다. 자연히 학교생활에 부적응하게 되며 이는 곧 부모와의 갈등을 높이는 원인이 된다. 그로 인해 학업에 등한시하는 일도 발생하면서 심리적, 정서적 불안을 보인다. 사이버도박 문제는 도박중독이라는 문제에서 다른 불법 범죄로 이어지는 것이 더 큰 문제다. 도박 비용을 충당하기 위해 학교폭력이나 절도, 강도 등 강력 범죄로 위법한 행동으로 확장될 수 있다.

여성가족부에서 2019년 발표한 성매매 실태조사에서 아동·청소년 성 착취 범죄의 87.2%가 온라인을 매개로 한 채팅 앱 사이트에서 이루어진다고 했다. 불법 유해 매체에 청소년들은 어떻게 접속한 것일까? 여러 방법이 있지만 가장 많이 방법으로는 성인인증을 받는 성인 스마트폰을 사용하고 있는 경우 부모님의 전화번호 인증으로 위장한 뒤 아무 제재 없이 접속하고 있다. 2020년 디지털 성범죄 'N번방 성 착취 사건'이 수면 위로 떠오르면서 전 국민을 충격에 빠뜨렸다. 아동과 청소년들이 많이 관련되어 있어 더욱 화제가 되었다. N번방, 박사방, 다크웹 등 성범죄가 발생하면서 청소년들의 무분별한 성범죄를 모방하고 있다.

디지털 성범죄 가해 청소년 10명 중 9명은 자신이 얼마나 심각한 범죄를 저질렀는지를 모른다는 심각한 사회현상이 일어나고 있다. 가해 동기의 대답 중 '큰일이라고 생각하지 못했다.'가 21%, '재미나 호기심'이 19%, '충동적으로'가 16%의 청소년 성범죄 원인 조사 결과이다.

2021년, 인천에서 미성년자 7명을 협박해 음란물 수백 건을 촬영하여 영상과 사진을 유포한 고등학생을 구속했다. 10~20대의 인터넷 사용 시간이 급증하면서 나타난 디지털 범죄 예방이 시급하다. '청소년들에게 디지털 성범죄는 일상적으로 일어나는 놀이문화'로 인식되는 경향이 강하게 나타나고 있다. 디지털 범죄는 사이버상 활동이 쉬워지는 환경을 고려할 때 빠르게 진화되고 수법은 날로 교묘해진다. 피해 대상은 남녀노소 불문하고 무차별로 확대되고 있다. 특히 청소년들의 불법적인 범죄로 급증하는 추세로 가해자의 연령이 낮아지고 범죄에 대한 개념도 인지하지 못하고 저지른다. 청소년들이 피해자이기도 하지만 가해자가 되는 디지털 매체에 익숙한 청소년들은 각종 범죄에 노출된다.

청소년들은 모바일 기기에 능숙하고 온라인상에서 많은 시간을 보내는 세대이다. 온라인상에서 디지털 매체를 다루는 올바른 방법과 범죄의 위험성을 어떻게 대처해야 하는지 체계적인 미디어 교육이 필요하다. 청소년들이 온라인상에서 안전하고 건강한 생활을 할 수 있도록 기성세대가 관심을 가지고 적절한 교육프로그램을 개발하여 예방부터 피해자의 지원까지 통합적인 제도적 대책이 마련이 시급하다.

# /청소년들의 '딥 페이크'로 불법사진 문제점

'딥 페이크(deepfake)'란 인공지능을 기반으로 활용한 인간 이미지 합성 기술이다. 기존에 있던 인물의 얼굴이나, 특정한 부위를 영화의 CG처리처럼 합성한 영상편집물을 총칭한다. 과거 인물의 사진이나 영상을 조악하게 합성해 게시하던 것이 디지털 기술과 인공지능의 발전으로 몇 단계 정교해진 결과다.

원리는 다음과 같다. 합성하려는 인물의 얼굴이 주로 나오는 고화질의 동영상을 통해 딥 러닝하여, 대상이 되는 동영상을 프레임 단위로 합성시키는 것이다. 한국은 과거에 딥 페이크 포르노 제작을 직접적으로 처벌하는 법이 없었다. 현재는 제작해서 인터넷 등에 배포하면 성폭력범죄의 처벌 등에 관한 특례법 제14조 2항에 따라 처벌받는다. 성적인 대상으로 다른 사람의 얼굴을 합성한 행위로 '허위사실 적시'에 의한 사이버 명예훼손이 성립하여 음란물을 유포한 죄로 청소년 형사적 처벌이 가능하다.

'딥 페이크'에 의한 청소년들의 범행 비율이 갈수록 높아지고 있어서 청소년 범죄로 관리가 필요하다고 지적하고 있다. 최근에 청소년들이 만든 딥 페이크 영상으로 인한 사이버 피해 사례가 늘어나고 있다. 일부 청소년 등은 딥 페이크 불법 합성물을 집단 괴롭힘의 도구로 악용하기도 한다.

한국 사이버성폭력 대응센터의 서승희 대표는 "불법 합성물 범죄의 가해자들은 성욕 충족보다 불법 합성물을 활발하게 공유해 피해자에 대한 우월감을 즐기는 성향을 보인다."라고 분석했다. 2021년 국가 수사본부에서 딥 페이크 불법 영상물로 위법 혐의로 검거된 청소년범죄율은 69.1%에 달한다고 보고했다. 청소년들은 딥 페이크에 접하는 빈도가 높아지고 딥 페이크로 음란물을 만드는 일이 범죄라는 인식을 하지 못하고 있다. 딥 페이크 기술을 악용하여 특정 인물을 합성하여 성적인 사진을 만들어 유포하는 것은 디지털 성범죄다.

딥 페이크의 피의자 중 청소년들이 많은 이유는 접근성이 좋기 때문이다. 그리고 컴퓨터 사용이 익숙하기 때문에 직접영상을 만들거나 제작할 가능성이 커 성범죄에 노출되기 쉽다.

2018년, 여성 아이돌 그룹과 배우 등의 사진을 나체사진과 합성하여 사진 100여 장을 불법 사진 파일공유 사이트를 통해 유통한 만 10대인 남자를 징역 10개월의 집행유예 2년, 보호관찰 1년을 선고한 사건이 있었다. 당시 청소년재판부는 "피고인이 어린 나이이고 잘못을 깊이 반성하고 있고 초범인 점을 고려했다."라고 판시했다. '아동/청소년의 성보호에 관한 성폭력처벌법 개정법률 안'이 의결되어 2021년 9월24일부터 시행되었다. 그러나 디지털 성범죄의 일종인 '딥 페이크를 제작하여 배포한 자를 처벌하는 것에 그친 점이 매우 아쉽다. 디지털 성 착취 및 성범죄를 근절하기에는 부족한 조치다. 딥 페이크가 청소년들은 불법인 것을 인지하지 못하고 장난으로 했다고 하지만 엄연한 불법 영상물을 유포한 범죄다. 딥 페이크를 이용한 성적 착취물 제작이나 불법 유포 근절을 위해서 국가 차원에서 강력한 법적인 조치가 있어야 한다. 근본적인 해결 방법으로 청소년의 불법에 대한 가해행위를 하지 않도록 긍정적인 미디어 사용을 확대하고 문화 인식 측면에서 이해하고 개선할 수 있도록 교육적인 노력이 필요한 때다.

## /청소년들이 집단 폭력을 저지르는 이유

청소년들의 집단적 갈등이 심한 이유는 무엇일까? 집단적 차별로 인해 발생하는 일탈행위나 자살 등 사회적 문제가 다른 나라에 비해 크게 대두되는 청소년들의 소외현상으로 나타나는 이유는 무엇인지 알아야 한다. 청소년들의 위험한 탈선의 대표적인 것은 집단 폭력이며 집단 폭력성 또한 강하고 다양해진다. 청소년들의 집단 폭력이 늘어나는 이유는 자신에 대한 가치와 존중심을 혼자서는 인정받을 수 없다고 생각하기 때문이다. 또한 '폭력 문화를 내가 선도한다.'라는 왜곡된 가치관을 가지고 자신의 손상된 자긍심을 집단 폭력으로 인정받고자 하는 경향이 높다.

청소년들이 집단으로 무리 지어 일으킨 폭력 사건으로 가장 최근에 2022년 경남 진주에서 집단 폭행 사건이 있었다. 집단 폭행을 한 이유는 피해자에게 발을 걸었는데 피해자가 넘어지지 않아서 화가 났다고 주장했다. 피해자가 가해자 6명에게 4시간 동안 집단 폭행을 당하는 사건이 발생했다. 가해자 6명은 피해자의 옷을 벗기고 머리, 얼굴, 허벅지 등을 주먹과 발로 심하게 폭행했다. 더 경악스러운 것은 다른 친구에게 영상통화를 걸어 실시간 폭행하는 모습을 보여주기까지 했다. 가해자들은 피해자에게 자해를 강요했고 돈을 벌어오라며 성매매를 요구했지만 이를 거부하자 다시 집단으로 무차별 폭행했다.

다른 청소년들의 집단 폭력 사건은 경남 김해에서 일어난 한 주택에서 9명의 가해자가 여중생 1명을 17시간 가까이 폭행했다. 가해자 중엔 20대 남성도 한 명 있었다. 가해자와 피해자는 같은 중학교 선후배 관계였는데 평소 함께 자주 어울리는 사이로 가해자 중 한 명의 집에서 술을 마시며 함께 시간을 보냈다. 그 과정에서 피해자가 기분 나쁜 말을 했다는 이유로 폭행을 시작했고, 담뱃불로 피해자의 얼굴을 지지거나 초고추장이나 식용유, 오물을 억지로 마시게 하는 등의 가혹행위도 서슴없이 저질렀다. 일부 가해자는 피해자의 윗옷을 벗기는 등의 추행을 저지르고, 피해자에게 칼을 쥐게 한 후 피해자가 마치 자신들을 위협하는 듯 연출하여 영상을 촬영해 자신들이 폭행하는 것이 정당방위인 것처럼 기록을 남기기도 했다.

청소년들의 집단 폭력은 현재 새롭게 나타난 현상이 아니다. 문제는 청소년들의 집단 폭력성의 강도가 갈수록 심해지고 있다는 것이다. 과거와 현재 청소년들의 집단 폭력 사건들의 공통점은 가해자가 혼자가 아니고 다수다. 혼자이거나 소수의 친구들과 있을 때는 분명히 여러 친구들과 함께 있을 때하고는 다른 모습을 가지고 있었을 것이다. 쉽게 말하면 혼자서는 평소에 할 수 없는 일을 다수의 분위기에 휩쓸려 저지르게 된다. 혼자서는 절대 하지 못하는 범죄 행위를 다수의 뭉쳐서 위력을 빌어서 폭력을 행사하고 개인의 책임을 느끼지 못하는 모습이다.

청소년들이 집단적인 폭력을 하는 장소는 일반적으로 숙박 예약 앱을 통해 청소년도 성인인증 없이 예약이 가능해지면서 무인 숙박업소가 청소년들의 새로운 범행 장소로 활용되기도 했다. 최근 청소년들이 무인 숙박업소의 출입이 쉽지 않게 되면서 노래방과 PC방, 비디오방 기능을 합해 놓은 이른바 '멀티방'이 최근 청소년의 일탈 장소로 악용되는 점을 고려하여 청소년의 '멀티방' 또한 출입을 금지키로 했다. 이렇게 만남의 장소가 금지의 악순환이 된다면 청소년들은 또 불법적인 장소를 찾아다닐 것이다.

왜 이런 또래문화가 형성되는 걸까? 가해 청소년들의 대부분이 가정폭력에 노출되었거나 부모로부터 사랑, 관심을 받지 못했다. 경제적으로 어려운 가정, 강압적이고 통제적인 부모, 또는 무관심한 부모에 의해 방임적인 양육된 경우다.

사이버의 불법 범죄 중 가장 심각한 집단 폭력이나 집단성폭력의 가해자가 된 청소년을 상담으로 회복시키는 것은 매우 힘들고 어렵다. 그러나 상담을 통해 자녀가 가정으로 되돌아가더라도 또 무료함을 이기지 못해 다시 부정적인 미디어에 관심을 보일 수 있다. 이런 경우 불법 미디어에 정서적으로 부정적인 노출이 심한 상태일 때는 심리적 안정감을 가질 수 있도록 부모와 사회가 나서야 한다.

Part 2

# 상담의 마중물이 되는
# '사분면 상담지표'

상담은 매우 중요하다. 도구 없이 사람이 받거나 가지고 있는 마음의 상처를 회복시킬 수 있기 때문이다. 위기에 처해 상담을 많이 접해 본 청소년들은 상담이론이나 기법을 더 잘 알고 있어 자신들이 빠져나갈 방법도 잘 알고 있다. 그게 청소년 상담의 문제일 수 있다. 청소년들의 성장환경이 변화하듯이 상담하는 방법에도 변화가 필요하다. 사분면 상담지표는 청소년들이 내면에 가지고 있거나 행동으로 표현하는 여러 갈등의 강도나 크기를 시각적, 공간적으로 인지할 수 있다.

# 부모와 자녀의 갈등 요인을
# 크기로 나타낼 수 있다

만일 누군가가 나의 생각과 행동이 옳지 못하다는 것을 설명해주고 증명
해준다면 나는 기꺼이 내 생각과 행동을 고칠 것이다.

– 아우렐리우스 –

청소년기에는 정신적, 심리적 변화와 신체적 2차 성징이 나타난다. 성장
호르몬 분비로 인해 신체의 중요한 부분에 체모가 자라고 신장과 체중증가
로 신체적인 성장하게 된다. 심리적으로도 양면적인 감정으로 불안감을 가
지게 된다는 것도 성장의 징후로 이해해야 한다.

청소년들은 이 시기에 자신에 대한 낙관적, 비관적 자부심과 수치심, 고
립감이나 회의감 등과 같은 감정들을 느끼기 시작한다. 평소에 불만감을
느끼게 되면 자신도 모르게 생각지도 않은 말이 '욱'하며 튀어 나간다. 이

런 과정을 경험하면서 자기를 인식하고 확립해 갈 수 있는 추상적인 사고가 발달한다. 또래 집단에서 인정받고자 하는 욕구나 소속감을 추구하면서 자신의 위치를 평가하는 기술을 습득하기도 한다. 하지만 청소년들의 갑작스럽게 변환된 행동이나 도발적인 말투에 어른들은 반항한다고 생각하며 색안경을 쓰고 평가할 때도 있다. 청소년의 자아 발달의 최종단계인 자아정체감이 확립되기 때문에 이 시기는 성장기에 매우 중요한 시기다. 자아정체감이 형성되면 자기 능력이나 역할, 책임에 대해 분명히 알게 되면서 사회적으로 적응한다. 부모가 가지고 있는 가치와 규범을 자기 나름대로 평가함으로써 자주적 선택을 할 수 있다.

사람과 관계를 맺을 때 타인이 즐거워해 주고 나와 함께 하는 것을 좋아해 줄 때 긍정적 자아정체감이 형성된다. 긍정적인 자아정체감의 형성은 자신의 신념과 가치관 등에 대한 선행이 되기도 한다. 또한 위기를 경험할 수 있는 시기의 시작이 바로 부모이다. 부모는 자녀에게 가장 강력한 영향을 주는 존재이기 때문이다.

청소년 시기의 자녀를 둔 많은 부모는 자녀가 부모와 관계를 맺는데 큰 어려움을 겪고 있다. 그리고 부모는 청소년기의 자녀가 혼란기의 시기에 안전하게 성장할 수 있도록 많은 도움을 주어야 한다는 것도 알아야 한다. 청소년기에 있는 자녀는 좌절, 혼란, 우울, 불안, 강박 등의 심리적 어려움과 진로와 미래에 대한 걱정 및 두려움도 가진다. 또한 부모와의 의사소통의 어려움, 학업에 대한 스트레스, 불안정한 또래관계, 학교폭력으로 인한 정서적 위협, 학교생활의 부적응 같은 주제를 가지고 고민도 많이 한다. 그러나 부모와 원활한 관계를 유지하고 있는 청소년은 자신이 보지 못했던 내면의 상태에서 부정적 자기개념을 스스로 수정하고 긍정적인 감정을 통해 자신감이나 자존감을 회복할 수 있다.

## /부모의 통제나 방임 속에서 가출로 감정표현

부모는 자녀와 원만한 관계를 유지하면서 적당한 통제나 집착이 있어야 한다. 그러나 자녀에게 강하게 집착하는 부모는 자녀가 숨을 쉴 수도 없을 정도의 통제를 한다. 자녀는 부모가 하는 집착이나 통제를 정신적 폭력으로 생각하는 경우가 있다. 폭력을 꼭 폭행이나 폭언으로만 단정적으로 말할 수 없다. 부모의 일방적인 소통이나 통제도 자녀에게는 정서적 가정폭력이 될 수 있다. 부모의 통제로 연결된 가정은 더 이상 안정적이고 편안하게 쉴 수 있는 평화로운 장소가 될 수 없다고 자녀는 느낀다.

자녀에게 무책임할 정도로 방임하는 부모도 문제가 된다. 부모가 자녀에게 하는 방임에는 여러 경우가 있겠지만 자유방임형의 자녀 양육태도를 가진 부모는 갈등이나 규율 같은 것을 좋아하지 않아서 규칙을 정해두지 않는 편이다. 자녀를 방목하듯이 타인에게 기죽지 않게 하고 싶은 마음에 행동을 절제하지 않고 예의와 타인에 대한 배려가 없는 왜곡된 신념을 가지고 자녀를 양육하는 경우라고도 할 수 있다. 그리고 적대적인 태도로 자녀를 방임하는 부모의 양육태도는 자녀를 사랑으로 수용하지 못하고 거부하는 동시에 자녀의 그릇된 행동을 통제하지 않고 마음대로 행동하도록 내버려 둔다. 또는 자녀를 정성껏 보살피면서 대화도 많이 하는 편이지만 응석을 다 받아주는 정형적인 방임적 양육 유형이다.

청소년들이 집에 있기 싫은 데는 여러 가지 이유가 있다. 가장 많은 이유는 부모가 자신을 알아주지 않는다는 것, 부모가 집착 또는 통제한다는 것, 부모가 다른 애들과 비교하거나 자신을 무시하는 등 부모와 관계에서의 일반적인 문제점이라고 할 수 있다. 하지만 부모 간에 불화로 자주 다투고 부도덕한 행동을 보이거나 자녀를 학대/방임하는 경우 부정적인 감정이 쌓일 때도 청소년들은 집으로부터 도피하고 싶어 한다. 또한 집이 경제적으로 어려운 상황에 최소한의 생활이 부담되는 경우도 청소년의 가출 원인이다.

청소년이 반항하는 이유에는 부모의 이혼, 가출, 별거 등 가족의 구조적 문제점을 내포하고 있다. 청소년은 사소한 계기로 평소에 쌓인 가족 문제의 스트레스를 더 이상 견디기 어렵게 되었을 때 심리적으로 부정적인 영향을 받는다. 어려서부터 지나친 물리적 체벌을 경험했던 청소년이 부모의 구타에 대한 두려움이 부모에게서 벗어나고 싶게 만든다. 지나치게 억눌린 통제나 집착적인 가정 분위기에서 자랐거나 혹은 그와 반대로 지나치게 방임적인 가정에서 자란 청소년은 이런 이유로 가출하거나 탈선하는 경우가 많다.

청소년은 집착이나 통제가 심했던 부모가 자신이 가출하니 잘 대해주었던 경험을 이용하여 가출로 자신의 문제해결에 대한 방편으로 삼기도 한다. 그리고 청소년들은 부모가 자신에게 무관심하다고 불만을 표현하고 관심을 끌 방법으로 가출을 효과적으로 이용할 때가 많다.

## /속마음을 감추고 순응하거나 반항하는 자녀

청소년 시기에는 부모에게 긍정적이든 부정적이든 어떤 방식으로 양육을 받았더라도 부모에게서 항상 벗어나려고 하는 의지를 나타내기도 한다. 먼저 부모에게 순응하는 자녀가 나타내는 태도를 보면 부모에게 자신이 타인의 기대에 순응하는 착한 아이가 되고자 한다. 순응하는 자녀의 특징은 부모가 자녀에게 분노나 폭력, 자연스러운 욕구나 감정을 부정적으로 평가하도록 교육할 경우, 소극적인 태도를 보인다. 공공장소에서 소리를 지르고 예의 없이 행동하거나 거짓말을 했을 때 등 옳지 못한 행동을 하면 엄격하게 제한적인 훈육을 한다. 이런 순응적인 자녀는 자기 생각을 자유로운 표현하기보다는 부모의 눈치를 살핀다. 이런 자녀는 자기 행동에 위축되고 억압된 태도를 보이며 감정의 표현에 어색하다. 얌전하고 부모 말을 잘 들는 착한 아이로 보이지만 자신감의 결여와 자아존중감과 타인에 대한 공감 능력이 낮아지는 자녀로 성장하기 쉽다. 부모에게 자기 감정표현을 억제당하면서 순응하며 자란 자녀는 남 앞에서 자기 뜻을 주장하지 못하고 뒤에서 타인을 비난하는 행동할 가능성이 높다.

어릴 때 부모의 지시와 강압적인 태도로 양육된 자녀들은 핑계를 대거나 해야 할 일을 미루고 꾸물대는 행동으로 대처하기도 한다. 부모가 강압적이거나 엄격하다면 자녀는 지시에 순순히 따르며 소극적으로 행동하고, 부모는 자녀에게 두려운 존재가 된다. 그러나 반대로 부모에게 반항하는 자녀는 자아가 어느 정도 형성된 후에 부모의 강압적인 태도에 반항하기 시작한다. 부모의 지시에 도전적인 태도를 보이거나 강압적인 지시가 시작되었을 때야 비로소 부모의 지시를 들으며 늦장 부리고 맞대응하기 시작하며 반항한다.

자녀가 부모의 지시에 꾸물대는 데는 이유를 이해하지 못하고 늦장 부리는 행동을 부모는 무시하고 반항한다고 생각하고 야단치면 안 된다. 부모의 지시를 바로 따르지 않으면 체벌을 하거나 화를 낸다면 자녀는 부모에게 부정적인 감정이 쌓게 되고 반항성이나 공격성을 키운다. 반항적이고 적대적인 행동을 하는 자녀의 부모가 자녀와의 불편한 감정의 충돌을 피하려고 한다면 그 반항의 강도나 횟수가 증가한다.

자녀는 부모의 관심과 사랑을 적절하게 느끼면 긍정적인 성품을 기를 수 있다. 자녀의 의견이 받아들여지고 자율을 존중되는 가정환경에서 양육된 자녀들은 스스로 동기를 강화하여 시키지 않아도 학업에 열중하며, 자기 행동에 대한 책임감도 강하다. 긍정적인 태도를 가진 자녀는 일상에서의 다양한 경험으로 진로나 학업에 대한 능동적이며 학업성취 동기유발에 도움이 된다.

부모의 양육태도가 청소년의 문제행동을 일으키는데 중요한 원인으로 문제화되고 있다. 부모의 양육행동은 일관적이고 애정적이며 수용적일 때, 그리고 체벌에 있어서 정당할 때 청소년의 문제의 정도가 억제되는 효과가 있다. 반면 적대적이고 통제적이며 일관성이 없고, 모순되는 부모의 양육행동은 청소년의 문제행동을 조장할 수 있다. 부모의 애정적 양육행동은 자녀에 대하여 많은 관심과 애정을 가지고 자녀의 고민을 잘 들어주는 행동인 반면, 적대적 양육행동은 부모가 자녀를 무시하고 거부하며 무관심하고 소홀히 대하는 양육 유형이다. 부모가 자녀를 양육할 때 부모는 자녀를 성장 후 스스로 자립과 독립의 기회를 결정할 수 있도록 지지해주어야 한다. 반면에 자녀가 부모의 소유물이라고 생각한다면 자녀에게 부정적인 양육태도를 가지는 양육의 오류를 범한다.

부모역할은 매우 복잡하고 어려운 일이다. 부모가 자녀에게 무의식중에 하는 신체적, 정서적 학대는 자녀의 정신건강 발달에 부정적 영향을 미친다. 또한 부모가 자녀를 유기하거나 방임하는 행위도 아동학대에 포함되어 법적 처벌을 받을 수 있다. 부모의 통제적인 행동으로 권위만 강조하고 자녀에게 집착하며 간섭이 심하고 무조건적인 복종을 요구하는 행동은 조심해야 한다. 이런 여러 상황들로 인해 성장하는 자녀와 소통하지 못하면 자녀들은 반항하며 부모로부터 벗어나려고 할 것이다.

부모가 자녀에게 하는 자율적 양육행동은 자녀에게 지나치게 간섭이나 통제를 하지 않고 자녀의 성숙 수준에 따라 자녀가 스스로 생각하고 행동하도록 도와주는 것이다.

자녀는 부모에게 사랑받고 싶은 본능을 가지고 있다. 부모에게 인정받고 자신의 잘난 모습을 보이고 싶어 한다. 부모와 정서적으로 안정적인 관계를 맺지 못한 자녀는 부모가 자신을 사랑하지 않을 것이라는 불안감을 가지게 된다. 청소년 시기에 효과적인 상담은 청소년의 내적 안정감을 느끼게 하고 자신의 내면을 편안하게 나타낼 수 있도록 해야 한다.

부모와 자녀는 서로 배려하고 이해해야만 가정이나 사회에서 안전하고 평화롭게 발전하게 되고 가정에서부터 자연스러운 사회성이 확립된다. 부모와 자녀 간의 불편한 마음이 교차하여 상담이 필요한 갈등 지점과 서로가 공감하고 이해할 수 있는 긍정적인 감정이 발현하는 소통지점이 있을 것이다. 청소년들을 상담하다 보면 부모와의 마찰로 인한 부정적인 감정을 표현할 때 밖으로 들어내는 감정보다 내면적인 불만을 숨길 때가 더 많다.

청소년들이 불만을 겉으로 부정적으로 표현하면서 호소하는 문제를 파악할 때 내면에 깊이 감추고 있는 근본적인 갈등 원인을 찾는 것이 상담에서는 매우 중요하다. 갈등의 요인을 찾아서 문제점을 해소하고 부모나 주위 사람들과 소통을 원활하게 하는데 상담은 매우 중요한 역할을 한다. 사분면을 네곳으로 구분하여 부모와 자녀 간의 문제가 되는 갈등 요인을 정한다. 문제요인들이 교차하는 갈등영역을 확인하게 되면 그 영역의 갈등크기를 시각적으로 인지하면서 자녀의 불안한 심리를 위한 상담의 절실함을 파악할 수 있다.

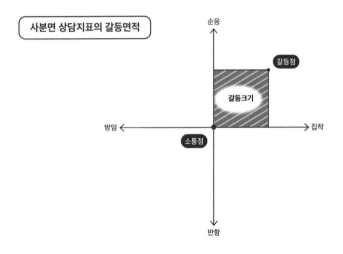

사분면 상담지표는 사분면에서 부모축인 가로축(X축)과 자녀축의 세로축(Y축)으로 구분하여 갈등관계를 알아보는 데 활용했다. 가로축(X축)은 부모가 자녀에게 양육할 때 가장 두드러지게 하는 양육태도로 +방향으로 갈수록 자녀에게 강한 통제로 집착하는 갈등의 강도를 나타낸다. 그리고 -방향으로는 자녀를 무관심으로 양육한 방임 강도를 나타낸다. 세로축(Y축)은 자녀가 엄격한 부모에게 느끼는 불만 감정의 표현을 숨기고 부모의 양육에 순응하는 척하는 강도를 +방향이고 위쪽으로 갈수록 강하게 자신의 감정을 깊이 속이는 강한 순응의 강도를 나타낸다. 그리고 세로축의 -방향인 아래쪽은 자녀가 엄격한 부모의 양육태도에 반항을 하는 것으로 아래로 내려갈수록 강한 반항의 강도를 나타낸 것이다. 가로축(X축)의 부모의 양육태도의 방향의 크기와 세로축(Y축)의 자녀가 부모에 대한 감정의 방향의 크기와 교차하는 가운데 지점은 소통지점으로 정한다. 부모와 자녀가 갈등을 일으키는 방향과 강도가 교차하는 지점을 갈등점이라 하고 갈등 크기를 시, 공간적으로 확인 가능하다.

## 상담 진행 중 청소년의
## 갈등 크기를 인식할 수 있다

밤이 있으면 낮이 있게 마련이고, 1년 중 밤의 길이는 낮의 길이와 같다.
어느 정도 어두움이 있어야 행복한 삶도 존재한다. 행복에 상응하는 슬픔
이 부재한다면, 행복은 그 의미를 상실해 버리고 만다.

- 칼 구스타프 융 -

청소년은 상담할 때 처음부터 자신의 불만이나 어려운 상황을 말하지 않
는다. 스스로 상담이 필요해서 상담실에 문을 두드리기보다는 자기 의사
와 상관없이 상담사와 대면해야 하는 불편을 싫어하고 부담스럽기 때문이
다. 그러므로 초기상담 때 청소년들의 문제점의 근본적인 원인을 파악하
는 게 쉽지 않다.

위기에 있는 청소년들은 부모에 대한 믿음성이 부족하거나 타인에 대한 저주나 모욕적인 감정을 강하게 나타낸다. 분노와 증오, 혐오, 차별, 편애, 부정적인 감정으로 자신에게 하는 자학적인 행동 등 다양한 감정으로 자신을 부정적으로 표현한다. 대면으로 대화를 하다 보면 말보다는 욕설이 섞인 짧은 문장으로 의사소통하기 때문에 사건에 대한 정확한 내용을 전달받기도 어렵다.

폐쇄적인 또래 집단과 어울리면서 발생하는 상황을 공개하지 않고 숨기려는 경향도 강하며, 부모나 또래관계가 원만하지 않은 경우도 억압된 욕구의 스트레스를 자해나 집단 폭력 등으로 부정적인 감정을 분출하며 사람들의 시선은 전혀 의식하지 않고 무분별한 행동을 한다.

상담이 필요한 청소년들은 또래나 대인관계가 원만하지 못하고 일반적인 관계를 받아들이기 쉽지 않은 상태다. 정서적이고 심리적인 부분이 불안정하다고 볼 수 있다. 특히 사춘기에 접어든 청소년들은 자존감이 낮고 올바른 정서 함양이 부족하여 의식적으로 사람을 무시하는 행동을 하거나 과격한 행동과 거친 말로 자신을 과시하기도 한다. 청소년들은 불량한 행동과 욕설을 사용하여 상대를 무시하거나 자신을 강하게 나타내기 위한 폭력적인 표현도 무분별하게 사용한다. 이런 현상이 상대를 무시하고 자신을 강력하게 표현하는 방법이기도 하지만, 불만이나 압박감을 해소하기 위한 목적이기도 하다.

그러므로 청소년기에 그들만의 문화와 소통하는 방법을 이해하고, 성장하는 과정에서 나타나는 감정을 긍정적으로 조절할 수 있는 능력을 기르도록 교육적인 지도가 필요하다.

## /초기상담 때 청소년의 갈등사항을 파악

청소년을 처음 상담할 때 마음을 전할 수 있는 라포 형성은 매우 중요하다. 라포란, 인간관계에서 신뢰, 조화, 협력을 형성한다는 말이다. 상담하면서 가지게 되는 인간관계의 친밀도를 나타내기도 한다. 초기상담 때 라포 형성이 중요한 이유는 문제행동의 통제나 치료가 아닌 개인의 호소 문제를 들어주고 현실적인 상황에 맞게 적응하고 성장할 수 있도록 지원해주기 위해서다. 청소년의 상담 과정에서 문제점을 제대로 파악하지 못하면 차기 상담으로 이어지기 어렵고 상담자를 믿지 못하게 될 수 있기에, 라포 형성은 매우 중요하다.

청소년과 상담자의 신뢰가 형성되는 것은 상담의 필수적인 요인이며 편안함, 공감적 인간관계, 친밀도나 친근감을 유지해야 자신의 문제점이나 호소 사항을 표출하게 된다. 상담의 초기에는 청소년에게 관심을 갖고 경청과 공감하면서 문제점에 자연스럽게 개입할 수 있도록 라포 형성에 노력해야 한다.

청소년들이 탈선하여 위기에 처해 있는 이유는 일반적으로 부모와의 불화로 가출하여 자의든 타의든 어쩔 수 없이 또래들과 집단생활을 하는 경우가 많다. 학업에 대한 스트레스나 가정에서의 억압된 감정의 불만 등 다양하게 사회적 불합리한 학교 밖 생활 형태로 나타난다. 위기 청소년들의 이런 문제점에 연루되어 상담하게 되는 원인을 보면 거의 가정에서부터 시작된다. 부모의 강한 통제나 집착에서 벗어나고 싶은 충동에서 탈선을 선택할 수밖에 없는 환경에 있기 때문이다. 사분면 상담지표에 초기상담에서 청소년이 탈선하게 된 근본적인 원인과 문제점의 강약을 확인하고, 부모에 대한 반항이나 순응 또는 부모의 집착이나 방임에 대한 갈등 요인과 갈등 크기를 기록하면 차기 상담의 방향을 정하는 데 도움이 된다.

## /청소년의 호소내용의 문제 정도를 확인

청소년이 호소하는 문제를 파악했다면 그 문제의 심각성을 확인할 수 있도록 공감하고 친근한 대화법으로 접근하는 것이 좋다. 청소년이 고민을 말할 수 있도록 편안하고 안정적인 분위기를 조성하는 것도 중요하다. 상담 초기에는 자녀가 말하는 부모의 양육형태와 가족관계, 또는 다양한 상황에서 자신이 더 이상 참을 수 없어 반항하게 된 원인을 알아봐야 한다. 그리고 상담할 때는 청소년에게 나타나는 불안정한 태도나 표정 등 여러 측면으로 확인할 필요가 있다.

정서적인 문제가 있는 경우는 자신감 없이 주눅이 들어있고, 눈을 맞추지 못하고, 소심하며 보통 말이 없다. 우울하고 무기력한 상태, 게임이나 인터넷의 의존 상황, 자신감 없이 쉽게 좌절하는 경험을 하고 내면에 적개심이 내재 된 상황, 불안정하거나 신체화 부적응 증상호소, 신경질적이며 짜증을 많이 내는 경우, 선택적함구증으로 대화를 단절하는 태도 등을 나타낸다.

행동적 문제를 지닌 청소년은 도벽이나 난폭한 행동을 공격적으로 스스럼없이 하는 경우다. 거짓말을 많이 하고, 습관적으로 욕을 하는 말투, 반항적이고 충동적인 행동, 지나치게 활동적이며 주의 산만한 태도, 집착적인 행동을 보이고 피해의식을 갖고 있는 경우, 음주, 폭력, 가출, 무단결석 등 비행행동을 하는 경우, 감정조절이 어렵고 잔인한 말을 서슴지 않고 하는 경우다.

또래관계적인 문제를 지닌 청소년은 학교에 적응하기가 어려워 등교를 거부한다. 학교 규칙을 잘 지키지 못하는 상황, 친구가 없으며 또래에게 따돌림을 당하거나, 지나치게 주위 사람들 눈치를 보고, 주위 환경에 전반적으로 무관심하고 냉담하며, 위축된 태도로 잘 어울리지 못한다. 그리고 친구들과 다투거나 싸움이 잦다.

가족관계에서 갈등을 호소하는 청소년들은 부모와 적절한 애착이 맺어지지 못하고 있다. 일반적으로 청소년들과 가족관계에게 나타내는 부정적인 갈등요인은 부모에 의한 갈등, 이혼, 별거, 사별, 재혼 등으로 인한 가정환경에서 받는 심리적으로 불안정한 상황에서 나타난다. 자녀의 고집이 너무 강해 부모와 대화로 문제를 해결하지 못해 결국에는 부모가 체벌하는 상황, 부모의 권위 앞에서 안절부절못하거나 형제관계에 부모의 편애나 소통 또는 유대감이 부족한 상황 등이 있다.

학업에 문제가 있는 청소년의 행동에는 주의집중에 어려움이 있고 너무 산만해서 잠시도 학업에 집중하지 못한다. 지능은 정상이나 학습효과가 떨어지는 경우, 학습하는 습관에 문제가 있거나 시험 불안으로 인해 스트레스가 높아서 학업에 지장을 초래되는 상황, 학업성취가 부진하고 자신 스스로 무엇이 되고 싶은지 자아정체감과 목표가 없는 경우, 자신의 흥미와 관심사를 구별하지 못한다. 또한 자신의 장점과 강점을 찾지 못하고, 미래의 계획을 세우지 못하는 청소년들이 자신의 신변을 비관하고 탈선하기 쉬운 환경에 빠지게 된다.

성장기에 있는 청소년들은 문제를 스스로 해결하지 못하여 불안해하는 모습이나 행동을 하는지 항상 부모나 주위 사람들은 주의 깊게 관찰하고 관심을 가져야 한다. 청소년들은 아직 신체적, 정서적 성장이 미숙하여 자신의 문제나 갈등을 감당하지 못한다고 생각하거나 어떻게 해야 할지 모르는 상황에 도달하면 스스로 포기하거나 회피하는 경향이 있다. 상담하면서 청소년의 불안정한 감정 상태에서 호소 문제를 파악하고 부모와 자신의 관계에서 발생 된 갈등 요인과 갈등 정도를 시각적, 공간적으로 확인할 수 있도록 사분면 지표에 표시한다.

## / 사분면 지표위에 갈등 지점의 위치 파악

위기 청소년의 특성 중 가장 두드러지는 행동은 상담에 대한 비자발적 행동을 한다. 비자발적인 청소년은 자신의 문제에 대해 책임감이 없거나 자신의 문제를 인정하는데 심한 저항을 보인다. 청소년들은 전반적으로 상담을 권유에 의해서 하기 때문에 상담하면서 불신과 저항 또는 강한 거부감을 나타낸다.

특히 낯선 곳에서의 상담은 불안과 부담감 또는 두려움을 느낄 수 있다. 따라서 청소년은 상담의 통찰을 통한 행동의 변화보다는 대안적인 사고와 감정으로 심리적인 안정감을 지속적으로 유지할 수 있는 체제를 마련해야 할 필요가 있다. 청소년이 가정이나 가족에게서 벗어나고자 하는 원인을 확인해야 한다. 만약 가정으로 돌아가기를 거부한다면 억지로 가정으로 보내기보다는 부모와 관계 개선이 될 수 있도록 유도해야 한다. 청소년이 시간적 여유를 가지고 가정에 긍정적인 관심을 가지게 되고 또한 스스로 일어날 수 있는 자아정체감이나 자아존중감이 향상될 수 있게 심리적으로 안정적 감정을 유지하도록 도와야 한다.

청소년들이 탈선하는 경우는 다양한 상황들이 있겠지만, 부모의 집착이나 방임하는 양육태도와 자녀가 부모에 대한 자기 입장을 사분면 지표에서 확인할 수 있다. 청소년의 주요 호소내용을 파악했다면 부모가 자녀에 대한 집착이나 방임의 상황과 자녀가 호소하는 반항과 순응에 맞는 지점을 사분면 지표에 정하게 된다. 사분면 지표를 활용한 청소년 상담은 갈등을 시각적, 공간적으로 갈등 크기를 파악하게 되고 초기상담 후에 부모와 자녀 간의 일어난 문제의 심각성을 사분면 지표에서 상담해야 할 갈등 크기로 정한다. 청소년이 부모에 대한 감정과 자신의 감정이 만나는 교차점이 갈등의 정도로 어긋난 감정으로 해소해야 할 상담과제가 된다. 상담의 갈등위치와 갈등 크기가 정해진다면 부모와 자녀가 소통할 수 있는 중간지점인 소통지점에 근접할 수 있도록 상담목표를 세워 상담을 진행한다.

상담은 부정적인 자기개념을 수정하고 자신감이나 자존감을 회복하며 자신의 자원과 진정한 욕구를 충족할 수 있다. 또한 긍정적인 정서 상태로 회복하는 데 도움을 줄 수 있다는 것을 위기 청소년이 이해하도록 전달해야 한다. 청소년이 상담자에게서 신뢰와 안정감을 느껴서 자신의 내면감정을 진술하고 편안하게 말할 수 있도록 안정적인 분위기가 조성되어야 할 필요가 있다. 그리고 부모·자녀 간의 갈등관계가 개선될 수 있고 긍정적인 자아 변화로 내적인 정체성 형성에 도움이 되도록 해야 한다.

상담도 필요한 적절한 시기가 있다. 자녀 성장의 가장 좋은 청소년 시기에 불량한 쪽으로 관심을 가지게 되어 다시 돌아올 기회를 놓치게 될 수 있다. 청소년들은 상담이 필요한 적절한 시기에 도움받지 못하면 청소년들이 탈선 위기에서 문제점들은 상황을 급격히 악화시키고 위험한 상황으로 전개되어 일상적인 생활로 돌아가기 힘들 수 있다. 갈등 원인을 파악하고 사분면 지표를 통해 해결하려고 서로 노력한다면, 불통의 어려움은 사라지고 소통지점을 자연스럽게 찾을 수 있다.

# 상담 방향을
# 자연스럽게 정할 수 있다

누군가 당신에게 어떤 일을 해낼 수 있느냐고 물어 올 때마다 "나는 그 일을 확실하게 해낼 수 있습니다."라고 말하라. 부딪쳐 최선을 다하다 보면 어떻게 해내야 하는지 요령이 생기기 때문이다.

– 루스벨트 –

청소년들은 상담에 대한 오해를 많이 하고 있다. 상담에 대한 동기나 필요성이 부족하거나 지구력이 약하여 긴 시간의 대화나 많은 상담 회기를 힘들어한다. 정서적인 인지능력의 부족으로 주의가 산만하고 민감하게 반응하여 상담에 집중하기 힘든 상황도 발생한다. 청소년들은 대화할 때 습관적으로 축약어, 신조어, 은어(비속어), 짧은 단어의 구성 등으로 감정표현력 부족으로 자신의 문제점을 전달하는데 어려움을 나타낸다. 항상 무의식적으로 욕을 추임새처럼 붙이면서 말을 하거나 불량스러운 태도로 표현하는 습관이 문제다. 청소년이 부모나 어른들과 3분 이상 대화를 하면 서로를 이해시키지 못하고 감정이 격해지는 것을 느낀다고 한다.

요즘은 "3대가 모이면 다문화가 된다."라는 말이 있다. 타국인이 한국에 들어와 가정을 꾸려서 다문화가 되는 것이 아니라 3세대가 가지고 있는 문화적인 특성을 긍정적으로 교류하지 못한다는 뜻이다. 예를 들면 한글의 법칙을 무시하고 받침을 빼고 사용하거나 이상한 말로 만들어 새끼를 '쉐리, 쉐이'라고 하고, '센터깐다'는 가방 검사한다는 뜻이며 멍멍이를 '댕댕이'라고 한다. 자신들만 이해하도록 비하해서 사용해서 조부모 세대와는 전혀 다른 언어로 소통이 되지 않는다.

청소년의 은어가 사회의 전반적으로 널리 사용되는 경우도 있다. '금사빠(금방사랑에 빠짐), 자만추(자연히 만나는 사랑을 추구함), 당빠(당연하다)' 등의 용어는 매스컴에서도 언어사용 판단의 거름 없이 사용되는 것도 사회적인 문제다. 이처럼 이해되지 않은 단어와 말 때문에 소통하지 못하는 부모와 교사, 기성세대를 위해 대구 중부경찰서는 비행 청소년들이 사용하는 용어들을 모아 청소년들의 부모를 위한 '은어사전'을 출판하기도 했다.

청소년이 자신을 표현하고 항의하는 행동으로 가장 심각한 것은 탈선이다. 청소년들은 탈선이나 가출을 자신들만의 세상에서 소통하며 불법적인 행동을 죄책감 없이 하고 있다. 가출의 원인 또한 부모와의 갈등을 참지 못하고 밖으로 표출하는 행위다. 청소년의 가출은 어느 순간에 나타나는 것이 아니고 오랜 시간 누적된 불만이나 부적절한 환경의 노출로 나타내는 강한 표현이다. 청소년이 가출을 통해서 부모의 통제나 간섭, 방임과 무관심에서 자신의 힘든 감정을 알리고 생활의 압력이나 긴장감에서 벗어나려고 하는 계획적이거나 충동적인 행동이다.

자녀가 가출을 시도했을 땐 부모의 빠른 대처가 가장 중요하다. 청소년 가출의 주요 원인은 다음과 같다. 부모가 정서적 집착, 부정적인 감정, 강압적인 태도 등을 보임으로써 갈등이 발생하고 이로 인해 자아정제감이 낮아져서 현실도피 경향이 강하게 나타나기 때문이다. 화를 내거나 훈계하는 방법보다는 대화로 공감하거나 소통할 수 있도록 해야 한다. 가정에서는 가족들과 대화해야 한다. 대화하는 가정에는 특별히 가정교육이 필요 없다.

즉 가정에서 화목하게 생활하는 모습은 부모와 가족들은 살아있는 동영상 같은 책이라고 할 수 있다. 부모가 자녀에게 말을 할 때 지시적인 언어나 비언어적 행동보다는 자녀에게 알려주고 싶은 것이 있을 때는 구체적으로 말해주고 이해할 수 있도록 정확하게 전달해야 한다.

# /부모·자녀 간의 문제가 되는 갈등 요인

위기 청소년들의 문제가 되는 갈등 원인을 파악할 때는 청소년의 정서적, 신체적 변화에 대한 고려가 필요하다. 청소년 시기에 발생하는, 일반적인 사춘기에 나타날 수 있는 증상을 간단히 짚어보겠다. 청소년들의 인지발달 단계가 청소년기에는 개인의 인지발달 수준에 맞춰서 상담이 진행되어야 한다. 청소년기에는 신체 변화와 심리적인 현상으로 원인이 분명하게 드러나지 않는데 계속 몸이 아프고 불편함을 느끼는 신체증상을 호소하기도 한다. 이런 신체증상 가운데 심리적인 원인에 의해서 다양한 신체적 증상이 나타난다. 신체증상을 호소하는 경우는 신체를 포함한 기능적, 정신적, 심인성 증상이다. 청소년 내면의 심리 동기에는 관심을 받고 싶은 욕구, 심리적 불안해소, 학업에 대한 스트레스나 회피심리가 작용한다.

청소년 시기에 발현되는 증상으로 부모의 이해를 받지 못했을 때 갈등이 고조되어 가정에서 일탈하려는 욕구가 발생한다. 이런 경우 정신분석적인 상담으로 뿌리 깊이 쌓여있는 부정적인 정서와 심리적 갈등의 문제를 스스로 인지할 수 있도록 도와줘야 한다. 인지행동적인 상담에서는 생각의 방식을 전환하여 신체적 증상을 극복하는 것을 돕도록 하는 것이 중요하다.

청소년기에 갈등이나 반항으로 탈선하게 된 비행 청소년과 상담할 때 시간과 여건이 허락된다면 등산, 수영 등 함께 땀을 흘리는 활동 중심의 상담이 이루어져서 단순한 대면상담 이상의 효과를 볼 수 있다. 또한 청소년과 함께하는 인터넷 게임이나 사이버상의 정보 등으로 자신감 있는 내용이나 분야로 대화를 나누기한다면 초기상담의 라포 형성에 큰 도움이 된다. 특히 초등학교 고학년이나 중등학교 저학년의 청소년들에게는 단순한 손과 눈의 협응력이 필요한 게임 등을 활용한다면 자연스럽게 청소년에게 필요하고 중요한 정보를 알아낼 수 있다.

청소년이 무의식중에 하는 말과 행동을 통하여 포착할 수 있으며 긍정적이고 핵심적인 대화를 이끌어낼 수 있다. 청소년의 신체적, 심리적 변화에 따른 갈등의 문제를 비합리적이고 경직된 측면에서 찾아내어 합리적이고 융통성 있게 해결할 수 있어야 한다. 부모와 자녀 간에 심리적인 갈등이나 고통이 유발된 직접적인 문제를 믿을 만한 사람에게 털어놓고 위로받는 것으로 청소년이 가지고 있는 부정적인 감정을 완화하고 정신건강에 좋은 결과를 가져올 수 있다.

"문제 아이의 뒤에 문제의 부모나 가정이 있다."라는 말처럼 실제 비행 청소년들을 만나면 대부분 부모나 형제자매 그리고 가족구조 자체에 문제가 있는 경우가 많다. 부모와의 사이가 원만하고 모범적인 가정인데 그 자녀만 유달리 문제를 일으키는 경우는 극히 드물다. 청소년들에게 일어나는 모든 문제를 살펴보면 가정에서 부모와의 갈등이 대부분이다. 청소년 상담 중에 갈등의 주요인은 부모의 과도한 집착, 통제, 무관심, 방임이다. 자녀가 부모에게 반항하거나 역으로 복종이나 순응의 관계로 이뤄지는 것을 파악할 수 있다. 부모와 자녀가 함께 상담하는 경우, 사분면 지표에 부모·자녀 간의 갈등이 교차하는 지점인 갈등 지점에서 서로 간의 갈등 크기를 시각적, 공간적으로 확인하고 문제점을 인지할 수 있도록 한다.

## /부모의 양육태도를 호소하는 자녀의 갈등 강도

부모양육태도의 영향이 자녀에게 어떻게 작용하는지 확인해봐야 할 것이다. 자녀의 비행적인 행동은 부모가 자녀에게 무관심하거나 거부적이고 적대적일 때 나타난다. 부모의 양육태도에 관련이 있다. 부모가 자녀의 잘못된 행동에 지속적인 비판과 거부한다면 자녀의 형제나 또래관계, 대인관계에 부정적인 영향을 미친다. 부모에게 혹독하거나 권위적인 양육을 경험한 자녀들은 남을 무시하거나 소극적인 태도를 보인다. 자녀가 하는 행동의 이유를 확인하지 않고 반항적이거나 도전적인 행동으로 부모가 오해하고 신체적 처벌이나 위협을 했을 경우의 자녀는 부모에게 공격적인 폭력행동으로 대응한다.

반대로 부모의 과잉보호 혹은 심한 간섭과 통제를 많이 받고 자란 자녀는 학습능력의 저하, 자아존중감이 낮아지고, 학습에 대한 집중적인 상황에 놓이게 되면 무단결석이나 탈선으로 책임을 회피하기도 한다.

부모의 지나친 사랑은 자녀의 정서적 욕구를 지나치게 허용하고 개인적인 결정이나 실행을 허용하지 않는다. 이런 경우는 자녀가 비사회적인 인격으로 형성되며 또래 집단에서 따돌림을 받을 상황이 되면 불합리한 감정을 해소하기 위해 절도와 같은 비행적인 행동을 나타낸다.

지나친 통제형의 부모는 자녀에게 지배적이고 수용적인 형태로 양육하며 자녀에게 지나치게 높은 기대감으로 자녀의 인격 발달에 부정적인 영향을 끼친다. 이런 경우 부모의 관심은 학업능력이나 성적에 집중되어 있어서 자녀가 항상 긴장하고, 긴장감에서 벗어나고자 배회하거나 학교 밖 청소년들과 어울리면서 집단비행 행동을 하는 동기가 되기도 한다.

자녀를 방임하는 부모의 양육태도는 보통 자녀에 대한 이해가 부족하거나 가정의 경제적 어려움으로 아이를 통제하지 못한다. 이때 방임된 자녀는 자신의 욕구를 가정이나 학교, 사회가 규정하는 법규들을 억제 또는 충족하는 방법을 습득하지 못해 본능적인 욕구의 충동에 따른 행동을 한다. 자신의 감정을 존중받은 경험이 없게 되기 때문에 자신의 존재를 알아주기만 한다면 타인의 비난을 받더라도 비행집단에 참여한다. 자녀의 방임은 사회적 관계에 영향을 끼치게 되는 사회적 범죄로도 연계될 수 있다.

청소년의 일반적인 상담이론에서는 청소년 스스로 자신의 문제를 느끼고 상담실 문을 두드리면 그 효과는 극대화된다고 말한다. 물론 청소년이 성장하여 성인이 될 과도기적인 시기라면 어느 정도 타당하다. 그러나 청소년일 때는 문제에 대한 심각한 고려가 필요하다. 청소년은 대부분 자기 자신이 스스로 문제를 느끼고 상담실의 문을 두드리기보다는 부모나 교사의 권유나 강요로 상담한다. 그럼 비행 청소년의 문제가 자녀의 개인적인 문제일까를 생각해봐야 한다. 부모가 생각하지 못한 무의식중에 자녀에게 한 행동에 따라 부모가 자녀에게 가지고 있는 갈등의 종류와 정도를 확인하는 것도 상담에서는 청소년을 이해하는 데 매우 중요한 정보가 된다.

## /부모·자녀 간의 문제 원인인 갈등 지점 확인

부모가 탈선하거나 가출한 자녀를 만났을 때 가장 많이 하는 말이 "친구를 잘못 사귀어서 내 아이가 이렇게 되었다."라고 한다. 하지만 상대방 자녀의 부모도 같은 말을 할 것이다. 상담이 필요한 청소년들의 부모는 자녀를 정서적, 인지적, 신체적인 교육이나 훈련을 적절하게 수용하지 못하는 경향이 있다. 부모가 엄격하게 훈육하거나 훈육의 일관성이 없고 같은 행동에 비일관적인 교육을 할 때 자녀의 비행 행동이 강화될 수 있다. 이러한 부모는 자녀의 충동적인 행동을 적절하게 통제하거나 제약하지 않고 사회적인 법과 질서에 모범을 보여주지 못하는 경우가 많다. 이런 경우는 자녀도 부모로부터 같은 행동 특성을 학습하게 된다.

탈선하는 청소년들 대부분 문제가 생기면 적극적으로 해결하기보다는 회피하거나 부인하고 또 타인에게 책임을 전가하는 행동을 한다. 순간 부정적으로 일어나는 감정을 조절해서 문제의 상황을 극복하지 못하고 정당하지 못한 방법으로 벗어나거나 상황을 회피하려고 한다. 부모에게 올바른 가정교육을 받지 못하고 성장한 청소년의 특징이다. 가정과 학교에서 교육을 잘 받고 있지만 평범한 가정에서 성장한 청소년이라도 탈선한다면 그 원인을 알아보고 관심을 가지고 선도해야 한다. 가정의 경제적 궁핍이나 가족의 불화로 인한 불안정한 정서 또는 부모의 공백이 있을 수 있다.

청소년의 탈선으로 발생하는 비행 행동의 원인은 개인적인 요인, 가정요인, 학교요인, 또래요인, 지역이나 사회적 환경요인 등 복합적일 수 있다. 그 원인의 가장 중요한 것은 앞에서도 언급했듯이 부모요인의 경우가 많다. 가정에서 부모가 자녀에 대해 제 기능을 하지 못하고 행동이 잘못된 것을 인지하지 못한다면 자녀는 문제행동이나 불만을 폭발하게 된다. 이러한 청소년을 상담할 때 부모나 가족 구성원들과 동시에 상담을 병행해서 받아야 상담의 효과성을 높일 수 있다. 부모가 적극적으로 상담에 참여해야 상담이 원활하게 진행되고 서로의 갈등 문제를 해결하는 데 중요한 역할을 한다.

청소년이 비행하는 중요한 요인이 가족이라고 하더라도 정상적으로 제자리에 돌아올 수 있도록 격려와 지지를 해주고 이끌어줄 수 있는 것도 가족이고 부모이다. 따라서 자녀의 불건전한 행동에 대해 부모는 책임을 통감하고 자녀를 위해 부모가 할 수 있는 노력을 구체화하여 자녀가 긍정적으로 변화할 수 있도록 부모가 먼저 변해야 한다.

부모와 자녀가 함께 상담하면서 서로에게 가지고 있는 부정적인 감정을 일으킨 갈등 요인을 파악한다. 사분면 지표의 부모가 자녀에게 하는 집착과 방임 사이의 지점과 자녀가 부모에게 가지고 있는 순응과 반항의 지점이 교차하는 갈등 지점의 갈등 영역을 공간과 시각의 크기를 구체화한다. 공간, 시각, 속도 등에 연계된 미디어 생활에 익숙하게 성장한 청소년들에게 사분면 지표의 활용은 상담을 진행하는 데 도움이 된다.

## 갈등 크기를 공간적으로
## 시각화할 수 있다

인생은 경험의 연속이며 느끼기는 어렵지만, 경험 하나하나가 우리를 크게 만든다. 세상은 인격을 키우기 위해 만들어졌으므로 우리는 실패와 한탄을 견딜 때마다 꾸준히 앞으로 나아간다는 사실을 알아야 한다.

– 헨리포드 –

청소년기에는 자신이 타인과 다르고 특별한 존재감을 느끼고 싶어 하기에 작은 한마디에도 상처받을 수 있다. 작은 실수를 해도 크게 고민하고 감정 기복이 심하여 마음이 수시로 변하기 때문에 부모가 이해하지 못하는 상황도 벌어질 수 있다. 부모의 학업에 대한 압박이 강한 스트레스의 원인이 되기도 한다. 학업성적이 부모의 기대치에 미치지 못하여 우울감이나 학업에 대한 실패 때문에 스스로 부모에게 거부 반응을 나타낼 때도 있

다. 이런 경우 부모의 사소하게 던진 말 한마디가 자녀에게 깊은 상처가 된
다. 여러 상황에서 받는 스트레스를 적절하게 해소하기 위한 행동이 학교
나 일상생활에 문제를 불러일으킨다. 이럴 때 매스컴 매체에 불건전한 정
보에 심각성이 높은 수위에 접속하여 인터넷에 빠져 매체로부터 부모의 대
신으로 위로를 받는 대리만족의 방법을 찾는 것도 청소년의 탈선에 심각
한 문제로 나타난다.

청소년들은 SNS로 인한 심한 우울증, 공황장애, 조현증상, 심리적 불안
정, 공격성, 가출 등의 키워드에서 가장 많이 내면 문제로 관심을 두고 있
다. 이런 검색을 했거나 하는 경우는 청소년기 발달과정에 정상적인 현상
이다. 하지만 이런 상황을 가족들은 크게 걱정하여 인터넷이나 스마트폰
사용을 통제하거나 잦은 잔소리를 한다면 자아정체감의 혼란으로 부모를
속이거나 의사소통에 부담감을 느끼고 대화를 거부한다. 이런 경우 청소년
들은 가정에서 불편함이나 부모에 대한 부담감을 이겨내지 못하고 탈선할
수 있다. 그러므로 부모는 자녀가 어려운 문제에 봉착했을 때 그것을 해결
하는 데 도움을 줄 수 있는 믿음직한 조력자가 되어야 한다.

청소년기는 자신의 삶에서 가장 중요하고 혼란스러운 시기다. 학교생활
이나 또래관계에서 일어나는 따돌림이나 폭력적인 행동에 관련되는 것도
청소년들 사이에 일어나는 문제점이다. 부모나 어른들이 이해하지 못하는
또래관계에서 고립되거나 학교폭력으로 인한 마음의 상처와 같은 다양한

주제를 가지고 갈등하지만, 갈등을 해소할 적당한 방법을 모르기 때문에 탈선을 선택하기도 한다.

폭력적인 청소년들은 대부분 충동적 경향과 감정조절능력 부족으로 타인에 대한 배려와 정당한 감정의 표현력이 부족하다. 불량청소년들의 힘 있는 집단 배경에는 폭력이 대부분이고 또래들을 조정하기 위해서 자신의 폭력성과 권력을 합리화하기도 한다. 폭력을 정당화하는 청소년들의 잘못된 행동을 수정하려고 처벌로 엄중하게 다스리기보다는 청소년들에게 따뜻한 시선과 관심을 가지고 선도하는 교육적인 사회가 되어야 한다.

## /위기에서 벗어나기 위한 회복적인 노력의 필요성

청소년은 자신의 상태를 정확하게 이해하고 정체성을 찾고 싶을 때 자신의 내면을 자세하게 관찰할 시간이 필요하다. 부모와 주위와의 관계도 긍정적으로 개선하고 갈등이 있는 내면의 안정을 찾아서 건강한 자아정체성이 확립하도록 해야 한다. 청소년기에 가장 중요하게 생각하는 학업의 스트레스나 또래와의 관계에서 많은 갈등을 보이고 가족들과 보이지 않는 갈등의 소통 부재로 상처받는다. 정서적으로 불확실한 시기이므로 성장에 필요한 것들을 해결할 수 없는 불안요인은 많지만, 막상 해결하려고 하지만 누구에게도 배려 받지 못하고 혼자서 끙끙거리며 고민하기도 한다.

자녀의 이런 상황을 알게 된다면 부모나 가족은 자녀에게 관심을 가지고 불안감의 요인을 인정하고 공감해주어야 한다. 가정의 중요성을 인식하고 가족 구성원의 역할을 높여야 하며 부모는 자녀에 대한 이해가 필요하다. 가족에게 인정받고 정서적으로 안정된 건강한 자녀는 본능적으로 발생하는 자신의 갈등을 긍정적으로 해소하고 해결할 수 있는 내면의 해결 능력이 높다.

청소년 시기에는 또래관계의 실패에서 오는 공허감이나 불안감도 크다. 요즘 청소년들은 또래들이 진정한 친구이기 전에 경쟁 관계로만 생각하고 이기적인 경쟁상대로 또래관계를 평가한다. 그래서 또래관계는 실패와 좌절을 경험하게 되는 대표적인 원인이 되고 있다.

대부분의 비행 청소년들은 주변의 힘이 있는 친구들에게 멋져 보이려고 하고 자기를 우월한 존재로 보이고 싶어서 욕설이나 불량스러운 행동을 서슴없이 한다. 일탈을 경험했던 위기 청소년이 다시 가정과 학교로 돌아갈 준비가 되었다면 불미스러운 문제들을 빠르게 처리하고 제자리로 돌아갈 수 있도록 조치해야 한다. 그리고 학교의 또래들과 긍정적인 교우관계를 유지할 수 있도록 선생님의 조언과 지도가 필요하다. 학교로 돌아가서 부담 없이 학교생활에 적응하고 자신감을 높일 수 있도록 관심을 가지고 적극적으로 도와야한다.

교육환경의 회복과 전인교육을 실현하여 비교육적 환경의 개선과 학교를 두려워하는 아이를 수용하고 존중해야 한다. 또래의 공동체 의식에 관계되는 문제에 접근하여 해결 방안을 모색하는 것이 필요하다. 청소년들에게 유해한 환경을 줄이기 위한 범국민적 차원에서의 교육적인 개선에도 많은 관심을 가져야 한다. 청소년들이 가장 시간을 많이 보내는 학교 교육의 생활환경을 개선하는 것은 청소년들에게 매우 중요하다.

## /부모의 관심과 사랑이 필요한 자녀

청소년들에게는 시대에 맞는 적성에 적합한 진로나 인성 지도가 필요하다. 부모들과 다른 가치관의 문제. 즉, 전통적인 개념과 고정관념으로 청소년의 놀이 환경을 부도덕한 면으로 평가한다면 자녀들은 죄의식을 가지도록 몰아세운다. 기성세대와 청소년들의 사회성에서는 도덕성이 크게 부딪치는 게 문제다. 청소년의 교육적인 기능회복을 위한 기성세대의 생각 개선과 사회적으로 긍정적인 인식도 필요하다. 청소년 놀이문화에 대한 긍정적인 인식방안과 공감을 통한 자녀들과의 신뢰 관계 회복이 우선이다. 부모나 기성세대는 '라떼는' 이라는 말로 기성세대를 비하하듯이 청소년들의 놀이문화를 이해하지 못하면 현시대에서 함께 성장할 수 없다.

자녀들과 소통하고 싶은 부모님들은 자녀가 무엇을 좋아하고 무엇을 싫어하는지 자녀가 진정으로 원하는 것이 무엇인지 자주 대화해야 알 수 있다. 자녀는 부모와 어릴 때부터 소통하지만 청소년기에 접어든 자녀들은 자기 기준을 새롭게 결정하고 스스로 바람직한 선택을 해야 한다. 자신의 삶을 방향을 정하려고 할 때 부모는 그것을 인정해주어야 한다. 그것은 자존감과 깊은 연관이 있기 때문이다. 자존감이 높은 아이들은 자신의 선택에 책임을 질 줄 알며 스스로 판단했을 때 자기 일에 실패하더라도 수용하면서 성장해 나간다.

그래서 비록 나쁜 경험이라고 해도 자기가 원하는 것을 얻기 위해 노력하고 실패에 대한 책임을 져야 한다. 반대로 부모와 대화가 부족하거나 자존감이 낮은 청소년은 자기 결정에 책임져 본 경험이 부족하여 타인의 기준에 따라 자신의 책임을 회피하게 된다. 이런 청소년에게는 어려운 문제에 봉착하면 자기 스스로 판단하고 해결할 수 있도록 자아존중감과 자아정체성이 성장하도록 인성교육이 필요하다. 자녀가 스스로 삶을 목표를 세울 수 있는 능력을 구체적으로 확신시켜 주고 함양할 수 있도록 도와줘야 할 시기에 부모는 자녀에게 무한한 관심과 사랑으로 포용적으로 자녀교육을 해야 한다.

자녀의 성장 기간에 가정에서 부모의 공격성을 보면서 자랐다면 성장하면서 무서운 좌절감을 가지거나 공격성이 표출되는 것은 부모에 의한 요인이 되기도 한다. 부모의 공격성이나 폭력성에 노출된 청소년은 비행에 관한 잘못된 감정을 느끼지 못하는 경우가 많다. 이러한 위기 청소년들을 보호하거나 구제하지 않는다면 성인으로 성장하게 될 경우, 자존감이 부족한 사람으로 사회에 부적절한 행동을 하는 성인으로 성장한다. 청소년 시기에 공격성과 폭력성에 의한 분노 조절을 하지 못하고 탈선 경험을 하게 되어 범법 소년이 된다면 성인이 되어 범죄자가 되기도 하고, 때로는 사회악이 될 수 있다.

자아정체성이 성립된 중요한 청소년 시기에 정서적, 인성적 교육을 놓친다면 자녀는 제자리로 돌아오기 어렵고 위기의 경험으로 상처를 받고 상처받은 어른으로 성장할 수밖에 없다. 이러한 부정적인 요인들의 전조를 발견한다면 빠르게 제거하고 예방할 수 있도록 조치해야 한다.

## /자녀를 다시 위기로 몰아세우는 부모

위기 청소년이 상담을 통해 회복되었어도 다시 탈선 위기에 놓이게 되는 상황에서 복병은 의외로 부모이다. 예를 들면, 탈선한 자녀를 상담하기 시작하면 부모는 적극적으로 협조한다. 부모는 자녀의 상담 초기에 "우리 아이가 학교로 돌아와 무사히 졸업만 했으면 좋겠어."라고 긍정적인 바람을 말한다. 자녀가 학교로 돌아와 안정적으로 잘 다니고 또래관계도 좋아지면서 학업성적이 오르기 시작한다. 그러다가 다시 처음처럼 학업성적 압박을 하고 자녀에게 공부에 대한 스트레스를 주며 다시 자녀를 강압적으로 통제하기 시작하는 경우가 비일비재하다.

부모가 자녀의 학업에 참견하고 욕심을 내는 건 이해한다. 하지만 자녀는 상담에 적극적으로 임하여 열심히 변화하고자 노력하는데 정작 부모가 변하지 않는다면 자녀의 상담 효과는 저하되고 오히려 다시 탈선할 가능성이 크다.

상담 후에 일탈에서 벗어나 제자리로 돌아온 자녀를 본 부모의 마음은 초심에서 변하지 않아야 한다고 강조하고 싶다. 부모가 바라던 상담의 목표를 알고 있지만, 자녀가 원하는 부분까지 간다고 하더라도 후에 부모가 자녀에게 어떻게 행동하느냐에 따라 자녀의 상담 효과를 볼 수 있다. 자녀를 올바로 인식하고 올바르게 행동하고 그 생각과 정서를 바탕으로 자녀를 양육할 때 그 자녀는 자라면서 올바른 인성을 쌓아가며 올바른 가치관이 형성된다. 가정에서 참되고 바른 인식을 통해 긍정적으로 사고하고 행동하면서 가정이나 학교의 한 일원으로 생활해 갈 수 있는 능력이 길러지는 것이다.

위기 청소년이 탈선하게 되는 우선적인 이유는 가정에서 부모에게 실질적인 보호나 인정을 받지 못하기 때문이다. 소년, 소녀 가장이나 가정의 빈곤으로 인한 맞벌이 부모로부터 방임되어 가출하는 청소년들도 적지 않다. 그다음으로 탈선 청소년은 학업을 포기한 자녀들이다. 부모에게 억압된 통제나 학업 스트레스로 인하여 위기감을 느낀 아이들은 학업을 포기하고 학교 밖으로 나올 수밖에 없는 자녀가 반항하는 갈등 요인은 다양하다.

학교폭력에 의해 성매매나 따돌림 범죄에 가담하거나 또래들에게 강제로 범법행위에 가담하게 되는 위험한 상황도 있다. 이런 위험한 환경에서 벗어날 수 있도록 위기 청소년에게 가족이나 또래관계의 가치를 인식하도록 돕고 긍정적 삶을 살아갈 수 있도록 이끌어줘야 한다. 또한 극도로 방황하며 탈선한 청소년들의 부정적 에너지를 긍정적인 활동에너지로 전환시켜 건설적인 방향으로 되돌릴 수 있도록 부모나 학교, 사회에서 꾸준한 노력이 필요하다.

청소년과 함께 상담할 때 사분면 지표를 활용하여 갈등의 문제요인을 시각적, 공간적으로 지점을 정하고 청소년과 호소하는 구체적인 문제 원인을 찾는 것으로 접근한다면 개인별 불만이나 갈등의 차이의 보편적인 호소나 갈등 문제를 정확히 파악하는 데 도움이 된다.

# 5/ 청소년도 모르던 갈등의 크기를 1분 만에 구체화할 수 있다

온통 고난만 가득한 상황에 빠져 단 일분도 견디기 어렵더라도 결코 포기하지 마라. 흐름이 바뀌는 시기와 장소가 있기 때문이다.

- 해리에트 비처 스토우 -

자녀와 부모가 겪는 갈등 원인은 여러 각도로 구분할 수 있지만 가장 많이 겪는 요인은 가정에서의 엄격한 규칙이나 자녀에 대한 기대감이다. 자녀가 가정에서 해야 할 일과 가정의 규칙을 지키지 못했을 때 일관성 있는 가정 훈육이 있어야 한다. 두 번째, 갈등 요인은 청소년의 정체성에 관한 문제이다. 성 정체성과 청소년에게 어울리는 옷차림과 행동에도 부모와의 갈등에 중요한 요인이 된다. 세 번째, 학교생활의 부적응에서 나타나는 퇴학과 자퇴의 문제, 교우관계에서 따돌림, 정신적 유해한 약물복용, 술과 흡연, 이성이나 동성 친구 관계에서도 갈등의 원인을 찾을 수 있다. 불량 친구를 선택하고 친구들의 도움으로 영향력을 행사하여 청소년의 지위에 맞지 않는 태도나 가벼운 불법적인 행동을 죄책감 없이 하는 청소년 범죄로 연계되는 심각한 사회적인 문제다. 네 번째, 부모의 이혼, 별거, 이혼 후 문제 자신의 거취 문제, 양부모와의 관계, 동거 부모 선택의 문제, 부모 간의 불화로 인한 정서적 불안정한 상황도 청소년의 내적갈등의 요인이 된다.

현 사회에서 늘어나고 있는 부모의 이혼으로 양부모의 가정 속에서 느끼는 스트레스나 부정적인 감정으로 인한 돌발적인 행동도 청소년이 일탈행위를 하는 고충 중에 하나라고 할 수 있다. 다섯 번째, 사소하지만 청소년이 가장 싫어하는 갈등 원인으로 가능한 요인은 귀가시간 위반, 물건 탈취, 불법적인 낙서, 직업에 대한 진로고민, 학업중퇴, 가족에 불만으로 가출위기, 불안정한 심리적인 상처, 임신, 자살이나 자해 등의 이런 여러 이유로 갈등을 드러내는 촉매역할을 하는 표면적 문제이다. 위기 청소년의 상담은 비행적인 행동으로 나타내는 외부적으로 보이는 갈등문제와 마음속 깊이 쌓여있는 내면적으로 근원적인 갈등 원인을 같이 다루어야 한다.

부모와 자녀 간에 갈등 원인은 부부가 서로에게 향한 분노나 불만을 자녀에게 투사하여 자녀를 부모 사이의 불안정한 문제에 대한 교가(橋架)역할을 요구이다. 청소년 시기에 가정에서 부모의 갈등은 자녀의 내면 심리에 불안정하게 자리 잡아 문제를 간과하기 쉽다. 그 이유는 일반적으로 청소년과 그 가족이 '가지고 있던 원 문제의 갈등'이 해결되는 시점에서 부모가 갈등하는 동안 자녀가 받았을 상처를 중요하게 생각하지 않기 때문이다. 역기능적 역동을 유지하려는 부모의 행동 패턴은 이런 상황에서 느끼게 되는 자녀의 내면적인 문제를 강화할 위험이 크다. 그러므로 청소년 시기에 있는 자녀와 부모 사이에 가장 중요한 역할은 가족관계에 서로를 인정하고 배려하며 나아가서 가족관계에서의 상하 질서와 권위나 책임감에 대해 이해시켜야 한다. 가정에서 가족과 발생한 갈등의 요인을 재구조화하고 표면적 변화의 욕구 밑에 깔린 내면의 갈등 요인을 잘 다루어야 한다.

## /감추고 있는 내면의 갈등 요인을 파악

폭력성이 강한 위기 청소년에게 책임 있고 일관적인 태도로 행동한다면 폭력성을 완화하는 데 효과적이다. 자기 통제력을 상실할 때 청소년은 자신에게 제한을 가할 사람을 찾는다. 제한은 난폭한 또래들에게 안전감을 느끼기 때문이다. 제한은 아이들에게 할 수 있는 것과 할 수 없는 것을 규정한다. 제한하더라도 실천할 수 있도록 해야 한다. 위기 청소년들이 폭력성을 나타내는 문제의 근원에 접근할 때 보면 화가 난 청소년들에게 가장 먼저 문제가 행동으로 표현한다는 것이다. 부모들은 반항하는 자녀와 타협하려는 반면에 자녀는 우월한 태도로 자신의 감정을 표현하면서 분노의 욕구에 대한 갈등 해결의 노력을 무시하기도 한다. 위기 청소년의 부모들은 반항하는 자녀가 자학하는 폭력적인 행동을 하더라도 대화로 해결하도록 도와서 반항의 악순환에서 벗어날 수 있도록 자녀를 보호하고 도와야 한다.

청소년기는 유년기까지 받은 부모의 보호에서 벗어나 정신적, 경제적, 사회적으로 완전히 독립하는 시기다. 성인기 전까지 부분적 의존과 자유, 부분적 독립 등의 특성으로 해서 자신의 정체성 찾기에 혼란을 가져오기도 한다. 뿐만 아니라, 신체적으로도 성인기로 진입하기 위한 여러 가지 갈등을 겪는다. 신체적, 정서적인 변화를 겪으면서 부모와 학교, 사회로 적응하기 위한 갈등을 성장기에 느끼는 감정일 수 있지만 이러한 상황을 긍정적으로 이겨내지 못하는 경우는 일탈하게 된다. 특히 가정에서의 부모의 불화나 이혼에 의한 분노나 비난을 억압하고 자신 때문이라는 죄책감도 느껴 갈등 요인이 되기도 한다.

위기 청소년의 상담목적은 심리적, 정서적 위기로 인해 탈선 상에 있게 되는 청소년들을 이해하고 표면적인 호소의 내면에 있는 갈등 원인을 찾아 긍정적인 자아정체성 성립에 도움을 주는 것이다. 또한 상담은 청소년의 진정한 문제의 원인을 찾아 정상적으로 회복시키는 데 있다는 것을 기억해야 한다. 청소년들은 고통을 받을 때 부정적인 행동이나 태도로 부모나 기성세대에게 자신의 속마음을 교묘하게 감추는 데 익숙하다. 청소년들이 고통과 괴로움을 가지게 되는 내면적인 갈등 요인에 접근하려면 그들에 대한 공감은 필수적이다. 청소년과 상담으로 대화 중 자신의 불편한 내면이 드러나면 들켰다고 생각하는 순간 화를 내거나 욕을 하며 분노를 표출하는 경우에 그 원인이 무엇인지 파악해야 한다. 이러한 표현을 청소년이 자신도 모르게 순간적으로 행동할 때는 상담사는 주의하고 내면 갈등의 절실함을 알아차리도록 노력해야 한다.

## /부모와 대화 없는 공감과 불통이 갈등의 원천

부모와 자녀 간의 갈등으로 인한 부정적인 감정은 사춘기에 접어든 청소년기에 증가하고 갈등의 빈도는 청소년기 후반기에 들어가면서 줄어든다는 이론이 있다. 자녀가 가정에서 부모나 가족으로부터 갈등이 시작되는 시점에서 가족은 공감하는 긍정적인 대화로 소통을 하거나 자녀의 문제를 이해하고 배려해주어야 한다.

자녀가 성장하면서 가족관계, 개인적이거나 사회적인 영역에서 부모의 권위를 인정하지 않고 자신을 통제하는 경향이 증가한다고 느끼면 부모에게 벗어나려고 한다. 부모가 자녀에게 과잉 기대나 간섭 또는 통제나 방임할수록 자녀는 이해하기보다는 갈등으로 쌓인다. 최초 갈등 원인은 아주 사소하고 작은 문제에서 시작되는 것들이 많다. 부모와 자녀 관계에서 발생하는 갈등을 해결하지 않고 회피하거나 거리를 둔다면 외현화 또는 내재화로 불만이 쌓여 큰 문제로 발전할 수 있다.

일반적으로 부모들이 자녀와 불필요한 주장을 하고 논쟁하며 서로에게 상처를 줄 때가 많다. 그럴 경우, 부모의 권위가 자녀에게 폭력과 폭언 등의 가정폭력으로 전이 될 가능성이 크다. 가정에서 부모가 자녀에게 하는 비상식적인 행동은 청소년 시기에 있는 자녀에게 스트레스의 중요한 원인이 된다. 이처럼 심리적으로 불안해지면 청소년들은 사이버 세상으로 숨어드는 경향이 커진다.

인터넷 세상에는 다양한 게임들은 청소년들에게 어느 정도의 스트레스 해소에 도움이 되겠지만, 게임을 지속적으로 즐기게 되면 인터넷에 대한 의존도가 높아져 중독으로 빠져서 절제가 어렵다. 청소년기는 호기심에 민감한 시기이므로 음란물에 접속하기 시작하면 그것을 중단한다는 것이 쉽지 않으며 음란물에 몰두하여 많은 시간을 낭비하고 결국에는 학업에 심각한 지장을 초래하게 된다. 이런 상황이 반복되면서 부모와 갈등이 쌓이고 자녀가 감당하기 어려운 스트레스로 가출이라는 극단적인 선택을 한다. 비행 청소년이 될 수밖에 없는 파국의 결과를 초래한다.

부모는 자녀와 수직적인 관계로 여기고 자녀가 어리다고 모르는 것이 많을 것이라고 생각하는데, 그것은 부모가 버려야 할 고정관념이다. 부모는 자녀를 하나의 인격체로 대하면서 성장시켜야 한다. 또한 자녀에게 자아존중감이 하락하는 지시적인 말투나 대화법은 부모와 자녀의 갈등을 증가시키는 원인 중 하나이다. 자녀와 대화할 때는 비폭력 공감 대화법을 사용하여 서로의 가치관이나 욕구를 비난하지 않고 경청하고 공감하는 소통의 대화를 해야 한다. 또한 자녀가 지켜야 할 가정에서의 기본적인 규칙을 분명하고 일관성 있게 적용하고 실천할 수 있도록 지도해야 한다.

부모는 자녀가 성장하는 과정에서 생각의 사고와 환경에 따른 변수를 자녀에게 높은 기대를 하지 않도록 주의하자. 자녀는 남과 비교되지 않도록 긍정적인 시선으로 판단하고 자녀와 잘 어울릴 수 있는 공통된 관심을 가지고 시간을 함께할 수 있도록 노력해야 한다.

## /상담으로 갈등 크기를 사분면 지표에서 확인

'회복탄력성'이란 통제나 예측 불가능한 위기를 부정하기보다는 역경을 딛고 성공적으로 대처하여 성장의 기회로 삼는다는 뜻이다. 위기 청소년들에게 의미 부여나 긍정적 활동을 통해 '회복탄력성'을 강화할 필요가 있다. 요즘 청소년들이 온라인 유해 매체에 노출되는 시간이 많아짐에 따라 '사이버 아웃리치' 활동을 강화하고 있다. 하지만 청소년의 미디어 사용을 무조건 금지하기보다는 가정 내에서 청소년의 자기 결정권을 존중하는 분위기 속에서 바람직한 인터넷 게임이나 미디어에 대한 긍정적인 여가문화나 놀이문화가 정착돼야 한다. 급격하게 발달하는 과학의 산업발달에 청소년들에게 미디어나 사이버문화의 여가활동을 통제하기는 어려운 현실이다.

앞으로 청소년들의 삶에서는 미디어와 함께해야 한다는 것을 인정하고, 미디어사용의 금지보다는 긍정적인 사용을 교육해야 한다.

인터넷이나 스마트폰 등으로 불법 범죄나 일탈적인 행위로 노출되는 원인은 청소년들이 부모, 학교, 등 사회에 불만이나 갈등의 문제를 청소년들이 온라인을 매개체로 활용하여 표현할 수 있는 위험한 방법을 선택하는 것이다. 위기 청소년들이 일탈행위를 하는 것은 청소년은 자기정체성이 확립되지 않은 시기에 과도기적인 상황에 물질의 풍요와 사치, 과소비, 향락문화가 만연한 사회적 환경에 현혹되어 있기 때문이다.

또한 자기중심적이고 이기주의적 감정이 팽배하고 정신/문화적으로 급격한 변화에 적응하기 어려운 관계로 상실과 소외감을 느끼며 심리적으로 불안정을 이기지 못하고 방황하기 때문이다. 일관성 있는 의식을 갖지 못하고 가치의 혼란, 현실에서 도피적인 행동, 비생산적인 쾌락적 생활을 추구하는 위험한 사회현상에 무수히 노출되는 것도 갈등 요인이다.

위기 청소년의 비행 요인 중 가장 큰 비중을 차지하는 또 다른 문제는 부모에 대한 애정결핍과 과한 기대감에 대한 반발심이다. 억압된 욕구의 저지 상태에서 부정적인 방향으로 폭발하는 경우다. 경제의 발전에 따른 물질만능주의, 능률에 따른 평가, 비인간화적인 현상에 의한 과열경쟁으로 낙오된 청소년의 욕구불만과 타인에 대한 불신이다. 청소년들은 대중적인 사치와 허영의 유혹과 퇴폐적인 대중문화의 판단력 부족으로 정서적인 부분의 왜곡으로 받아들여지는 결과이기도 하다.

또한 학교의 전인교육 악화로 입시와 성적 위주 문화는 스트레스를 해소할 만한 적당한 방법을 찾지 못해서 청소년들은 일탈한다. 청소년들이 중심이 되고 스스로 권리보장을 위해 참여할 수 있는 교육을 개발해야 한다. 청소년을 교육적이고 포괄적인 방법으로 청소년 자신에 숨어있는 잠재력과 역량을 발견하여 '회복탄력성'을 높이는 데 많은 지원이 필요하다. 위기청소년들을 위해 가정이나 학교, 사회에서 소외 감정에서 벗어날 수 있도록 정서적인 힘을 강화하여 심리적으로 안전하게 성장할 수 있도록 교육적 실천과 사회문제에 정책적으로 접근할 필요가 있다.

청소년들이 가지고 있는 여러 가지 갈등으로 쌓여있는 문제를 이해하고 해결하기에는 많은 시간이나 노력이 필요하다. 상담에서 상담자가 청소년의 첫 면담에서부터 문제점의 요구보다는 여러 회기의 상담을 통해서 청소년이 상담자에게 확신을 가져야 한다. 청소년들은 언제 어디로 튀어갈지 모르는 럭비공과 같은 행동을 스스럼없이 하는 성향이 강하기 때문에 상담에서 라포 형성이 되었다고 하더라도 방심해서는 안 된다.

청소년을 상담하면서 사분면 지표 위에 부모의 집착과 방임 그리고 자녀의 순응과 반항에 해당하는 갈등의 강도를 표시하면서 부모·자녀 간의 갈등 주요인이 교차하는 갈등 지점을 정할 수 있다. 초기상담의 짧은 시간 내에 사분면 지표에서 부모와 자녀 간의 갈등요인의 크기가 시각적, 공간적으로 확인되므로 효과적인 상담을 진행할 수 있게 된다.

# '사분면 상담지표'는
# 상담의 마중물이 될 수 있다

내 삶을 바꿀 수 있는 사람은 오직 나뿐이다. 누구도 대신해 줄 수 없다.

– 캐럴 버넷 –

청소년을 상담할 땐 적극적으로 관심을 보이는 것이 매우 중요하다. 청소년은 신체적, 정신적인 성장이 완성되지 않은 미성숙한 정서와 인성으로 급변하는 현재 사회에 적응하며 기성세대와 함께 살아가야 한다. 청소년의 일상적 생활 태도, 자아정체감 형성, 의식구조에 따른 환경변화에 적응하는데 기성세대의 관심이나 배려가 필요하다. 그리고 성장하면서 변화되는 주변 환경에 익숙하게 적응하기 위한 시간적 여유도 중요한 부분 중의 하나다. 또한 청소년의 성장기에 자기지향적인 특성도 인정해주어야 한다. 청소년들의 다양한 정체성 문제 때문에 개인의 가치관에 대한 혼란을 경험함으로 내면화를 강화할 기회도 제공할 필요가 있다.

부모의 무관심과 방임에 가장 먼저 나타내는 반항적인 증상으로 가장 쉽게 표현할 방법은 남 탓으로 돌리는 행동이다. 청소년기에 어느 정도 인지능력이 발달하면서부터 자기개념이 두드러지기 시작하면서 바람직하지 못한 자신의 사고와 충동하면 매우 힘들어하는 경향을 나타내기도 한다.

부모의 무관심과 방임으로 인해 자아존중감이 낮아진 자녀는 자신이 생각하는 바람직하지 못한 특성을 내면에 받아들이기 힘들어서 사소한 일도 남 탓으로 돌린다. 이런 태도를 자주 나타내는 자녀를 부모는 습관적인 사건으로 여길 수 있지만, 자녀는 가장 큰 사건일 수 있다는 것으로 고려해야 한다. 타인에게 책임을 전가하는 이유를 물어보기 전에 심리적인 불안함을 안정시키고 공감하는 대화로 안정을 찾을 수 있도록 소통하는 것을 부모는 잊어서는 안 된다.

청소년기에 부모한테 적절한 보호와 지지를 얻지 못하면 이에 따른 실망과 좌절로부터 자신을 보호하려고 한다. 부모가 습관적으로 건강하지 못한 방어적 행동을 사용하면 청소년기에 있는 자녀 또한 부모에게 학습되어 자신도 모르게 올바르지 못한 행동에 고착되기도 한다. 청소년에게는 지나치게 경쟁적인 학교 분위기, 또래관계, 성적 부담 등의 이유는 일반적으로 널리 알려져 있다. 청소년들의 학업적인 기대에 대한 교육적인 분류에서 학업의 난이도의 차이도 청소년을 평가하는 차별적인 도구로 사용되어서는 안 된다. 청소년들은 노력한 결과에 따른 수준별 학업평가는 학업 수행 능력의 효능이 증가하고 그 결과로 인정을 받으면 자신의 존재감과 성취 의욕이 향상된다.

2010년 한국청소년 교육연구회 조사에서 청소년들이 '학교에 가기 싫다'는 경험에 관한 조사 결과로 무리한 학업성적이나 학교생활의 부적응에 대한 이유가 높게 나타난 것을 볼 수 있다. 일반적으로 학생은 학생 입장으로 학교에 가는 게 당연하다고 생각한다. 하지만 학생으로서 학교에 가는 것이 당연하다는 것은 알지만, 억지로 등교하는 부담의 정도가 클수록 실제로 등교를 하지 못하는 상황이 발생한다. 등교 거부의 원인을 찾아 '학교에 가기 싫다'는 문제해결을 돕는 것이 매우 중요하다.

이처럼 등교거부에 의한 탈선으로 학교 밖 생활을 하게 되면 위기 청소년이 되기 쉽다. 위기에 있던 청소년들이 다시 학생의 신분으로 돌아갈 수 있도록 도와주어야 할 상황에서는 가정에서 부모의 적극적이고 긍정적인 양육태도가 필요하다. 그리고 지역사회와 학교 선생님의 배려 또한 매우 중요하다.

# /문제의 갈등요인 파악에 상담의 중요성

청소년 상담에는 매우 다양한 방법과 기법이 널리 알려져 있다. 특히 위기에 있는 탈선이나 가출청소년 상담에는 다양한 방향으로 접근해야 한다. 상담받는 청소년은 자신에게 관심을 보이거나 자신의 존재를 인정해주는 편안한 사람에게 자기 얘기를 한다. 반면에 청소년은 자신에게 진지하게 관심을 쏟지 않거나 자신의 얘기를 기억하지 못해서 다시 물어보면 상담의 흐름이 끊어지게 되고 마음의 문을 열기 전에 상담에 대한 거부감을 나타낸다.

청소년은 일반적으로 자신의 존재에 대하여 확신을 갖지 못하는 경향이 있다. 실제로 청소년은 자신을 인정하고 있는지 확인하고 싶어 하지만 먼저 접근하지는 못한다. 청소년이 갈등하고 있는 문제를 편안하게 말할 수 있도록 지원하고 격려해야 한다. 먼저 갈등 문제의 요지를 말할 때까지 침묵으로 기다리는 인내를 발휘해야 한다. 상담에 있어 서로 침묵하는 시간은 상대가 스스로 존중감을 느끼게 하는 점에서 청소년 상담에서 시간을 활용하는 중요한 상담기법이다. 청소년은 상담에 익숙지 않아서 처음부터 자기의 근본 문제를 드러내지 못해 대개는 엉뚱한 문제로 이야기를 꺼내는 경우가 많다. 그래서 침묵의 시간은 청소년이 자신의 문제를 생각하며 정리하고, 더 능동적인 자세를 취하게 되는 기회로 주어진다.

청소년을 상담할 때는 상담의 기본적인 기법을 활용하여 다양한 환경에서 느끼고 있는 갈등으로 힘들어하는 호소 문제를 효율적으로 파악해야 한다. 청소년의 상담에서 가장 많이 사용되는 기법의 초기 단계에 감정, 생각, 욕구, 행동을 '반영하기 기법'을 많이 사용한다. 말이나 비언어적인 표현(예 자세, 몸짓, 어조, 눈빛)에서 나타나는 기본적인 태도, 주요 감정, 심리 상태 등을 말로 표현하는 것을 파악하는 데 매우 중요하다.

이외 중간 단계에서 활용할 수 있는 상담기법은 '수용하기, 구조화하기, 말 바꾸어 말하기, 대화를 다시 요약하기, 호소내용을 명료화하기'가 있다. 마무리 단계에서는 청소년의 문제를 새로운 각도에서 이해하도록 자신의 생활 경험과 행동의 의미를 설명하는 '해석, 직면'이 있다. 마지막으로 청소년 상담 후 면접 기능은 '질문하기'로 자기탐색과 이해를 돕는 유용한 기법이지만, 잘못 사용할 경우 질문은 오히려 청소년을 혼란시키거나 위축시킬 수 있다. 그래서 주의하여 활용해야 한다.

상담할 때 많은 상담기법들이 있지만 가장 중요한 것은 청소년의 마음을 먼저 이해하고 공감으로 안정감을 느끼게 해주는 것이다.

# /위기 청소년들이
# 탈선의 세계로 빠지기 전 상담은 필수

청소년이 가정과 학교에서 벗어나 위기 청소년이 되었을 때 자신의 경제적 삶을 위해 불법적인 비행을 한다. 부모는 위기에 있는 자녀가 탈선의 길로 빠지기 전에 자녀가 느끼는 스트레스나 분노를 발산할 수 있는 긍정적인 대처 방법을 마련해주어야 한다. 청소년이 스트레스를 심하게 받으면 마음은 물론 몸의 이상 증상을 경험하며 현실에 대한 좌절과 실망을 분노로 표시하기 위하여 폭력집단에 가입하기도 한다. 바람직하지 못한 사고로 자신의 충동적이고 부정적인 감정을 타인에게 투시하면 현실을 왜곡할 수 있다. 가장 극단적인 형태는 피해망상으로 현실이 왜곡되면 쓸데없는 의심과 과잉경계가 뒤따르게 되고 외부자극에 민감해지며 공격적인 행동을 한다.

일반적으로 청소년은 여건상 스트레스를 충분히 해소할 수 있는 환경을 찾기에 어려움이 있다. 그래서 보통 참고 지나갈 때가 많다. 그러다 보니 두통이 대표적인 증상으로 나타나고, 그 외에 어지러움, 소화불량, 가슴 답답함 등을 호소한다. 학교생활에서 오는 문제점도 무시할 수 없다. 청소년은 성실한 태도로 많은 시간을 학업에 투자하지만, 성적에 만족하지 못할 때가 많다. 그렇게 점점 탈선할 가능성 또한 높아진다.

부모의 성격이나 양육태도에 따라 자녀는 위기 극복 능력이 달라진다. 너무 권위적이라면 아이는 위축되거나 우울해질 수 있으며 부모의 억압으로 인해 자신의 욕구를 좀처럼 표현하지 않고 감춘다. 부모가 자녀에게 너무 허용적인 태도로 감싸주기만 한다면 안하무인격으로 성장하게 되어 또래나 대인관계가 원만하지 못하게 된다. 또한 지나치게 무관심한 부모라면 청소년 자녀에게는 비행과 같은 문제가 나타날 가능성이 크다.

청소년들이 위기에 놓이게 되는 가장 큰 요인은 처음에 말했듯이 가정이다. 청소년기에는 부모와의 사이에서 갈등이 심한 경우 자학하거나 자포자기를 한다. 이처럼 자신을 이해받지 못하는 청소년들은 부모의 양육태도에 순응하거나 반항의 표현으로 '물리적 도피'나 '심리적 도피'를 선택하여 위험한 상황으로 숨어버린다. 작게 시작된 불만이나 분노를 부모나 가족들이 먼저 파악하고 자녀들을 이해하고 정서적, 심리적인 치유에 알맞은 상담으로 제자리로 돌아갈 수 있게 해야 한다.

청소년 시기에 자신들만의 억압된 감정을 해소하는 방법을 찾기 위해 불법적인 행동을 서슴없이 한다. 위법의 심각성을 인지하지 못하고 범죄를 무감각하게 학습하고 있다. 결국 탈선 위기에 있는 청소년은 분노 표출로 인한 통제력의 약화가 되고 공격적인 성향이 강한 행동으로 인한 사건들을 일으키게 된다. 청소년이 자신의 스트레스가 분노를 통제할 수 없는 상황에 이르면 극단적인 선택을 하는 경우도 뉴스나 매스컴으로 종종 듣는다.

청소년이 갈등 요인을 말하게 되면 어른들은 자신들을 이해하지 못하고 강요나 억압할 것이라고 지레짐작한다. 그래서 도움을 요청하지 않는다고 청소년들은 이구동성으로 하소연한다. 갈등에서 벗어나고자 하는 욕구가 강하게 나타날 때와 탈출구가 보이지 않았을 때 극단적인 선택을 할 수밖에 없었던 청소년을 구제할 방법은 진심을 담은 상담이다.

## /상담의 마중물이 될
## 사분면 상담지표의 시각적, 공간적 갈등 확인

청소년이 위기로 몰리는 원인은 가정에서부터이며 부모와 갈등이 가장 큰 원인이라고 앞에서 자세히 언급했다. 청소년을 상담하다 보면 자신이 하소연하는 내용이 스스로도 깊이 쌓인 부정적인 감정인 불만이다. 분노에 대한 원인을 모르고 무조건 화가 난다는 경우가 많다. 강압적인 부모의 억압에 직면한 답답함을 해소할 방법을 몰라서 부모의 눈을 잠시 피하려고 하다가 불량한 환경으로 빠진다.

가정이 어려워 용돈을 스스로 벌어보겠다고 시작한 아르바이트가 불법 범죄에 연루되어 빠져나올 수 없는 지경까지 이를 때도 있다. 부모의 방임으로 향락적인 형태의 즐거움을 찾아서 탈선 위기의 상황이 벌어지기도 한다. 이외에도 청소년들을 위험에 빠트리는 위기는 주변에 널려있다. 사회적으로 불법적인 환경에 청소년들이 노출되지 않도록 부모나 학교, 사회에서 더욱 관심을 가지고 관찰하고 관리해야 한다.

청소년을 상담하면서 상담의 종류나 불만이니 분노의 강도를 알기 위해서 많은 시간을 들여서 상담을 진행하는 경우가 많다. 시간을 들여 상담해도 청소년들이 가지고 있는 상담내용의 방향이나 정확한 분노의 강도와 갈등 원인을 파악하지 못하여 상담을 그르칠 때가 많다. 자녀가 부모에게 가지고 있는 부정적으로 느끼는 공통적인 감정을 구분한다면 크게 두 가지로 나눌 수 있다.

첫 번째, 부모의 통제로 인한 자녀에 강한 집착과 무관심으로 자녀를 방임할 때다. 두 번째, 자녀가 부모에게 나타내는 불만에 순응하는 척하거나, 또는 반항하는 경우다. 현대의 트렌드에 맞는 시각적인 것에 빠른 반응을 하는 청소년의 갈등강도를 부모의 집착과 방임, 자녀의 순응과 반항에 대한 불만강도를 사분면 지표에 나타낸 것을 사분면 상담지표라고 정했다. 시각적 크기로 갈등을 표현한 사분면 지표는 청소년을 상담할 때 자신들도 모르는 속마음 깊숙한 곳의 내면갈등의 크기를 알아낸다. 갈등 원인을 풀어가기 위해서 활용하면 상담을 더욱 효율적으로 할 수 있다.

청소년들은 눈으로 확인할 수 있는 시각적인 것에 더 긍정적인 반응을 보이기에 '사분면 상담지표'를 구상했다. '사분면 상담지표'를 활용하면 기초

적인 상담 때 하소연하는 불만이나 갈등의 요인이 교차하는 갈등 지점을
정하여 상담의 갈등 크기와 심리적인 무게를 시각적, 공간적 파악이 가능
하며 상담에서 문제점을 시각적인 크기로 확인하는 데 도움이 된다.

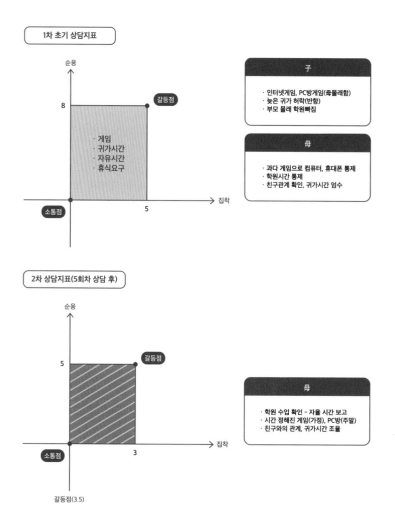

사분면 상담지표는 초기상담에서 시각적으로 갈등크기나 갈등의 주요인을 지표에서 확인한 후 상담의 방향을 정할 수 있다. 상담의 중간 점검을 할 때 초기상담 갈등지점과 중간 상담에서 느끼는 갈등크기 변화를 비교하면서 상담의 변화를 확인할 수 있다. 상담 종결 때도 상담방향과 갈등크기를 시각적, 공간적으로 점검하여 심리적 갈등크기와 변화를 지표에서 구체적으로 확인할 수 있다. 사분면 상담지표를 활용한 상담은 갈등지점의 갈등요인들이 서로의 관계를 이해할 수 있는 사분면 지표의 중앙인 소통지점으로 가까워지도록 긍정적인 상담결과를 이끌어내는 데 용이하다.

요즘 청소년들을 눈으로 확인 가능한 공간이나 시각적인 것에 익숙하여 상담할 때 사분면 상담지표에 자신들의 갈등 크기와 갈등 원인을 눈으로 확인하고 청소년인 '내'가 또는 '뇌'가 갈등을 인지한다. 사분면 상담지표에서 눈으로 확인된 자신의 갈등 크기와 원인을 더 구체적이고 정확하게 파악할 수 있기에 상담에 적극적으로 참여할 수 있다. 모든 것을 빠르게 해결하고 눈으로 먼저 인지하는 현대의 시간적으로 빠르게 지다가는 삶을 살아가는 청소년들에게 사분면 상담지표는 심리적으로 정서가 불안정한 위기 청소년의 상담을 위한 마중물이 될 수 있을 것이다.

Part 3

# 일사분면

집착하는 부모와
순응하는 자녀의 갈등관계
6가지 사례

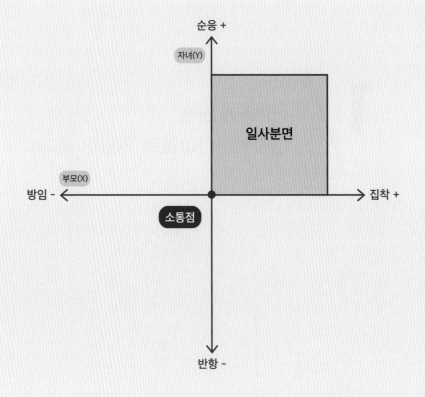

사분면 상담지표의 X축은 부모의 집착과 방임이며 Y축은 자녀의 순응과 반항으로 정했다. 일사분면은 부모의 X축의 +방향의 집착과 자녀의 Y축의 +방향의 순응에 해당하는 자녀와 부모간의 갈등 크기를 시각적으로 표현했다. 부모의 집착에 자녀가 부모의 요구에 순응하고 있는 것처럼 보이지만 숨을 쉴 수 없을 경우까지 참다가 어떤 문제 상황에서 도발적으로 감정이 폭발하여 부모와 자녀의 갈등으로 어려움에 빠진 여섯 상황의 상담을 각색한 사례다.

# 아빠가 너를
# 유명한 아이돌로 만들어 줄게!

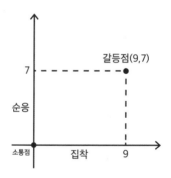

\* 사랑(거울)의 기둥(mirroring pole)이란?

부모가 아이를 보면서 사랑과 칭찬의 말, 그리고 표정을 충분히 줄 때 아이에게는 사랑의 기둥이 생기게 된다. 이는 아이의 인격과 정서에 있어서 매우 중요하다. 이 기둥이 생기지 않으면 큰 인격 장애를 겪게 될 가능성이 매우 크다. 또한 어린아이는 눈과 표정, 소리 등으로 자신의 감정을 표현할 때 그것에 반응하는 부모나 의미 있는 사람들의 반응에 따라 어린아이의 정신 및 심리 또는 정서와 인격 속에 형성되는 기둥이다.

아빠가 딸에게 집착하는 경우는 많지만, 딸에게 외모보다는 한 인간으로서의 가치가 더 중요하다고 가르쳐야 한다. 딸이 일탈했다면 다시 제자리로 돌아갈 수 있는 사실을 확인시켜주고, 딸이 실수해도 벌주기보다는 실수를 통해 배울 기회를 제공해주는 아빠가 현명한 아빠이다. 딸의 외모를 누구보다도 아름답다고 긍정적으로 말해주는 그런 아빠가 진심으로 자신의 딸을 사랑하는 아빠다. 딸이 성장하면서 잘못된 길을 가거나 그릇된 결정을 할 때 도움이 필요한 길잡이 노릇도 아빠의 역할이다. 아빠는 진심으로 딸을 사랑하고 혈연으로 맺어진 딸에게 잘못된 집착보다는 가족으로서 거짓 없이 행동해야 한다.

[각색한 상담사례]

등교를 거부하는 고등학교 2학년인 여학생이 제적될 위기에 처하게 되어 학교 상담 선생님이 상담 의뢰를 했다. 학생이 등교하지 않아 집으로 방문했다. 집은 조용했으며 보호자 없이 혼자 기다리고 있었다. 여학생은 고개를 숙이고 아무 말을 하지 않고 있다가 질문으로 "자퇴를 위한 조건으로 상담을 해야 한다고 해서 상담을 의무적으로 몇 회기를 해야 해요?" 하고 물었다. 그저 집에만 있고 싶어 하는 학생이었고, 무표정에 생기가 전혀 없었다.

학생은 부모가 4살 때 이혼하여 현재 친할머니, 아빠와 함께 생활하고 있었다. 할머니는 결혼을 반대하는 엄마가 자신을 임신해서 어쩔 수 없이 결혼했지만, 결국 엄마는 할머니의 시집살이를 견디지 못해 이혼하게 되었다고 하였다. 할머니는 자신이 태어나면서 아빠의 인생을 망쳤다고 하며 늘 자신을 원망하면서 못마땅하게 생각했다. 반면에 아빠는 자신을 애지중지 양육해주시고 너무 집착해서 부담감을 심하게 가질 정도라고 했다. 자라면서 할머니와 아빠 사이에 끼어서 할머니 눈치를 많은 보고 있었다. 아빠는 할머니와 식당을 운영하고 있으며 장사가 잘되지 않아 최근에 직접 일을 도왔다. 손님이 늘면서 운영이 잘되니 할머니와 아빠는 하교 후에도 계속 도와달라고 했다.

옆 가게 사장님이 늘 아빠 가게에 와서 자기 외모가 예쁘다고 서울에 유명한 연예인이 경영하는 연예 기획사를 소개해준다며 아빠를 설득하고 있었다. 아빠는 딸이 너무 예뻐서 연예인이 될 수 있다고 믿고 있었다. 얼마 전 옆 가게 사장님의 결혼식이 참석했을 때 그 기획사 대표를 소개받았다. 그때 기획사 대표가 자신을 보고 서울에 기획사에 들려보라고 해서 아빠는 딸이 마치 연예인이 된 것처럼 생각했다. 그 일이 있고 나서 아빠는 자신이 학교를 자퇴하고 가게를 돕다가 서울 기획사에 갈 수 있도록 계획했다. 자신은 아빠의 희망으로 연예인이 되는 것보다 시외로 전학 가서 공부를 계속하여 집에서 멀고 기숙사가 있는 대학교로 진학을 하고 싶었다. 자신의 의견을 무시하고 구박하는 할머니의 의견 때문에 아빠의 가게 일을 도왔다. 아빠는 엄격하고 고집이 세서 누구의 말도 듣지 않으며 한번 목표를 세우면 계획대로 해야 했다. 아빠의 강압적인 말에 자신은 순응할 수밖에 없었다.

* 보호자 상담내용

딸은 자신이 중학교 때 성적이 중간 정도였지만 뜻이 있어 등교 거리라 조금 멀어도 특성화 고등학교에 진학했다. 자신이 예쁘다는 이유로 친구들에게 따돌림을 받게 되면서 등교하기 어려운 상황이 되었다. 학교에서 친구들과 관계가 계속 불편해져 집과 가까운 특성화 고등학교로 전학을 요구했지만, 교육부의 방침으로 고등학교는 같은 주소지 관할 내에서는 전학이 어려웠다. 그래서 아빠는 이번 기회에 학교를 자퇴하고 가게 일을 돕다가 기획사로 가서 연예인 연습생이 되길 바랐다.

학생의 아빠는 아내와 이혼 후 모든 정성을 다해 딸을 양육했고 자신이 아니면 딸을 보살필 수 없으며 자신이 딸의 성격을 가장 잘 알고 있다고 말했다. 외모가 뛰어난 딸은 공부보다는 딸의 재능을 살려 연예인으로 데뷔시키기 위해 경제적으로는 어렵지만, 최선을 다해 뒷바라지해주려고 했다. 지인이 소개한 서울에 유명연예인이 하는 기획사에 딸을 보내 연예인으로 키우고 싶다고 했다. 딸도 같은 생각이라고 말했다. 아빠는 자신이 목표한 계획을 바꿀 수 없을 만큼 확고부동한 생각을 하고 있었다.

## /딸을 연예인으로 키우고 싶어 하는 집착이 강한 아빠

상담내용을 정리하면, 학생의 아빠도 어릴 때 부모님의 이혼으로 홀어머니에게 경제적으로 어려운 가정환경에서 양육 받았다고 했다. 고등학교를 힘들게 졸업하고 사회생활에서 학벌의 서러움을 경험했다. 지금도 학벌이 낮아서 삶에 경제적으로 어려움을 많이 느끼고 있다며 자신의 처지를 비관했다.

딸이 가게에 나와서 일을 도와주면 손님이 많고 매상에 도움이 많이 됐다. 현재 모시는 홀어머니가 손녀딸을 구박해도 아빠로서의 의견을 전달하지 못하고 딸을 감싸기만 할 수밖에 없는 상황이었다. 아빠는 경제적인 부분에 홀어머니에게 많이 의지하면서 생활하고 자아존중감이 낮아 보였다. 아빠는 어차피 연예인으로 데뷔할 것이니 서울로 가기 전에 학업보다는 자퇴하고 경제적으로 어려운 상황인 아빠의 가게 일을 조금 도와주길 바랐다.

여학생은 할머니가 자신을 무시하는 강압적인 양육 방법에 익숙해져 자기 의사를 표현하지 못하고 자존감도 매우 낮았다. 또한, 아빠의 집착과 협박에 반항하지 못하고 순응했고, 언젠가는 아빠에게서 벗어나려고 했다. 여학생이 학교에서 또래관계의 부적응이나 등하교 거리의 문제는 표면적인 자퇴 사유이며, 내면적으로는 자퇴를 원하기보다는 아빠의 고집으로 자퇴를 강요당하고 있는 것으로 보였다. 학생은 언젠가는 할머니와 아빠에게서 독립할 것이라고 속마음을 살짝 표현했다.

[상담에 도움 되는 말]

연예인에게 과도하게 집착한다면 심리적으로 문제가 있는지 살펴봐야 한다. 부모와의 관계, 학교적응, 교우관계, 학업성적 등에 스트레스가 심하거나 학교생활에 어려움이 있을 땐 상대적으로 연예인에게 빠져들기 쉽다. 더불어 자존감이 낮거나 정서적 지지가 부족한 경우에도 자신이 처한 괴로운 현실도피로 선택하려고 한다. 연예인에게 집착하는 표면적 현상보다 다른 근본적인 요인이나 원인에 대한 고려가 필요하다.

일반적으로 자녀가 연예인에 집착하여 부모와 갈등하는 경우가 많다. 이번 사례는 반대로 지인이 하는 연예기획사의 도움으로 딸을 연예인으로 만들어 보호자가 경제적 어려운 상황에서 도피하고자 하는 어긋난 부정(父情)을 나타냈다. 딸의 외모를 무기 삼아 현실도피처로 삼으려고 하는 아빠의 강한 집착은 딸이 아빠로부터 도피하게 하는 잘못된 상황을 만들 수 있다. 여학생은 유아 때부터 가족 구성원에게 강압적이며 부정적이거나 다정하지 못한 양육방식으로 양육되면서 자신의 감정이나 의견을 정확하게 전달하지 못하는 자아존중감이 낮고 무기력하게 자랐다.

## Think...

1. 부모가 원하는 자녀를 통한 대리만족을 확인한다.

2. 자녀가 표현하기 힘든 내면의 불만사항을 파악한다.

3. 자녀가 경제적 상황을 도와야 할 가정환경을 확인한다.

# 엄마의 꿈을
# 네가 대신 이루어줄 수 있어!

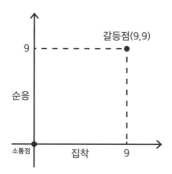

* 감정표현 불능증상이란?(Alexithymia)

감정을 인식하고 언어적으로 표현하는데 결함이 있어 자신의 정서적 상태와 신체적 감각을 구분할 수 없는 상태를 뜻한다. 즉, 감정을 인식하거나 언어로 표현하는 데 장애가 있음을 의미한다. 감정표현의 억제는 장기적으로 생리적 각성 및 신체적 불편함을 유발하고, 우울, 불안 증상에도 영향을 미친다. 감정표현 불능증상은 실제로 신체증상 장애, 물질사용 장애, 섭식 장애, 외상 후 스트레스 장애, 신경성 통증을 호소하는 사람들에게 감정표현 불능증적인 특징들로 많이 나타난다.

딸에게 집착하는 엄마가 되는 원인은 무엇일까? 딸에게 집착하는 엄마는 보통 자신의 어린 시절 부모와의 정서적 유대감이 적거나 없는 경우가 많다. 부모로부터 무관심이나 방치 등 부모로부터 제대로 된 정서적 돌봄을 받지 못했거나 학대를 당했다. 또한 이별이나 사별을 겪은 엄마라면 딸에 대한 집착이 더욱 심해진다. 이런 경우 엄마의 집착증상은 본인의 어린 시절에는 잘 눈에 띄게 드러나지 않는다. 엄마가 성장 후 결혼하여 자신의 딸이 성장할수록 딸의 개인적인 삶에 끼어들면서 딸과의 관계에서 경계가 없어지는 모습으로 딸의 일거수일투족을 간섭하게 된다.(김선영. 엄마를 미워하면 나쁜 딸일까?)

[각색한 상담사례]
학교에서 잘난 척한다는 이유로 친구들의 따돌림을 당해 학교에 적응하지 못하여 등교를 거부하는 고등학교 1학년 여학생 상담을 의뢰했다. 엄마도 뜻이 같다고 딸의 자퇴를 지지했다. 엄마와 상담 약속을 하고 집으로 방문했다. 집은 깔끔하게 정리되어 있었으며 엄마는 고등학생 자녀를 둔 일반적인 학부모에 비해 젊고 자기관리를 잘하시는 분으로 보였다.

\* 학생 상담내용

여학생은 부모님이 초등학교 저학년 때 이혼한 후 처음에는 아빠와 함께 서울에서 생활했다. 아빠와 몇 년 동안 생활하다 아빠에게 새로운 연인이 생기면서 6학년 때 자신은 강원도에 거주하고 계시는 친할머니 댁으로 주소지를 옮겨 전학했다. 강원도 시골 생활과 학교에 적응하지 못하고 다시 중학교 때 엄마가 있는 곳으로 전학을 갔지만, 학교생활에 적응하지 못했다.

여학생은 초등학교 저학년 때 이혼으로 아빠와 생활할 때는 어느 정도 생활에 안정적이었다. 하지만 아빠의 재혼으로 강원도에 계시는 친할머니와 생활하였지만 관계가 원만하지 못해 친할머니와 갈등을 늘 아빠에게 불만으로 표현했다. 또한, 조모와의 관계도 심각했지만, 시골로 전학 간 학교에서도 적응하지 못하고, 교우관계 갈등으로 학교폭력위원회도 열릴 만큼 시골 학교의 또래들과 관계 유지가 힘들어했다. 아빠와 의논하여 중학교 때부터 엄마가 계시는 곳으로 전학했다. 중학교를 겨우 졸업하고, 특성화고 등학교에 진학했다.

전학 오기 전 학교에서 발생한 학교폭력 사건들이 현재 학교에 알려지게 되면서 자신이 불량 학생으로 인식되었다. 학교 친구들에게 따돌림으로 학교에 적응하지 못해서 등교를 거부했다. 학교 자퇴 후 검정고시로 고교학력을 인정받을 계획이었다. 자퇴하면 음악학원에 등록하여 보컬 연습을 하여 가수가 되도록 노력하겠다고 추후의 계획을 말했다. 자신이 가수가 되는 것은 엄마와 같은 의견이었다. 엄마도 어릴 때 가수로 활동했고, 부모님 이혼 전에는 아빠는 연예기획사를 운영하면서 엄마가 가수로 활동했다.

그래서 자신도 엄마와 같은 꿈을 가지고 있지만, 엄마를 닮지 않은 자기 외모가 항상 불만이었다. 자퇴하면 지방흡입과 눈의 앞뒤 트임, 쌍꺼풀, 양악수술 등 성형으로 변신하려고 했다. 자퇴만 하면 엄마가 성형으로 자신이 원하는 모습으로 만들어 준다고 약속한 기대에 찬 말을 할 때 모습에서 상담 진행 중 가장 밝은 표정을 보았다.

* 보호자 상담내용

어머니는 부모가 극심한 반대를 하였지만, 연예 기획자인 남편과 결혼하여 현재의 딸만 낳고 의견 차이로 이혼했다. 이혼 후 얼마 전까지도 보컬로 열심히 활동했지만, 자신이 원하는 만큼 유명인으로의 성과가 나타나지 않았다. 딸이 자신에게 오면서 함께 생활하다 보니 딸이 노래에 재능이 있는 걸 알았고, 보컬로 성장시키고 싶다고 했다. 자신이 이루지 못한 꿈을 딸을 통해 이루고자 하는 희망사항을 높게 나타냈다. 하지만 이제는 딸의 양육과 함께 생계까지 책임을 져야 하는 상황에 가정경제에 어려움이 많다고 했다.

현재는 자신의 나이가 들어가면서 보컬의 위치가 불안정하고 수입도 불확실해서 경제적으로 어려운 생활고에 시달리고 있다고 했다. 경제적으로 어려운 형편이지만 딸이 원하는 성형수술이나 음악학원 등록 등 지원해주고 싶다고 했다. 그리고 딸을 유능한 보컬로 키워서 유명한 연예인이 될 수 있도록 자신의 인맥을 동원하여 최선을 다해 뒷바라지해주고 싶어 했다. 하지만 보호자는 여러 가지 일을 하면서 생계를 유지하고 있는 가정경제가 힘들어 보였다.

## /자신의 꿈을 딸에게 대리만족하려는 엄마

상담내용을 정리하면, 학생 성격이 활발하고 매우 긍정적이기는 하지만 친구들과의 갈등이나 학교에서의 따돌림은 표면적인 자퇴 이유로 보였다. 부모의 이혼 후 할머니와 생활하면서 받지 못한 부모 사랑의 결핍과 자신이 엄마의 예쁜 외모를 닮지 않은 것이 불만이었다. 그래서 성형수술을 요구하는 것으로 엄마에게 사랑과 애정을 확인하는 것 같았다. 엄마는 자신이 원하는 보컬로 뒷바라지해줄 수 있으며 엄마의 인맥으로 데뷔할 수 있다고 굳게 믿고 있었다.

엄마에게도 딸의 학업을 중지하고 자퇴를 지지하는 것이 문제점으로 보였다. 엄마가 이루지 못한 꿈을 딸에게서 이루고 싶은 대리만족을 나타냈다. 딸의 정규학업보다는 어릴 때부터 준비해서 연예계로 데뷔해야 한다고 딸의 마음을 부추기고, 엄마의 과거지향적인 불안정한 심리 상태를 보였다. 엄마는 상담 중에도 딸에게 부족해 보이는 외모를 지적하며 성형으로 예쁜 외모를 가질 수 있다며 외모지상주의를 강조했다. 현실적으로 가정경제의 어려움은 생각하지 못하고 딸에게 연예계의 환상을 지속적으로 현혹시키는 것 같았다.

[상담에 도움 되는 말]

부모가 자녀를 통해 자신의 못다 한 꿈을 이루게 하여 대리만족하며 자존감을 높이는 것은 정말 잘못된 양육태도이다. 아직 정서적, 심리적으로 발달하지 않은 감정표현 불능상태인 어린 자녀는 지금은 부모의 의견을 따르는 순종적인 태도를 보인다. 그러나 시간이 지나면 자신이 선택한 길이 아니고 부모의 달콤한 설득으로 선택된 길인 것을 알게 된다. 나중에는 많은 스트레스로 부모와 심한 갈등을 일으킬 것이다.

부모의 어린 시절 꿈과 현재 자녀의 꿈이 얼마나 비슷한지 비교해 보고 일치한다면 자신 스스로 자녀에게 대리만족을 강요한 것이 아닌지 되돌아보자. 자녀 스스로 삶의 목표를 긍정적으로 생각하고 결정할 수 있게 도와주는 것이 부모로서 가장 좋은 양육태도이다.

**Think...**

1. 어머니가 원했던 삶과 당면한 현실을 정확하게 파악한다.

2. 어머니가 이루지 못한 꿈을 자녀에게 강요하고 있는지 확인한다.

3. 자녀가 진심으로 원하는 미래계획을 스스로 결정하도록 지지해준다.

# 3 / 3대가 모이면
# 문화적 가치관은 다문화야!

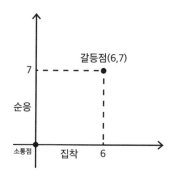

\* 청소년 좌절증후군이란?

청소년기에 심각한 좌절을 경험하면서 발생하는 독특한 병리적 상태를 의미한다. 이 좌절증후군 초기에는 신경증과 비슷한 증상을 보인다. 점차 등교거부, 폭력, 자해, 자살기도, 강한 반항, 가출 등의 일탈행동을 보이며,

사고력 자하 등의 사고장애를 나타낸다.

친구보다는 내가 무조건 잘해야 한다는 경쟁 환경에 지속적으로 노출되거나 뒤떨어진 상황에 놓이면 심각한 좌절감을 느끼며 예민한 행동과 무감동, 무표정, 의욕감퇴, 의욕장애, 퇴행 등의 증상이 나타나기도 한다.

청소년기의 성장특성은 일반적으로 16세 전후로 인지적인 부분이 일정 수준으로 발달하면서 성인과 인지능력에는 크게 차이가 나지 않는다. 하지만 성장기의 심리적 부분에서는 큰 차이를 나타낸다. 그러므로 청소년기에 발달하는 심리적인 특성을 이해할 필요가 있다. 청소년기에 가장 많이 차지하고 있는 중요한 성장은 사회성 발달이다. 긍정적인 사회성 발달은 또래 집단의 소속감과 인정을 받고 싶은 욕구가 결합하는 과정으로 올바른 의사결정을 하는데 영향을 미친다. 청소년기에 올바르지 못한 개인적 성향의 심리적인 발달은 사회적으로 비난받기 쉬운 행동으로 노출된다.

또한, 당장 눈앞의 결과에 집착하여 부모의 입장이 잘 이해가 되지 않아 무분별한 생각이나 행동을 한다. 청소년기의 심리적으로 가장 큰 특징은 충동을 억제하고 조절하는 능력이 성인보다 약하다.

[각색한 상담사례]

부모가 보기에 전혀 문제가 없지만, 학교생활에 문제가 발생하여 담임이 상담을 의뢰한 중학교 3학년 남학생 사례다. 학교에서 처음 만났을 때는 얌전하고 조용한 성격으로 자기표현이 적은 학생이었다. 학생은 부모님까지 학교에 와서 상담하게 된 상황에 대해 크게 불만을 표현했다. 학교에서 상담을 진행할 때 등교를 하지 않아 가정에 방문하여 상담을 진행했다.

\* 학생 상담내용

남학생은 아빠와 엄마, 친할머니, 남동생과 함께 생활했다. 가정 경제는 여유로워 보였으며, 부모님은 맞벌이로 할머니가 집안일을 거의 다 하시는 듯했다. 할머니는 손자들과 관계가 좋아 보이지 않았으며 특히 큰손자인 내담자인 학생과 사이가 원만해 보이지는 않았다. 할머니가 손자 둘을 보살피다 보니 할머니의 지시적인 말투에 손자들이 퉁명스럽게 대답하는 것에 불만인 할머니의 잔소리에 학생은 지쳐있었다. 부모는 늦은 시간에 귀가하기 때문에 할머니 혼자서 집안일을 하고 손자 둘을 돌보는 건 힘들고 지쳐 보였다.

학생은 부모님이 맞벌이로 경제적 여유가 있어 자신에게 부족함 없이 다 해주시지만, 자신에게 과다한 학업성취에 대한 요구가 부담되고 있다. 부모님은 지금까지 자신이 부모님의 말을 잘 듣고 모든 일을 알아서 척척하고 한 번도 사고를 친 적이 없어서 자랑스럽게 생각하고 계신다. 착하고 열심히 공부하는 아들로 판단하고 있는 부모님을 생각하면 숨을 쉴 수가 없다. 그리고 할머니가 자신을 이해해주지 않고 잔소리를 하는 것 때문에 할머니와의 갈등도 부모님에게 말할 수 없는 것도 답답한 것 중 하나이다.

요즘은 할머니에게 더 화를 참기 힘들다. 할머니는 자신이 집에서 공부에 열중하지 않고 잠시 다른 것에 관심을 가질 때 부모님께 고자질한다. 그래서 부모님에게 야단맞을 때 정말 분노가 생긴다. 집에서 생기는 스트레스를 친구들과 어울려 담배나 술로 풀었다. 호기심에 친구 물건을 훔쳐서 학교에 부모님을 호출도 했지만, 그 일은 정말로 호기심이었다. 그리고 야한 동영상이나 밤새 불법 게임도 했지만, 요즘 그 정도 하지 않으면 친구들에게 따돌림을 받는다. 적당히 부모님 눈을 피해 한 것도 잘못된 행동인 줄 알고 있다며 스스로 반성도 했다.

야한 동영상을 보다가 부모님에게 들킨 적이 있었는데 그 일이 있고 난 뒤 부모님과 관계가 어색해졌다. 할머니는 심리적으로 위축된 자신을 나쁜 학생으로 몰아세웠다. 집에만 있으며 답답했다. 친구들과 어울리면서 술, 담배의 경험과 약간의 일탈을 하고 나면 기분이 전환되고 숨을 쉴 수 있었다. 이번 상담 후에도 할머니는 더욱 자신을 불량 학생으로 보고 동생에게 자신을 험담했다. 동생도 이제는 형을 무시하고 있는 것 같았다.

친구들과 어울리다 늦게 들어오면 할머니의 폭풍 같은 잔소리가 너무 싫었다. 이제는 학교나 밖에 나가는 것조차 싫고 아무것도 하고 싶지 않았다. 이런 자신에게 부모님의 실망이 큰 것은 이해하지만 예전처럼 다정하지도 않고 벌레 보듯이 무관심한 부모님에게 배신감을 느꼈다. 부모님 말씀대로 행동하고 공부 잘하고 착하다고 생각할 때 자신을 대했던 모든 게 거짓이었다고 생각했다. 자식이 자랑스럽고 성실하고 좋은 때만 아들이고 부모님의 뜻에 맞지 않다고 바로 배신적인 행동으로 아들을 무시하려면 자식은 왜 낳았는지 이해가 할 수 없다고 했다.

 * 보호자 상담내용

어머니는 어릴 때부터 속 한번 썩이지 않고 착실하게 잘 자라줘서 부부에게는 큰아들에 대한 기대와 자부심이 있었다. 그런 자랑스러운 아들의 일탈로 받은 상처와 실망감은 부부에게 큰 좌절감을 느끼게 했다. 또한, 큰아들 일로 고부간의 갈등도 심해졌고 손자와 시어머니 사이의 갈등으로 부부 사이도 좋지 않게 되었다. 큰아들이 학교생활 부적응으로 등교 거부를 하며 자기 방에서 나오지 않으려고 하는 것으로 보면 속이 터질 것 같았다.

남편은 아들의 그런 모습을 보고 모두 자신이 자식교육을 잘 시키지 못한 결과라고 하면서 자기에게 전부 책임을 지우고 있는 것 또한 무척 서운해했다. 자신의 말을 잘 들어주는 착실한 아들만 바라보고 살아갈 수 있었는데, 반항하는 큰아들을 보면 모든 것을 잃은 듯 상실감이 심해서 우울증으로 정신적 불안감을 가졌다.

# /3대 가족관계에서 노모에게 자녀의 양육을 맡기면

상담내용을 정리하면, 요즘 보기 드문 3대가 함께 생활하면서 할머니에게 예의 바르게 행동하도록 가르쳐서 아들은 무조건 순종하는 것처럼 보였다. 그러나 할머니는 청소년에 대한 현실성이 없어서 그런지 상담하는 중에도 손자에게 계속 짜증 섞인 말투로 잔소리를 하고 큰손자의 불만을 들으라는 듯이 말했다.

할머니는 아들 부부와 동거하면서 손자들을 돌보고 집안일 하는 것이 신체적, 정신적으로 힘들다고 호소하였다. 아빠는 경제적인 것을 책임진다는 이유로 가족의 화목이나 자녀 교육에는 엄격하고 아내에게는 무관심했다. 엄마는 남편과 시어머니 사이에서 갈등을 풀지 못하고 오로지 아들에게 심리적으로 의지하다 보니 큰아들의 일탈적인 행동을 이해하기보다는 더 실망하여 냉랭하게 대했다. 학생은 자신의 잘못된 행동 때문에 가정 분위기가 어색해지고 부모님의 사이가 눈에 띄게 나빠 보이는 것을 인식했다.

스스로 반성하고 있지만, 순응 속에 반항심이 엿보였다. 일탈로 인한 잘못된 행동에 용서나 이해보다는 가족 모두가 자신에게 잘못을 지적하고 배척했다고 불만을 하소연했다. 학생은 가족에 대한 배신감을 떨쳐버릴 수가 없다며 서운한 마음이 크고 가족들에게 마음의 벽을 쌓았다.

[상담에 도움 되는 말]

3대가 함께 이루어진 가정이라면 조부모와 손자의 문화적 차이를 이해할 수 있도록 도와야 한다. 현대는 3대가 모이면 서로의 문화적 차이가 심해서 또 다른 다문화가정이라고도 표현하기도 한다. 부모입장에서 자녀를 대할 때는 자녀의 말을 공감해 주고, 조부모의 권위로 손자를 대하는지 확인해야 한다. 조부모와의 대인관계 경험이 부족해서 나타나는 자녀의 서툰 표현방식의 이해와 긍정적인 소통 방식을 인지해야 한다. 그리고 부모는 자녀와 함께 동등한 위치로 대우하면서 대화로 소통하려고 노력해야 한다. 자녀가 성장하면서 부모에게서 독립하려는 행동을 인정하고, 자녀를 하나의 인격체로서 주체성을 인정해 주어야 한다.

자녀는 아직 미성숙하고 심리적으로 불안정해서 가족이나 주위 사람들에게 좌절을 경험하게 되면 일탈행동을 보인다. 사고력 저하 등의 반항적 장애를 나타내기도 한다. 자녀의 일탈적인 행동은 부모가 자신에게 관심 가져주길 바라는 것이다. 부모는 자녀와 갈등을 조율할 수 있도록 관심과 사랑을 가지고 꾸준히 노력해야 한다.

**Think...**

1. 3대로 이루어진 가족 구성원으로 된 가정환경을 파악한다.

2. 3대 가정의 가족체계나 위계질서의 구성을 확인한다.

3. 조부모와 손자 사이의 공감과 소통하는데 부족한 개선점을 파악한다.

# 4/ 아빠!
# 가까이 오는 건 정말 싫어요

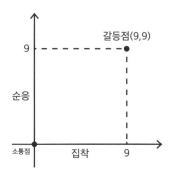

* 거짓 상호성이란?

가족에게 일종의 표면적인 제휴로 잠재된 틈이나 차이, 깊은 애정을 덮어 숨기는 것을 의미한다. 즉, 한 가족을 조사하거나 이해하며 관여할 수 없는 상태이다. 이는 개인이 가정에 협조하는 것으로 가족 속에서 자신의 정체성을 분화하는 것이 희생으로 나타난다. 거짓 상호성을 보이는 가족은 개인의 정체성을 인정하며 가족원 전체의 결속에 방해가 된다고 믿는다. 가족원 각자의 생각이나 느낌을 표현하는데 용납되는 것을 두려워한다. 가정에서 역할을 조정하는 과정에서 일어나는 갈등을 표현하는 것이 두렵기 때문에 역할에 융통성이 없고 경직되어 있으며 유머와 자발성이 부족하다.

성폭력의 하나인 성추행은 강제로 하는 성적인 추행을 뜻한다. 강제추행이 성희롱과 다른 것은 '폭행이나 협박'을 수단으로 한다. 성추행은 성욕의 자극, 흥분을 목적으로 일반인의 성적 수치, 혐오의 감정을 느끼게 하는 일체의 행위(키스를 하거나 상대의 성기를 만지는 행위 등)로, 강제추행은 이러한 추행 행위 시 폭행 또는 협박과 같은 강제력이 사용되는 경우를 말한다. 친아빠가 친딸을 성추행하는 친족 성추행은 열등감이 강한 심리적 불안정한 행위로 아빠가 아동기에 불우한 환경이 노출되었거나 잘못된 성적 인지장애로 성장했을 것이다. 친딸을 성추행하는 아빠는 동물적인 성적 기본 욕구에 의한 충동적 습관에서 벗어나지 못하고 지속적으로 죄의식 없는 행위를 딸에게 자행하게 된다.

[각색한 상담사례]

고등학교 졸업을 앞두고 대학 진학을 결정해야 하는 신중한 시기에 또래들과 어울리지 못하고, 스스로가 친구들을 따돌리려고 등교를 거부하는 고등학교 3학년 여학생 담임이 상담을 의뢰하였다. 학생은 등교 거부 상태였지만 외부 상담으로 결정되었으니 등교하도록 설득하여 학교에서 첫 면담을 했다. 여학생은 조용한 성격이며 말을 거의 하지 않았고 무척 소극적인 태도를 보였다. 등교할 때 친구들을 복도에서 만나는 것조차 두렵다고 하며 대인공포증을 하소연했다. 그래서 다음 상담을 집에서 할 수 있도록 학교 관계자에게 부탁했다. 학교의 배려로 가정방문으로 상담을 진행했다.

가정방문의 첫 상담은 직업을 가지고 있는 엄마와 상담 약속을 하고 방문했다. 가정방문 했을 때 집의 첫인상은 어수선하고 물건들이 거의 바닥에 늘어져 있고 잘 정리되지 않은 전반적으로 산만한 분위기였다. 엄마는 체격이 외소하고 조용한 편이며 다정해 보이지만 무표정과 무기력한 모습으로 자존감이 무척 낮아 보였다.

* 학생 상담내용
여학생은 친할머니와 아빠, 엄마, 중학생인 남동생과 함께 생활했다. 친할머니와 아빠는 일을 같이하시기 때문에 다른 지역으로 늘 함께 출근했다. 엄마는 직장에 다니고 있지만 급여가 적었다. 중학교 3학년인 남동생은 집안 분위기가 마음에 들지 않는다고 거의 들어오지 않고 있으며, 남동생의 고등학교 진학 관계로 부모님이 걱정을 많이 했다. 내담자인 여학생도 학교의 부적응과 친구들과 잘 어울리지 못하여 정신과 신경안정제를 처방받아 복용 중이었다.

학생의 부모님은 관계가 좋지 않았고 친할머니와 아빠가 엄마를 구박하는 것을 보며 딸은 엄마가 매우 답답해 보였다. 집에서 할머니는 매우 권위적이어서 아무도 할머니에게 반항할 수 없었으며 엄마에게 가장 부담스러운 존재였다. 살림하는 엄마는 외할버지의 병원비로 진 빚 때문에 아빠에게 눈치를 보면서 생활비를 받았다.

　아빠의 가정폭력으로 자신이 경찰에 2번 정도 신고했고, 남동생은 아빠의 폭력으로 집에 자주 들어오지 않았다. 자신이 혼자 집에서 불안하게 지내기 때문에 신경안정제를 먹지 않으면 잠을 잘 수가 없었다. 고등학교에 진학하면서 아빠가 자신에게 향한 불합리한 통제와 집착적인 관심으로 스트레스가 높았다. 중학교 때까지는 아빠의 관심이나 신체적 접촉이 딸을 사랑하는 행위라고 생각했다. 물론 그때도 싫다고 말했지만, 아빠는 들은 척도 하지 않았고, 지금까지 신체적 접촉을 하고 있다.

　고등학생이 되었을 때 아빠가 자신에게 신체접촉으로 성적인 대리만족을 하는 것 같은 느낌이 들어서 아빠에게 분명히 싫다고 말했지만 멈추지 않았다. 아빠에게 싫다고 정확하게 의사전달 한 후부터 자신을 더 심하게 통제하고 잘 때도 방문을 못 잠그게 하며 노크 없이 불쑥 들어오는 행동을 거침없이 했다. 아빠는 집안에서 계절에 상관없이 늘 팬티만 입고 있어서 엄마가 '다 성장한 딸이 있으니 겉옷을 입고 지내라'라고 했을 때 엄마에게 무차별 폭력을 했다. 아빠가 휘두르는 가정폭력이 무서워 누구도 불평 한마디 못 했다.

아빠의 무차별 폭력과 비도덕적인 행동으로 인해 친구들에게 들킬 것 같은 불안감에 친구들과 어울리는 것도, 등교하는 것도 두려웠다. 손녀나 손자 앞에서 올바르지 못한 행동을 해도 무조건 아빠 편만 드는 친할머니를 이해할 수 없다. 이런 모든 가정 상황에 가정폭력으로 경찰에 신고해도 훈계로 처리될 뿐 해결방책은 없어 보여 엄마와 자신은 그냥 숨죽여 참고 있을 뿐이다. 대학 진학을 기숙사가 있는 대학으로 집에서 가장 멀리 떨어진 곳으로 입학하는 게 마지막 희망이다.

* 보호자 상담내용

어머니는 시어머니와 사이가 좋지 않으며 항상 남편과 불화가 생기고 시집살이가 너무 답답해서 자기 삶이 고달프다고 한다. 시어머니는 친정 부모와 친정의 가정형편을 무시하고, 손자들 앞에서 자신에게 인격적인 모욕을 서슴없이 하지만 자식들 때문에 참고 살고 있다.

또한, 친정부모의 병원비로 진 빚이 있어서 남편에게 생활비를 상황에 맞게 받아 생활하고 있다. 그래서 자신이 하고 싶은 것을 할 수 없는 가정경제에 금전적인 스트레스가 가장 크고 답답하다. 남편에게 받아쓰는 생활비가 부족하여 성장기에 있는 자녀들에게 넉넉하게 보살펴 주지 못하는 것이 엄마로서 가장 미안하다. 시어머니와 불편한 관계는 자신만 참으면 되겠지만 남편이 자녀들에게 하는 폭력과 폭언으로 항상 불안하다. 남편은 딸의 일상을 심하게 통제하고 성장한 딸에게 하는 바람직하지 않은 행동을 하는 것이 가장 큰 걱정이다. 무서워 지켜볼 수밖에 없는 자신 스스로 모멸감을 가지게 된다. 중학교 3학년인 아들은 아빠의 이유 없는 훈계와 폭력에 반항으로 집에 자주 들어오지 않고 있어 진학에 대한 걱정도 크다.

## /폭력적인 아빠의 성적 접촉에
## 방어하기 어려운 딸의 입장

상담내용을 정리하면, 여학생의 아빠의 심한 가정폭력 때문에 정서적으로 매우 불안정했다. 특히 할머니에게 시집살이로 힘들어하는 엄마를 위로하기보다는 폭군의 남편에게 숨도 못 쉬면서 죽은 듯이 생활하는 엄마를 보는 게 가장 힘들었다. 어릴 때는 집착이 심한 아빠의 행동이 딸에 대한 사랑인 줄 알았지만 성장하면서 사랑이 아닌 가족 간의 성추행이라는 것을 알았다. 이런 상황을 스스로 인지한 후 누구에게도 말하지 못하고 자신만의 비밀로 간직하게 되면서 친구들이 자신의 입장을 혹시라도 알까봐 불안해했다.

여학생은 의욕 상실로 인한 무력감으로 등교 거부와 자신의 미래의 꿈도 포기하고 싶은 상태였지만 대학 진학의 희망을 품고 가족으로부터 독립을 계획하고 있다.

아빠가 성적 접촉을 하는 것은 자신만 알고 있으며 가족들은 몰랐다. 그냥 아빠가 노출증이 있다고 생각했다. 노출이 심한 옷차림을 지적하면 엄마나 동생에게 폭력을 휘두르기 때문에 자신만 참으면 된다고 생각했다. 가정 폭력이 심할 때 여러 번 경찰에 신고했지만 출동한 경찰에게 아빠가 폭력을 한 진짜 이유를 말할 수 없어 간단히 훈계로 처리되었다. 그리고 집에서 할머니의 권위와 아빠의 가정폭력의 두려움으로 멍들은 엄마와 남동생 그리고 아빠가 자신에게 하는 성적인 행위를 부끄러워 누구에게도 말 못 하고 답답할 뿐이었다. 대학에 진학해서 현재 상황을 어떻게든 벗어나고 싶어 했다. 집에서 되도록 멀리 떨어진 기숙사가 있는 대학으로 진학하고 싶다며 상담 마칠 때쯤에는 졸업 후 자신의 목표를 말했다.

[상담에 도움 되는 말]

가정폭력이 유발되는 이유로는 부모가 성장기에 학대 경험이 있다든지, 사회에서의 과다한 스트레스나 남편의 가부장적인 성역할에 대한 잘못된 인식으로 볼 수 있다. 가정폭력의 종류에는 신체적 폭력, 정서적 폭력, 경제적 폭력, 성적인 폭력, 방임 등 있겠지만 이 사례의 경우는 모두 다 적용된다고 할 수 있다. 특히 내담자의 경우는 가장 심각한 사항으로 정서적 폭력과 성적인 폭력이다.

성폭력 피해자들이 당하는 정신적, 신체적 고통이 결코 개인의 고통일 수 없으며, 더 이상 피해자 개인의 나쁜 운이나 불행으로만 치부될 수는 없다.

성폭력에 대한 막연한 불안과 내가 조심하면 된다는 소극적 방법으로 대처하면 안 된다. 자유롭고 인간적인 삶을 위한 건설을 위해서는 그 실태와 문제의 본질을 이해하고 그 해결책을 찾아야 한다. 가해자들의 가장 큰 문제점은 스스로가 자신이 타인에게 성적인 가해를 했다는 것을 인지하지 못하고 있다는 것이다. 특히 가족이 피해자라면 "가족끼리 그럴 수 있지"라는 생각을 하는 경우가 가장 큰 문제점이다. 남들에게 알리기 어려운 문제인 친족 간의 성폭력이나 성추행은 제3기관에서 개입하여 엄하게 처벌하여 잘못된 '성 인지' 개선이 절대적으로 필요하다.

**Think...**

1. 가족들이 가지고 있는 성 인지 감수성을 정확하게 확인한다.

2. 3대로 가족 체계로 되어있는 상황에서 일어나는 가정폭력의 원인을 파악한다.

3. 학생이 인지하고 있는 성적인 내면의 부정적인 감정을 극복하도록 돕는다.

# 5/ 내 의논 없이
## 서로 헤어졌잖아!

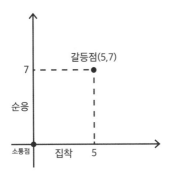

\* 범 불안장애란?

과잉불안장애라고도 하는 범 불안장애는 과거, 현재, 미래의 다양한 행동과 사건에 대해서 심하게 걱정하고 불안해하는 병이다. 이 장애가 있는 아이들은 고민의 대상이 존재하지 않아도 지속된다. 이 장애를 안고 있는 아이들은 스스로 이런 고민을 통제하지 못하여 일상에 큰 지장을 받는다. 지나친 걱정 때문에 안절부절못하거나 쉽게 싫증을 낸다. 주의집중이 힘들고 심리적으로 늘 초조함을 나타내는 등의 신체 증상이 최소한 하나는 나타난다.

부부가 이혼하면서 자녀의 거취 문제를 자녀에게 의논 없이 부부의 결정에 가족들이 떨어지는 경우가 있다. 자녀는 부모의 이혼으로 한 부모와 생활하다가 그 부모와 적응하지 못한다. 그럼 다른 부모에게 가면서 자녀는 전학하게 될 것이고, 자녀가 오가게 되면서 양쪽 부모에게 적응하지 못하면서 생활에 불안감을 가진다. 그로 인해 학교생활에 안정적으로 적응하지 못하며, 또래관계에도 부담감을 나타낸다.

환경에 적응하지 못하는 자녀에게 부모는 자녀의 마음을 이해하기 전에 야단부터 칠 때 가장 큰 문제가 발생한다. 혼자된 부모가 자녀를 보살필 때 일반적으로 가정적이고 안정감이 있는 가정생활 환경의 유지가 어렵게 되면서 자녀 또한 불안장애와 강박증을 나타내기도 한다.

[각색한 상담사례]
주거지 이전으로 전학하게 된 학교에서 잦은 결석과 음주, 흡연으로 징계를 받은 고등학교 2학년 여학생을 학교 상담선생님이 상담을 의뢰했다. 여학생은 교우관계도 원만하지 않아 학교생활에 적응하지 못했다. 학생이

등교하지 않아 가정방문으로 어머님을 먼저 상담했다. 직장에 다니는 엄마의 퇴근 시간에 맞춰서 늦은 시간에 방문했다. 집은 방이 2개인 오래된 작은 아파트로 조금은 어두운 분위기였다. 늦은 시간 퇴근하고 바로 상담하게 되어서인지 엄마는 무척 피곤한 모습이었다. 내부는 깔끔하게 정리가 잘되어 있으며, 오래된 아파트라서 그런지 어둡고 전체적으로 분위기가 무거웠다. 이혼하면서 처음부터 엄마와 함께 생활했다는 오빠는 잠시 나와서 인사를 하고 자기 방으로 들어갔지만 오빠 표정도 역시 밝아 보이지는 않았다.

* 학생 상담내용

학생은 부모님의 이혼으로 아빠와 생활하다가 얼마 전부터 엄마와 오빠 함께 생활하게 되었지만 거의 집에 들어오지 않았다. 이혼 후 엄마와 생활한 대학생 오빠는 안정적이고 착실했다. 그러나 아빠와 생활하다가 온 여동생이 어색한지 무관심해 보였다. 그리고 여동생의 무분별하고 비행적인 행동을 못마땅하게 생각했다. 엄마는 남매를 보살피지만, 남편에게 보조양육비를 전혀 받지 못하고 혼자서 가정경제를 책임졌기에 딸의 방황은 엄마를 더 힘들게 했다.

학생은 폰이 정지되어 연락이 두절 된 상태였지만 엄마를 설득한 후 정지를 해지하고 연락하여 상담할 수 있었다. 학생은 상담 때 자신이 너무 불쌍하다고 했다. 아빠, 엄마가 이혼으로 자신은 처음엔 아빠와 생활했지만,

아빠의 재혼으로 새엄마와 갈등이 있어 아빠와 같이 생활할 수 없어 엄마에게 오게 되었다. 마음 의지할 곳이 전혀 없었고 엄마 집에서 생활하는 것은 마치 지옥 같았다. 처음부터 엄마와 생활하지 않아서 어릴 때 헤어져 다시 만난 오빠의 무표정과 어색함이 부담되고 오빠가 자신을 쳐다보는 눈빛이 싫었다. 또한, 경제적으로 여유롭지 않은 엄마의 작은집에는 방도 여유가 없는데 자신이 와서 엄마 방을 빼어서 지내고 엄마는 자신 때문에 거실에서 불편한 생활하는 모습도 피해를 주는 것 같아 자신이 너무 한심한 생각이 들었다.

처음에는 엄마와 생활하는 것이 좋았지만, 시간이 갈수록 엄마는 아빠와 다르게 모든 일에 참견하고 잔소리하는 것을 참을 수 없었다. 고등학교 입학 후 우연히 초등학교 때 친구를 만나서 술을 마시고 들어왔을 때 엄마의 표정과 잔소리는 지금도 잊을 수 없다. 그때부터 자신을 불량청소년으로 취급하기 시작하면서 통제하려는 엄마와 사이가 벌어지기 시작했다. 술과 담배를 하고 나쁜 친구들과 어울린다고 용돈을 주지 않았다.

그래서 아빠에게 금전적으로 도움을 받았는데, 그것을 알고 난 후 엄마가 폭언하면서 자신을 양다리 걸치는 나쁜 딸로 몰아붙였다. 지금은 전학으로 학교도 어색하고 친구들과 어울리기 전에 전학 온 이유가 불량 학생이었기 때문이라고 소문이 나서 학교생활은 더욱 적응하기 힘든 상태였다.

자식들에게 의논도 없이 이혼하고 각자 한 명씩 나눠 데리고 갔으면서 이제는 서로 책임지지 않겠다는 것이 부모로서 무책임하다고 생각했다. 자신도 보통 가정처럼 엄마, 아빠와 웃으면서 대화하고 생활하고 싶지만, 현실적으로 그렇게 하지 못한다는 것을 잘 알았다. 지금 자신이 처해 있는 모든 상황이 그냥 다 싫다고 했다. 자신의 미래는 생각하고 싶지 않고 심리적으로 공감하고 이해해주는 친구의 원룸에서 지내고 있어서 집보다 마음이 편하다고 했다. 자신이 집에 돌아오지 않으면 엄마에게도 방이 생긴다고 했다.

\* 보호자 상담내용
부부가 이혼 후 딸은 아빠, 아들은 엄마와 생활하기로 하고 자녀를 각자 한 명씩 양육하기로 했다. 그런데 아빠에게 새로운 배우자가 생기면서 딸과 새엄마의 심한 갈등이 있었다. 아빠의 재혼으로 함께 생활하는 데 어려움이 있어 딸이 중학교 마칠 때쯤에 엄마와 함께 생활하는 것으로 의논이 되었다고 했다.

어머니는 다시 만나게 된 딸에게 그동안 보살펴 주지 못한 죄책감 때문에 집착이라고 할 만큼 과분한 사랑을 표현했다. 사춘기에 접어드는 중학교 때 엄마와 함께 생활하게 된 것조차 쉽지 않았다. 갑자기 동거하게 된 여동생에게 마음을 열지 못하고 어색해하는 오빠와의 관계도 딸에게 부담이었을 것으로 짐작했다. 엄마의 무한한 관심과 사랑의 표현을 처음에는 긍정적으로 받아들였는데 시간이 지나면서 청소년에게 맞지 않은 과분한 것들을 요구하고, 어울리지 않는 행동에 대한 엄마의 참견을 잔소리로 생각했다. 엄마에게 불만이 생기면 자신 몰래 아빠와 연락하여 엄마에 대한 불만을 말하고 자신이 필요한 금전적인 도움을 아빠에게 받기도 한다고 하면서 딸의 그런 행동에 배신감을 느꼈다.

이제는 엄마도 딸의 행동에 지쳐 잦은 가출에도 신경 쓰지 않았다. 딸을 바로 잡기 위해 매우 노력했지만 헤어져 있었던 시간을 올바르게 채울 수 없어 결국은 어긋난 모정이었다고 표현했다.

## /이혼한 부모 사이에 갈등만 쌓이는 자녀들의 입장

상담내용을 정리하면, 부모가 이혼하면서 자녀가 누구와 살고 싶은지에 대해 전혀 의논도 없이 각자가 선택한 자녀를 한 명씩 데리고 각자 생활하게 되었다. 그러다가 불편함이 생기면서 딸은 엄마와 헤어지게 된 희생을 하고 자신이 피해를 받게 되었다고 생각했다. 부모가 이혼할 당시 자신은 어려서 엄마가 더 필요한 시기였는데 아빠가 자기를 데리고 가서 싫었다. 아빠를 이해하면서 생활했지만, 아빠에게 다른 연인이 생기면서 자기가 불편한 존재가 되어 눈치를 보게 되었다.

새엄마와 생활할 때는 자신의 위치가 싫었다. 아빠는 자기에게 의논도 없이 갑자기 엄마와 떨어져 살게 되었고 아빠가 새 가정을 꾸미면서 불편함을 느끼게 된다고 엄마에게 보냈다. 엄마 집에 온 첫날, 어릴 때 헤어진 오빠의 어색하고 차가운 시선이 부담이었다. 자기의 방이 없어 임시방편으로 엄마의 방을 자기가 사용하게 되면서 엄마가 거실을 사용할 때는 자신을 더 심리적으로 부담스럽게 만들었다.

처음에는 엄마와 생활하는 게 좋았지만, 시간이 지나면서 아빠와는 전혀 다른 갈등으로 엄마와 부딪치기 시작했다. 아빠는 자신에게 무관심했다면 엄마는 너무 집착하면서 자신의 모든 일상을 통제하고 참견했다.

우연히 초등학교 때 친구와 술을 마시고 들어온 날, 엄마와 갈등이 폭발한 사건이 있었다. 술을 마시고 친구들과 어울리는 자신을 이해해주기보다 더 믿지 못하고 의심하기 시작하면서 금전적으로도 통제했다. 여전히 현실이 어색하고 아빠나 엄마에게 딸로서 인정을 받지 못하고 굴러다니는 돌처럼 불편한 존재로 인식하는 게 불만이었다. 엄마, 아빠는 자신들이 편한 방법대로 행동하면서 자식에 대한 배려가 전혀 없었다. "엄마, 아빠는 왜 저를 낳았을까요?" 하고 스스로에게 질문을 했다.

[상담에 도움 되는 말]
결혼하여 서로 뜻이 맞지 않아 이혼할 수 있다. 하지만 부부가 이혼 후 자

녀들에게 관심을 가지고 신중하게 선택해야 한다. 이혼가정의 자녀에게는 서로의 의사소통과 가족 연대감이 파괴되므로 자녀들은 정서적, 감정적으로 불안정하게 되며 가정, 학교, 사회, 또래관계, 이성문제 등 부적응을 초래하는 경향이 있다. 자녀는 이혼한 부모의 사이에 원만하지 않은 관계로 갈등과 스트레스를 받는다. 청소년기에 가장 중요한 학업에 특히 전념하기 어렵게 되고, 사회적으로 불건전한 환경에 노출되기 쉽다.

청소년기에 부모의 부재로 나타나는 결핍으로 자신의 감정을 잘 표현하지 못하거나 표출하지 못하는 심리적으로 괴로운 고통을 경험한다. 부모의 이혼으로 우울한 감정과 상실된 감정으로 삶에 대한 무기력을 느낀다. 부모에게 버림을 받았다고 생각하고 부모 사랑에 대한 거부감이나 상실감은 사람에 대한 경계심과 두려움으로 발전한다. 이런 감정을 해소할 수 있도록 어느 한쪽의 일방적인 소통을 요구하기보다 서로의 감정을 이해하고 공감할 수 있도록 노력해야 한다. 부모의 일방적인 자녀에 대한 시선보다는 자녀의 눈높이에 맞는 대화법으로 서로를 이해할 수 있도록 통제가 아닌 소통을 해야 한다.

**Think...**

1. 부모가 이혼한 현실을 자녀가 인정하고 있는지 파악한다.
2. 자녀는 부모의 소유물이 아닌 하나의 독립체로 인정할 수 있도록 한다.
3. 자녀에게 편부모로 부터 받지 못한 사랑의 결핍 정도를 확인한다.

# 폭력적인 아빠가 두렵지만, 가족은 내가 지켜야 해

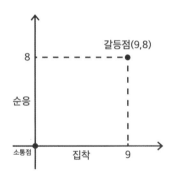

* 수동적 공격성 인격 장애란?

대인관계에서 부적합한 방법으로 타인을 난처하게 만들거나 화나게 하며 불만이나 적개심의 표현이 수동적인 형태를 취한다. 공격성과 적대감을 자주 느끼면서도 감정을 직접적으로 표현하지 못하는 대신에 고의로 지연시키거나, 계획적으로 비능률적이거나 무기력하고, 게으름을 피우면서 수동적/소극적인 방법으로 자신의 공격성을 나타내는 것이다. 이들은 수동적 저항뿐만 아니라 불평, 비난, 분개, 짜증 내는 성향 등을 보인다. 청소년기에 수동적 공격적 성격이 형성되는 이유는 어릴 때 부모의 갈등으로 시작하여 간섭이나 통제에 반항하는 경우가 많다.

권위적인 부모에게 복종을 강요받으며 성장하면 분노를 감추고 피해의식에 불안감을 쌓아서 자아 성장의 기능을 막는다. 수동적 공격성 인격 장애는 성공과 완벽성 부모의 관심과 사랑을 느끼지 못한 경우, 화목하지 못한 부모 밑에서 자란 경우에 생긴다. 아빠가 자녀에게 하는 무심한 행동이 불안감이나 불편함을 충격으로 받아들일 수 있다. 아빠가 생각하는 자녀의 통제와 폭력은 자녀의 생각과 차이가 있다.

부모의 잘못된 행동 개념이 현실에서는 폭력으로 나타나기도 한다. 부모가 성장할 때 받거나 당했던 행동이 당연하다고 생각하고 자녀에게 그대로 한다면 폭력이 될 수 있다. 폭력성에 대한 인식개선이 절실하게 필요하다. 특히 아빠의 권위적인 태도가 자녀에게 인정될 것이라는 잘못된 생각은 현대 가정에서는 분명히 개선되어야 한다. 구시대에서 잘못된 자녀 양육법으로 학습된 부모는 권위적인 행동이나 강압적인 언어적 표현을 사용했다. 현대에서는 교육환경이 변하면서 부모라도 자녀에게 하는 폭언이나 폭행은 아동폭력으로 인정되고 있다.

[각색한 상담사례]

학교생활에서 교우관계에 폭력성을 나타내면서 학교폭력위원회도 여러 차례 열렸지만 행동 교정이 되지 않고, 교칙 위반의 징계도 몇 번 받기도 했다. 하지만 전혀 개선되지 않아 중학교 3학년 남학생을 학교 상담선생님이 상담을 의뢰했다.

학생의 첫 면담 때 모습은 깔끔하고 고급스러운 옷차림이었다. 하지만 의도되지 않은 상담에 불만을 온몸으로 나타냈다. 행동은 불량한 태도로 의자에 삐딱하게 앉은 자세와 눈은 맞추지 않고 책상 모서리를 툭툭 치면서 발끝만 쳐다봤다. 게다가 간단한 질문에 불편한 말투로 대답했다. 상담하는 것조차 불만이었고 자신은 상담이 필요하지 않으며 빨리 끝내주길 요구했다.

부모 중 누구와 만날 수 있을지 물어보았더니 아무도 만날 필요가 없으며 두 분 다 늦게 귀가하므로 만날 수 없다고 했다. 주말이나 휴일에도 상담이 가능하니 부모님과 의논하여 가정방문 시간을 알려 달라고 했다. 처음에는 부모 상담에 대해 무척 부정적이고 강력하게 반대하였지만, 부모 상담이 자신에게 도움이 될 것이라고 설득하여 부모님도 함께 상담하게 되었다.

* 학생 상담내용
학생은 부모와 초등학교 5학년인 남동생과 함께 살았다. 자신은 큰아들

로 부모의 관심과 사랑을 많이 받고 자랐다. 가정에 경제적 여유가 있을 때 엄마의 보살핌으로 불편함 없이 성장한 듯했다. 남동생과는 나이 차이가 있어서 형으로서 권위도 있고 동생에게는 다정하게 대했다. 가정의 형편이 어려워지기 시작하면서 전업주부였던 엄마도 사회생활을 하게 되었고, 가정의 분위기도 많이 변했다.

학생은 처음에는 아빠와 무척 관계가 좋았다. 자신이 요구하는 것은 무조건 다 들어주어서 자신을 무척 사랑한다고 생각했다. 엄마의 따뜻한 보살핌과 여유 있는 가정형편에 익숙했던 형제는 아빠의 사업이 힘들어지면서 아빠의 변화된 폭력성과 가정형편에 불만이 생겼다. 학생은 늘 여유 있게 받던 용돈의 부족함을 최근에는 또래들이 하는 불법적인 행위로 조달했다. 학교밖에 아이들과 어울리다 보니 부모의 간섭을 많이 받았고 통제도 심했다.

부모가 되어서 자식을 끝까지 잘 보살피지 못한다면 간섭이나 통제를 하지 않는 것이 옳다고 말하며 부모에 대한 심각하고 강력한 불만을 호소했다. 언제부터인지 아빠는 엄마를 통제하고 잦은 다툼으로 결국은 엄마에게도 폭력을 행사했다. 어느 날 엄마에게 폭력을 행사할 때 엄마 편을 들다가 아빠에게 맞았다. 무척 다정했던 아빠에게 처음으로 당한 폭력은 자신에게 큰 충격이었다. 그래서 집에 들어오는 것이 싫지만 엄마와 동생이 위험할 것 같아 어쩔 수 없이 집에 들어갔다.

아빠에게 폭력을 당한 날에는 자신도 화가 나서 누구에게나 화풀이를 할 만큼 폭력성이 강해지는 사람으로 차츰 변했다. 학년이 낮을 때는 성적도 좋은 편이었지만 지금은 고등학교에 진학할 수 없을 만큼 성적이 하위권이고 학교생활기록부에 징계처분이 많았다. 그래서 자신을 받아주는 고등학교가 없을 것이라고 한숨을 쉬면서 고등학교 진학을 포기하려고 했다.

고등학교는 졸업해야 한다는 생각은 했지만, 막상 집에 가면 아빠의 폭력에 시달려서 학업에 집중할 수 없다고 했다. 집을 생각하면 화부터 나고 그 화를 풀기 위해서 또래들을 괴롭히면서 감정을 해소하는 게 잘못된 행동이라는 것은 알고 있었다. 다정했던 아빠는 모든 일상이 신경질적이며 폭력적으로 변하고 엄마와 잦은 다툼으로 형제는 서로를 의지하게 되었다. 어린 동생을 자신이 보호해야 한다고 생각하고 있다.

＊ 보호자 상담내용
어머니는 늦은 시간에 퇴근해서 피곤한 주중보다는 주말에 상담을 원했으며 되도록 남편이 없는 주말에 방문을 부탁했다. 남편과 자녀들도 없는 주말 오후에 가정방문으로 엄마와 상담했다. 엄마는 표정은 어둡고 생기도 없었으며 심신이 지쳐있는 듯하고 목소리는 매우 건조해 보였다. 상담하는 동안 웃음이나 미소는 전혀 볼 수 없었다.

다정했던 남편은 사업이 어려워지면서 술을 마시면 폭력적으로 변했다.

남편을 이해하려고 해봤지만, 이제는 남편의 폭력에 대항할 여력도 없어 자포자기 상태다. 자신에게 함부로 하는 건 그런대로 참을 수 있지만, 자녀에게 폭력을 행사할 때는 견딜 수 없다. 특히 큰아들과의 갈등으로 일어나는 상황에서는 무서움을 느낄 때도 있으며, 갈수록 심해지는 남편의 폭력에도 자녀들을 위해 어쩔 수 없이 견뎌야만 했다.

## /폭력적으로 군림하는 아빠로부터
## 가족을 지키려는 아들

상담내용을 정리하면, 다정했던 아빠가 사업 실패로 가족들에게 폭력적인 행동을 하고 자신을 심하게 통제하는 것에 강한 거부감을 나타냈다. 집에서 아빠의 폭력으로부터 엄마와 동생을 지켜야 한다는 강박적인 감정으로 자신에게 나타나는 스트레스나 화를 어떻게 해소해야 할지 몰라 자신도 모르게 또래들에게 폭력을 했다. 그러다 우연히 불량한 행동을 하는 친구들과 어울리게 되면서 나쁜 행동인지는 알지만, 폭력을 하면 스트레스가 해소되고 심리적으로 안정을 찾을 수 있었다.

문제를 일으키면서 학교에서 보호자에게 연락이 갈수록 아빠와 갈등은 심해지고, 학교에서는 불량 학생으로 낙인찍혔다. 그러나 친구들에게는 더 인정받게 되었다.

아빠의 폭력이나 통제에 시달리면서 가출하고 싶지만, 자신의 문제를 엄마와 동생을 폭력으로 괴롭힐 것을 알기 때문에 어쩔 수 없이 집에는 들어갔다. 폭력에 시달리는 엄마를 진심으로 걱정하고 있으며, 동생에게는 아빠 대신에 다정한 형 노릇에 최선을 다하고 있다.

아직 어린 나이인데 자신이 가족을 지키고 보호해야 한다는 부담이 있었다. 가정에서 발생하는 어려운 상황을 어떻게 해야 할지를 모르겠다고 많은 고민을 속으로 감추고 있었다. 누군가 자신을 불량 학생이라고 생각하지 말고 왜 또래들에게 폭력이나 금품 갈취를 하면서 문제를 일으키는지 물어나 봐 주었으면 좋겠다고 하소연했다.

[상담에 도움 되는 말]

학교폭력의 원인을 크게 나눠본다면 첫 번째는 학생의 기질적인 개인 문제이다. 청소년기 호르몬 변화로 신체적인 변화와 공격성 성향, 충동적인 성격, 도덕적 결함의 발생이다. 이로 인해 삐뚤어진 방식으로 또래 집단에서의 우월감을 표현하고 자신의 열등감 탈출구로 활용한다. 두 번째, 가정 문제로 인한 폭력성을 나타낼 수 있다. 성장 시기에 인격이 형성되어야 할 때 가정에서 필요한 감정표현법이나 조절 방법을 제대로 받지 못한 경우다. 부모가 자녀를 과잉보호나 과한 행동의 통제, 권위적인 태도로 양육을 한다면 가정 밖에서는 억눌린 감정을 폭력성인 성격으로 감정을 표현한다. 세 번째, 주위 환경의 변화다. 또래들의 집단적인 동조에 의한 압력이나 자신이 무시당하기 싫어서 더 과한 폭력성을 나타내거나 혼자 따돌림 당하는 것이 두려워 학교폭력 집단에 가담한다.

아빠의 폭력성으로 평온했던 가정이 파괴되면서 자신의 불안한 감정을 외부에서 표출하려고 했다. 불량한 행동으로 학교에서 징계 받게 되었고, 불만을 어긋난 행동으로 표현했다. 학교폭력에 노출된 학생의 경우 겉으로 드러난 상황보다는 학생의 내면을 들여다보고 폭력성의 원인을 찾아서 내적 갈등요인을 찾는 상담이 먼저 이루어져야 한다.

**Think...**

1. 학교 안팎에서 또래들에게 폭력성을 나타내는 직접적인 요인을 알아본다.

2. 가정폭력에 노출된 가정생활 환경에 대한 문제점을 찾아본다.

3. 아빠의 폭력적인 행동에 대해 부정적 감정표현을 긍정적 표현 방법으로 변화시킨다.

Part 4

# 이사분면
방임하는 부모와
순응하는 자녀의 갈등관계
6가지 사례

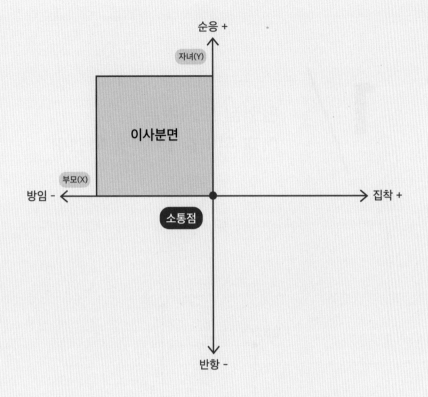

사분면 상담지표의 X축은 부모의 집착과 방임이며 Y축은 자녀의 순응과 반항으로 정했다. 이사분면은 부모의 X축의 -방향의 방임과 자녀의 Y축의 +방향의 순응에 해당하는 자녀와 부모 간의 갈등 크기를 시각적으로 표현했다. 부모의 방임으로 자녀의 학교나 일상에 전혀 관심을 보이지 않는 양육은 자녀가 안정적인지 못하고 무관심한 가정환경에서 내면에 불만이 쌓였다. 결국에는 부모에게 사랑과 관심을 요구하는 부정적인 행동으로 순응적인 태도를 나타낸 자녀에 대한 여섯 상황의 상담을 각색한 사례다.

# 편의점 도시락은
# 이제 구역질 나서 못 먹겠어

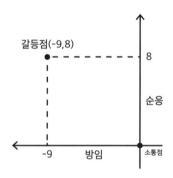

갈등점(-9,8)

8

순응

-9    방임

소통점

* 뮌하우젠 증후군이란?

주로 어린 시절에 과보호로 인해 자립 능력이 떨어져 어려운 상황을 회피하려는 사람, 어린 시절의 정신적 상처로 타인의 관심을 끄는 것에 집착하는 사람에게서 나타난다. 자신이 중요한 사람이라고 느끼고 싶으며 관심을 받고 싶은 마음이 극도에 달하는 정신질환의 일종이다. 동정과 관심을 받고 싶어서 고의로 극단적인 증상을 만들어내기도 하고, 자해하거나 위협적인 행동으로 주목받으려고 한다. 타인의 관심을 끌기 위해 아프다고 거짓말을 하거나 자해를 일삼는 질환이다.

뮌하우젠 증후군은 청소년들이 부모에게 사랑받으며 생활하던 중 갑자기 변화된 환경에 심리적으로 불안정하거나 불우하게 변화된 가정환경을 부담감으로 인지하면서 나타나는 증상의 일종이다. 부모의 관심을 받으며 성장하다가 갑자기 무관심해지면 그 상황에 익숙하지 못하여 거짓으로 망상에 사로잡힐 수 있다. 주변의 관심을 끌기 위해 자신의 신체적 고통이나 심리적인 고민이나 불안감을 끊임없이 호소하거나 과장하기도 한다. 이런 증상들은 대체로 부모의 사랑을 받지 못하고 무관심으로 방임되거나 타인으로부터 배척을 당했던지 심리적 박탈감을 받게 되면 나타나는 경우가 많다. 증상이 심할 때는 과격한 행동을 하거나 타인에게 관심받기 위한 이상행동을 나타내기도 한다.

[각색한 상담사례]

고등학교 1학년 남학생, 얌전하고 말이 적은 편으로 등교는 착실하게 하지만 같은 반 친구들과 어울리지 못했다. 항상 혼자 지내며 소극적인 행동을 하는 학생으로 자아존중감도 낮았다. 학교의 여러 학과 선생님에게 관심을 유도하는 이상행동과 우울로 학교생활 부적응을 담임에게 자주 하소연하여 담임이 상담을 의뢰했다. 상담으로 대면했을 때 학교에는 공부보다는 점심을 먹기 위해 온다고 했다. 교복은 조금 낡은 차림으로 깨끗하게 세탁되어 보이진 않았다.

* 학생 상담내용

남학생은 아빠, 엄마, 할머니와 함께 생활하는데 가정형편은 넉넉하지 않았다. 부모님은 맞벌이로 두 분 다 항상 늦은 시간에 퇴근했다. 경제적으로 어려워 가정생활의 기본적으로도 힘들었다. 할머니가 자주 편찮으셔서 병원비가 많이 들어가서 자신이 할머니의 아침, 저녁 식사를 챙겨야 했다.

학생은 어릴 때 부모님과 할머니의 사랑을 받으며 지낼 때는 자신의 가정형편이 어려운 줄 몰랐다. 중학생이 되었을 때 어느 날 할머니가 쓰러지게 되어 부모님이 친인척들에게 도움을 구해서 생활했다. 할머니의 병환 기간이 길어지면서 이제는 부모님이 할머니를 책임지게 됐다. 가정형편이 더 어렵게 되고 자신도 할머니의 간호로 점점 힘들었다. 어릴 때 할머니의 사랑을 많이 받고 자라서 할머니의 병간호를 힘들어하면 나쁜 손자가 되는 것 같아 마음이 힘들었다. 천성이 말이 없는 편인데 고등학생이 되면서 더 말수가 줄어들었다. 내성적이긴 하지만 친구들과 어울리고 싶지만, 할머니를 돌봐야 하기 때문에 친구들과 어울릴 시간적 여유가 없었다. 그리고 자신의 어려운 사정을 친구들이 알면 자존심이 상할 것 같아 친구들과는 되도록 어울리지 못했다.

가정 경제적 형편은 아무도 모르고 담임만 눈치로 알고 있을 것 같지만 짐작만 할 뿐이었다. 담임에게 한 번씩 돈을 빌려 달라고 할 때도 있었다. 사실 친구들에게 자신의 형편이 창피해서 학교에 가고 싶지 않지만, 급식이라도 제대로 된 밥을 먹고 싶어 등교했다. 집에는 할머니가 드실 병환식이 있었다. 부모님은 편의점 도시락을 먹으라며 도시락 값만 줬다. 몇 년 동안 편의점 도시락을 먹다 보니 이제는 생각만 해도 구토가 나올 정도로 질렸다. 엄마가 해주는 따뜻한 김치찌개와 밥을 먹는 것이 소원이었다.

외동이라서 부모님과 할머니에게 귀염둥이로 사랑을 많이 받은 것을 알지만 지금 할머니의 간호는 자신에게 너무 힘들고 부담됐다. 지금 고등학교 1학년인데 가정형편을 위해 자신이 할 수 있는 일은 없다고 생각하니 빨리 어른이 되고 싶었다.

집안 분위기는 항상 어둡고 서로 대화가 없으며 조용했다. 주말에 겨우 부모님 얼굴을 볼 수 있지만, 주무셔서 자는 모습만 볼뿐이었다. 가정형편이 어렵지만, 중학교 때는 그런대로 화목했다. 할머니가 갑자기 쓰러지게 되면서 어렵던 형편이 더 어렵게 되었다. 할머니의 치료비 때문에 부모님은 더 많이 일했고, 늦게 귀가해서 할머니의 병간호를 자신이 맡아서 했다. 원래 말이 없었지만, 더 말하기 싫어졌으며 속마음을 터놓고 말한 사람도 주위에 없었다. 친구들에게 자신의 어려운 환경을 들키고 싶지 않았으며 자신에게는 특별히 용돈이 없다 보니 같이 친구들과 어울리기도 힘들었다.

\* 보호자 상담내용

어머니와는 전화로 상담했다. 엄마의 목소리는 조용하고 차분했다. 엄마는 남편과 자신이 공부를 많이 하지 못해서 급여가 높은 직장을 다니지는 못하고 있다고 했다. 하지만 그런대로 행복하게 지낼 수 있었는데 시어머니가 쓰러지게 되면서 처음에는 시누이, 시동생들의 도움으로 어느 정도 생활을 유지할 수 있었다. 시어머니의 병환이 길어지면서 부부가 야간작업을 할 정도로 가정형편이 어려워졌다. 어쩔 수 없이 아들에게 할머니의 병간호를 부탁하게 되었다고 하며 매우 미안하게 생각했다.

불평 한번 안 해서 말없이 학교에 잘 다니는 줄 알았지만, 친구들과 어울리지 못하고 혼자서 힘들어하는 줄은 전혀 몰랐다. 학교에서 상담하라고 연락이 왔을 때 아들의 학교생활과 또래관계가 원만하지 못하고 우울 증상도 보인다는 것을 알게 되었다. 아빠, 엄마가 아들만 믿고 할머니를 맡긴 것에 무척 미안하고 마음이 아팠다. 아들과 자신들에게 처한 상황이 너무 비관적이라고 울먹이며 지금의 어려운 상황을 하소연했다.

## /할머니를 간호해야 하는 아들

상담내용을 정리하면, 부모는 학벌이 높지는 않아서 급여가 높은 곳은 아니지만, 직장은 착실하게 다니고 있었다. 가정형편이 여유롭지 못한 상황이라도 가족들은 화목했다. 하지만 갑자기 쓰러지게 된 할머니의 병환으로 가정형편이 급격히 나빠지면서 부모가 오랫동안 맞벌이를 했다. 그래서 손자가 할머니의 병간호를 맡아서 하게 되었고, 그로 인해 학생은 심신이 피폐해졌다. 어려운 가정형편으로 심리적으로 불안정하고 경제적으로 여유롭지 못해 친구들과 어울리는 것이 자존심 상했다. 자신의 감정을 잘 표현하지 못하는 내성적인 성격으로 소극적으로 행동했고, 선생님들에게 관심을 받기 위해 우울을 동반한 불안함을 표현하는 행동을 자주 했다.

특히 할머니를 보살피는 일이 힘들고 부담스러웠지만, 부모님에게 직접 나타내지 못하여 우울을 동반한 부정적인 이상행동이 문제점으로 나타났다. 부모는 피곤하다는 핑계로 아들의 양육에 거의 신경을 쓰지 못해서 이상행동을 눈치체지 못했다.

담임이 관심을 가지고 학생의 우울과 불안 증상으로 관심을 끌려고 하는 이상행동을 하는 문제점을 발견하고 상담을 하게 되었다. 오랫동안 가정에서 정상적인 식사를 하지 못해서 엄마가 해주는 밥을 그리워하면서 정서적인 결핍을 나타냈다. 경제적으로 부족한 것이 학생 탓은 아니지만, 생활에 불편함을 느끼는 것은 학생에게 어렵고 힘든 현실인 것 같았다. 학생은 가정이나 학교에서 일상적인 생활에 생존의지력이 전혀 없는 무기력증을 보였다.

[상담에 도움 되는 말]

부모에게 사랑받고 자랐지만, 환경의 변화로 자신을 잃게 되면서 우울해졌다. 그로 인해 많은 행동의 변화를 일으킨다. 사랑받았을 때의 기쁨을 다시 느끼고 싶은 감정이 표출되면서 타인에게 관심을 받고 싶은 행동을 무의식에 하게 된다.

뮌하우젠 증후군은 주로 어린 시절에 과보호로 인해 자립 능력이 떨어져 어려운 상황을 회피하려는 사람, 어린 시절의 정신적 상처로 타인의 관심을 끄는 것에 집착하는 사람에게서 나타난다. 청소년기에 이런 증상을 가지게 된다면 관심을 받으려고 상황에 맞지 않은 거짓으로 타인에게 집착하는 사람으로 성장할 가능성이 크다. 무리한 관심을 끌려고 이상 행동하는 청소년이 있다면 검사나 빠른 치료를 받을 수 있도록 유도해야 한다.

**Think...**

1. 또래들 사이에서 소심한 행동과 관계를 회피하는 원인을 파악한다.

2. 우울과 동정심을 유발하는 감정표현을 하게 되는 원인을 알아본다.

3. 부모에게 받지 못한 애정결핍으로 인한 이상행동 발현의 근본 원인을 확인한다.

# 2/ 이놈의 자식아
# '밥'이라도 처먹고 해라!

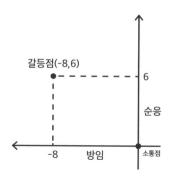

* 인터넷 중독이란?

인터넷 사용 시간이 점차 늘고 인터넷을 사용하지 않을 때 고통이나 괴로움을 호소하며 일상생활과 현실을 잘 구분하지 못하는 현상이다. 현실 속 인간관계보다는 가상의 인간관계를 추구하는 경향을 평가하여 진단한다. 아이가 해야 할 일을 미루고 컴퓨터 앞에 있는 경우, 현실과 사이버 공간의 판단이 어려운 경우, 컴퓨터 사용 문제로 학교나 가족 간의 문제가 생기는 경우, 컴퓨터 사용 시간을 스스로 조절하지 못 하는 경우에는 치료가 필요하다.

현재 인터넷 중독의 치료는 약물 요법과 정신 치료를 병행하도록 권유한다. 인터넷으로 발현된 게임 이용 장애(게임중독)를 2022년부터 세계보건기구(WHO)에서 질병으로 분류한다며 국제질병 표준분류기준(ICD-11)을 발표했다.

가족관계나 생활환경이 갑자기 변하게 되면 자녀들은 적응하기 어렵다. 청소년기에 가정이 파괴되는 충격을 받으면 부모와의 소통이 부족하여 불만이 쌓이게 된다. 그러면 가족 간의 상호단절이 되기 쉽다. 인터넷 중독 아동이나 청소년의 경우 현실이 재미없고 고통스럽거나 외로워서 인터넷을 떠나지 못하고 스트레스 해소로 게임에 의지하는 경우가 많다.

이런 경우의 청소년들은 가족과 원만하지 못한 환경에 부정적인 감정에 노출되면서 학업에 집중하지 못하고 높아지는 불안감으로 통제력이 부족하다. 또한 부모와 갈등으로 대화 단절로 소통이 어렵게 되어 인터넷 게임에 빠지게 되는 원인이 되기도 한다. 인터넷 게임과 스마트폰 의존에 빠지면 학업성취 의욕의 하락과 일상생활의 정신건강에 커다란 영향을 미친다.

[각색한 상담사례]

전학 온 지 얼마 되지 않았지만 잦은 결석으로 제적 위기에 처한 고등학교 3학년 남학생. 고등학교 3학년이라 조금만 학교에 충실하면 졸업할 수 있을 텐데 등교를 거의 하지 않아서 학교에서도 행정상 제적 처리를 할 수밖에 없는 안타까운 상황이었다. 담임이 출근하면서 깨워주지만 늘 지각하거나 결석하여 담임이 상담을 의뢰했다.

아빠는 어떻게든지 등교시키도록 할 테니 제적만 하지 말아 달라고 부탁했다. 하지만 학교 입장도 있으니 어쩔 수 없는 상황이었다. 담임은 등교도 하지 않고 집에서 게임만 하는 상황에 인터넷 의존증이 될까 걱정이 많았다. 학교 상담실에서 첫 만남에 머리는 감지 않아 엉망으로 흐트러진 모습과 단정하지 않은 옷차림이었다. 언제 씻었는지 모를 정도로 더럽고 몸에서 냄새가 났다. 학생이라고 볼 수 없는 모습이었다. 상담해야 학교에서 출석 인정을 해주고 졸업할 수 있다는 담임의 설득에 겨우 상담실에 들렀다.

* 학생 상담내용

학생은 타 도시에서 아빠, 엄마, 누나와 함께 생활했다. 아빠는 사업을 하셨는데, 갑자기 사업이 어려워지면서 부도가 났다. 결국 부모님은 이혼하고 누나는 엄마와 자신은 아빠와 함께 살았다. 그리고 타 도시에 있는 지금 학교 근처로 이사했다. 갑자기 바뀐 주위환경과 어려워진 가정형편으로 가족해체로 적응하기 힘든 현실이었다.

학생은 부모가 됐으면 자식의 양육은 끝까지 책임져야 한다고 했다. 부모의 경제적 어려움으로 자식들을 불편하게 만든 부모의 무책임에 불만이 컸다. 아빠가 하시던 일이 어려워져 부도가 났고, 아빠와 자신은 지금의 주소지로 이사했다. 학교에 가까운 곳으로 집을 얻었지만, 교통편이 좋지 않아 차도 없는 아빠는 출, 퇴근에 어려움이 있었다.

 아빠와 단둘이 생활해서 누나가 간혹 들려서 반찬을 주고 집 청소도 해주었지만, 엄마가 해주는 따뜻한 밥을 먹고 싶었다. 아빠와의 생활이 불편해서 누나처럼 엄마와 지내고 싶었다. 컴퓨터 책상 위에는 컵라면 빈 용기가 가득 쌓여 있었다. 컵라면의 빈 용기가 쌓이게 된 이유는 아빠가 한밤중인 2시쯤 돌아오면 자신에게 '밥이라도 먹고 하라'고 하며 뒤통수를 툭 치고는 늘 컵라면을 끓여주고 바로 주무셨다. 그리고 6시쯤 또 나가셔서 게임으로 늦게 자면 일찍 나가시는 아빠 얼굴을 볼 수 없었다. 아빠하고 대화를 안 한 지 오래됐고, 가족 모두 함께 살 때를 그리워했다.

 종일 컴퓨터로 인터넷 게임만 하는 자신이 혐오스럽고 싫었다. 전학 와서 학교가 어색하고 이제 반년 정도만 참으면 졸업할 것이니 학교생활에 신경 쓰고 싶지 않았다. 이제는 졸업도 관심 없고 빨리 제적시켜 달라고 담임에게 말했다. 전학하고 주위 상황의 변화가 커서 학교도 어색하고 친구들을 사귀고 싶은 마음도 없었다. 학교에서 새로운 친구들에게 가정형편의 어려움을 알리고 싶지 않았다. 자존심이 상해서 어울리기 싫었다. 자신에게 위로가 되는 것은 컴퓨터 속 SNS 친구나 인터넷 게임이었다. 학교를 제적된다고 해도 특별한 계획은 없지만 무의미한 학교를 빨리 정리하고 등교에 대한 부담감에서 벗어나서 편해지고 싶었다.

 * 보호자 상담내용
 아버지는 직장 때문에 전화로 상담했다. 지쳐있는 목소리로 자식을 잘 가르치지 못한 것을 미안해했다. 사업의 부도로, 경제적 이유로 이혼했지만, 자식 관계로 아내와는 연락하고 있었다. 아들은 아직 어려서 부모를 이해 못 하겠지만, 건강하게만 지내길 바랐다.

 부도 이후 이혼하면서 다른 지역으로 거처를 옮기면서 아들이 등교라도 편하게 할 수 있도록 학교 근처에 집을 구해서 이사했다. 아빠는 밤낮으로 여러 가지 일을 하면서 몸이 피곤해 마음처럼 아들을 잘 챙겨주지 못해 미안해했다. 빨리 회복하려고 노력하지만 혼자서 아들을 보살피는 데는 많은 어려움을 느끼고 있다. 철이 들면 부모의 어려웠던 마음을 이해해주길 바랐다. 누나가 한 번씩 들려서 집안일을 해주지만, 매일 깨끗하게 신경 써 쾌적한 가정 분위기를 만들어 주지 못하는 현실이 청소년기인 아들에게 정말 미안하다. 아빠가 아들을 사랑하는 마음을 대신 전해주길 부탁했다.

# /아빠가 아들에게 사랑한다는 말은 '밥 먹었니?'

상담내용을 정리하면, 학생은 부모로서 자식을 끝까지 책임지지 못하는 것이 불만이었다. 갑자기 변한 환경이나 가족관계를 이해하기 힘들었고, 이사로 친구들과 멀어지면서 스트레스가 쌓여갔다. 그리고 전학 온 학교와 친구들에게 적응하지 못했다. 밖에서 만날 친구도 없다 보니 불안한 마음을 해결할 방법은 온라인뿐이었다. SNS로 친구들과 연락하고 인터넷 게임으로 하루를 보냈다. 부모에게 가진 불만을 학교 부적응으로 등교 거부로 표현했다.

담임은 고등학교라도 졸업하고 사회에서 자신의 몫은 할 수 있도록 많은 관심과 신경을 써 주었다. 아빠는 가족이 헤어져 살지만, 아들에게 무책임한 것이 아니었다. 밤낮으로 열심히 노력해서 함께 살고 싶은 것이었다. 비록 허름한 작은집이지만, 아들이 편하게 등교할 수 있게 학교 근처로 이사했다. 그리고 늦게 퇴근하여 굶으면서 게임에 빠진 아들에게 컵라면이라도 챙겨주면서 사랑을 표현했다.

[상담에 도움 되는 말]

인터넷 중독의 유형에는 여러 가지가 있겠지만 청소년들에게 가장 심각한 증상으로 나타나는 것은 사이버 음란물중독이다. 청소년에게 온라인을 통한 인간관계에 과 몰입하는 사이버 관계중독의 네트워크 강박증도 있다. 웹사이트 자료검색으로 자신에게 필요한 정보보다 불필요한 정보 검색 중독으로 정보 과부하 컴퓨터중독으로 볼 수 있다. 인터넷 중독에 빠지게 된다면 인터넷 접속 시간이 길어지는 내성증상과 금단증상이 큰 문제다. 또한 우울증과 외부와 소통의 문을 닫아버리고 스스로 고립되는 경우도 발생한다. 또한 사회공포증, 회피성 인격 장애와 심리적으로 불안정이 심하면 정신 분열형 인격 장애와 같은 대인기피 경향이 강해질 수 있다.

인터넷 게임이나 스마트폰과 의존에 빠진 대부분의 청소년들은 부모와 좋지 않은 관계가 많다. 현실을 벗어나서 미디어 세상으로 도피하려는 경향이 강하고 자신이 느끼고 있는 무능력감과 두려움으로 현실을 부정적으로 인식한다. 일상에서 심리적 불안과 우울로 힘들어하는 경우도 많다. 또래들과 관계 형성이나 공감대 형성에 어려움을 느끼고 낮은 자존감과 자신의 감정조절 능력이 부족하여 당면한 문제를 회피한다. 그리고 공감 능력 절하를 보인다. 과도한 컴퓨터 사용으로 가족과 보내는 시간이 줄어들고 학업성취도가 약해질 수 있으므로 적당히 사용할 수 있도록 가정에서 지도가 필요하다.

## Think...

1. 이사로 인한 갑자기 변한 주위 환경 부적응의 원인을 파악한다.

2. 부모의 이혼으로 아빠와 생활하는 것에 내면적인 불만의 강도를 확인한다.

3. 등교거부와 인터넷 게임에 몰입하게 된 생활환경의 원인을 찾아본다.

# 3/ 부모님 때문에<br>내 꿈은 좌절됐어!

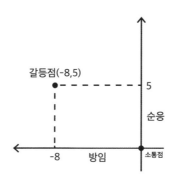

* 강박신경증이란?

비합리적이며 상동적으로 의식적인 행위를 수행하려는 집요함을 말한다. 흔히 원하지 않는 관념에 의해 특정 지워지는 신경증을 말한다. 강박증, 강박행동이라고도 한다. 강박관념에 대한 반응으로 나타나는 반복적이고 의도적인 행동이 일정하거나 상동화 된 형태로 나타난다. 의도하지 않았으나 반복적으로 되풀이되는 비합리적인 행동이나 자기의 의지나 의식적 경향과 반대되는 행동이다. 너무나 엄격한 표준을 설정해 놓고 행동하는 사람을 강박 인격자라고 하는데 심각한 강박증은 정신질환 질병과 관련이 있다.

신경증은 흔히 환경에 욕구불만을 품고 갈등을 일으키기 쉬운 성격이나 불만, 갈등을 스스로 잘 처리하지 못하는 성격의 소유자에게 잘 나타난다. 주로 과민한 반응인 신경질, 불면증, 히스테리, 강박 성향이나 우울 성향을 보인다. 청소년들에게 나타나는 강박적 사고는 가정이나 학교에서 또래관계에 어려움으로 표현한다.

강박장애는 신경증의 하나로 내면의 감정 중 하나인 불안으로 자신의 의지와 상관없이 특정 행동이나 사고에 의해 반복적으로 하는 증상을 말한다. 부정적인 생각으로 불안정한 행동을 지속적으로 한다면 또래관계에 좋지 않은 영향을 끼치고 관계유지에 어려움을 겪는다. 강박에 대한 스트레스로 일상에서 긴장감, 불안, 우울로 인한 좌절감, 무기력을 느끼고 정서적, 신체적, 인지적 증상을 호소하며 생활 전반적인 어려움을 겪는다.

[각색한 상담사례]
학교 특기생으로 고등학교에 진학하기를 원했지만, 가정형편이 어려워

지면서 자신이 원하지 않은 특성화 고등학교에 입학했다. 그러면서 자신의 꿈이 무산되었고, 그에 반항으로 등교를 거부하는 2학년 남학생을 학교 상담선생님이 의뢰하였다. 등교하지 않아 엄마와 상담이 가능한 시간을 약속한 후 가정에 방문했다.

집은 3살 된 늦둥이의 물건으로 거실은 정리가 되어 있지 않고 어수선했으며 엄마도 늦둥이 딸을 보살피느라 외모가 단정해 보이지 않았다. 학생은 늦게 귀가하여 깨워도 일어나지 못해서 엄마는 매우 당황스러워했다.

* 학생 상담내용
학생은 아빠, 엄마, 중학생인 남동생과 3살 된 늦둥이 여동생이 있었다. 중학교 때까지 여유 있는 가정에서 자신이 원하는 운동선수로 활동했다. 그런데 갑자기 아빠가 장기 출장을 간다고 한 후부터 집안 형편이 어려워졌고, 자신이 원하는 꿈을 이루기 위한 고등학교로 진학하지 못했다. 어릴 때부터 운동신경이 뛰어나 중학교 1학년 때까지 특기생으로 학교의 촉망받는 학생이었다. 그러나 갑자기 가정형편이 기울어지면서 운동하는 게 많이 힘들어졌다. 그러면서 불만이 커졌고, 그에 반항하여 또래들과의 불법적인 행동, 학교폭력에 연루되어 중학교 때 징계를 받았다. 중학교 때 운동선수였기에 성적이 좋지 못하여 인문 고등학교에 진학이 어려워 어쩔 수 없이 특성화 고등학교에 진학하게 되었다.

초등학교와 중학교 1학년 때는 가정에 여유 있었다. 그런데 어느 날 아빠가 사업상 3년 정도 멀리 출장을 간다고 한 후 집안 형편이 눈에 띄게 어려워졌다. 엄마가 직장을 다니면서 집 정리가 안 되고 자신의 물건들이 어디에 있는지 찾는데 짜증이 나기 시작했다. 그런 집안의 분위기가 너무 싫었다.

더 힘들었던 것은 형편이 어려워지면서 하고 싶은 운동을 하지 못하게 된 것이었다. 부모님이 자신의 뒷바라지를 해주지 못하게 된 후 운동부에서 자신의 위치가 낮아지고 운동부 친구들에게 따돌림을 당했다고 생각했다. 자존심이 많이 상했고 운동부에서 폭력을 일으켜 운동부에서 퇴출당했다.

학생은 중학교 때까지 죽 운동만 해서 운동으로 인해 학업 성적이 낮은 관계로 특성화 고등학교에 진학하게 되어서 자존심이 많이 상했다. 운동하던 습관으로 고등학교에 진학해서 공부하는 것도 어려웠다. 규칙적으로 운동하는 과정에서 결벽증이나 강박증도 나타나게 되었다. 학교에서 친구들이 자신의 물건을 함부로 만지는 것이 싫고 만지더라도 제자리에 바로 두지 않으면 화가 나서 분노를 참을 수 없었다. 그래서 친구들과 자주 부딪치면서 폭력을 가했고 징계를 받아 학교폭력위원회에 회부되기도 했다.

몇 년 전에 장기 출장을 갔던 아빠가 돌아왔는데 오랫동안 보지 못해서 어색했다. 그래서 아빠와의 어색함이 부담스러워 집에 일찍 들어가기 싫었다. 늦둥이로 태어난 여동생은 너무 예쁘지만 어려서 집안을 흩트리고 엄마가 여동생 양육 때문에 자신을 돌봐주지 않는 것도 불만이었다. 잘 씻지도 않고 옷이나 책들을 정리하지 않는 남동생과 함께 방을 사용하는데 청결하지 않고 정리, 정돈을 못 해서 자주 싸웠다. 그럴 때마다 엄마는 형이니까 참으라고 자신에게만 잔소리했다. 집에서 아빠와 마주치는 것조차 힘들어 서로가 시선을 피하거나 되도록 밥도 같이 먹지 않았다.

아르바이트가 늦게 마치게 되면 집에 늦게 들어가게 되면 피곤해서 거리가 먼 학교에 등교하는 게 힘들어서 학업을 포기했다. 등교하지 않고 늦게까지 아르바이트를 열심히 하는 이유는 고등학교를 졸업하면 집으로부터 독립하기 위해서였다.

\* 보호자 상담내용

큰아들이 중학교 1학년 때 남편 사업이 부도가 나서 남편이 경제사범으로 구속되어 3년의 형을 마치고 몇 년 전에 집으로 돌아왔다. 엄마는 갑자기 어려워진 가정형편을 어린 형제에게 이해시키지 못했다. 특히 큰아들은 자신이 좋아하는 운동을 계속하지 못하게 된 것을 부모 탓으로 원망을 크게 하고 있어 걱정을 많이 했다. 동생은 형의 잔소리나 불만의 화풀이 대상이 되다 보니 형과 사이가 좋지 않았다. 엄마가 살림만 하다가 경제활동을 하게 되면서 형제들을 잘 돌보지 못했고, 그 후부터 큰아들은 결벽증이나 강박증이 생겼다. 큰 아들은 집에 들어와서 현관에서부터 신발이 어수선하면 그때부터 꼬투리를 잡고 화를 낸다고 한다.

현재 아빠도 큰아들과 서먹한 관계로 식사도 같이하지 않으며, 집안에서도 부딪치지 않으려고 한다. 아빠는 자신이 부재중이었던 사춘기 때 아들과 함께 있어 주지 못해 아들의 잘못된 행동을 보고도 아빠로서 훈계하지 못하고 속앓이만 하고 있었다. 큰아들과 부자간의 사이가 원만해지길 바랐다. 큰아들이 또래들과 잦은 싸움의 이유는 자신의 물건을 만지거나 어지럽혀 놓은 것을 보면 참지 못하는 결벽증 때문이었다.

## /부모입장을 오해한 아들의 폭력성

상담내용을 정리하면, 부유하고 여유롭게 생활하면서 운동선수로 부모의 든든한 뒷바라지를 받으며 성장했다. 중학교 때는 가정에서 뒷바라지해주어 크게 성장할 수 있는 운동능력을 가졌고, 학교 운동부에서 기대치가 높았다. 그러나 아빠의 사업 부도로 경제적 어렵게 되어 운동을 그만두었다. 운동을 같이하는 친구들 사이에서 자존심이 많이 상했고 심리적으로 불안정하게 되면서 조금씩 폭력적으로 변했다.

운동선수로서 깔끔하고 정리, 정돈하는 것이 익숙했고 엄마가 잘 챙겨줄 때는 몰랐던 약간의 결벽증이나 강박증이 부모의 부재로 불안정한 심리가 심하게 나타났다. 또한 좋아하는 운동을 못 하게 된 것을 부모 탓으로 돌리면서 부모에 대한 원망을 남동생에게 화내면서 폭력적으로 표현했다. 아빠가 필요한 사춘기 때 옆에 없었고, 그 때문에 좋아하는 운동을 못 하게 되었다고 생각해서 아빠에 대한 원망이 강하게 남아있었다. 그리고 아빠는 집을 비운 동안에 돈을 벌어서 가정의 형편에 도움을 주지 않았고 엄마가 아빠 대신에 가정경제를 맡아서 고생했다. 가족에게 아빠가 필요할 때는 혼자서 어디서 무엇을 하며 생활하다가 이제 돌아와서 아빠라는 이유로 가족을 통제하고 잔소리하는 것이 가장 큰 불만이었다.

아빠가 갑자기 없어졌던 동안 자신은 큰아들로서 엄마와 남동생을 보살펴야 한다는 부담감이 매우 컸고 심리적으로 불안했다. 아빠 부재 기간에는 형제만 있었지만, 아빠가 오고 난 후 태어난 여동생은 무척 귀여웠다. 남동생에게는 매우 엄격하게 대하지만, 여동생에게는 좋은 큰오빠로 잘 돌봐주고 강한 애정을 표현했다. 엄마와 동생에게는 함부로 행동하고 아빠에게는 불만의 표현을 강하게 나타냈다.

[상담에 도움 되는 말]

강박신경증에는 여러 증상이 있다. 청소년기에 자신에게 오염된다는 강박으로 걱정, 불안 등으로 씻는 행동을 반복적으로 한다. 또 확인 강박을 나타내기도 하는데 수돗물, 전등불 끄기 등을 반복적 확인하거나 자신이 사용하는 물건들을 한 줄로 정리하거나 자신만의 정리 방법으로 꼭 정리해야 하는 행동을 보인다. 처음엔 청결하거나 정리, 정돈을 잘한다고 인식할 수 있으나 이런 증상이 반복되거나 불안증을 행동으로 나타낼 때 '불안'이

폭력적으로 발전할 가능성이 크다.

강박적 사고와 행동의 중요한 감정은 '불안'에서 파악할 수 있다. 불안이라는 감정은 자신을 보호하기 위한 중요한 감정이지만 일상생활에서 적절하게 대응하고 상황에 맞게 행동하지 못하면 타인과의 의사소통에 지장을준다. 대개는 자의식이 강하고 융통성이 없으며 생각이나 말, 행동이 너무억압되어 있고 충동을 참지 못한다. 이상과 야심이 있으나 늘 열등감과 불안을 느끼고 자신에게 불만이며 불안하고 초조함을 가진다. 청소년기에 이런 증상을 나타낸다면 내면의 감정을 파악하고 왜곡된 인지를 소거하고 정서적 안정을 찾을 수 있도록 도움을 주어야 한다.

**Think...**

1. 촉망받던 운동선수로서 집단이나 또래에서 자존심이 상한 원인을 파악한다.

2. 아빠가 부재중일 때 가장 힘들어하며 가족을 지키려는 이유를 확인한다.

3. 심리적으로 불안정한 상태가 강박이나 결벽증으로 표현하게 된 원인을 찾아본다.

# 가족에게 무시 받는 난
# '투명인간'

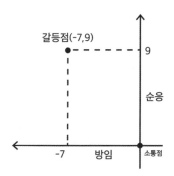

\* 개인적 무의식이란?

　무의식의 표층으로 주로 개인의 어린 시절(0~5세) 지각과 억압된 경험으로 이루어지는 정신세계로 프로이드 개념이다. 집단 무의식과 대비되는 것으로 융의 개인적 무의식은 개인의 삶의 환경 속에서 경험된 것으로 남에게 이야기하고 싶지 않은 마음속 응어리라고 할 수 있다. 이는 무의식 속에 존재하는 감정과 사고, 그리고 지식, 기억이 합쳐진 무리로 열등감이다. 또한 자아와 인접된 영역으로 한번 의식된 것으로서 억압, 억제, 망각, 무시되는 경험들이다.

융의 개인적 무의식에 특징인 콤플렉스는 주로 의식되지 않은 인격의 어두운 면으로 정의했다. 그 어두운 면은 대체로 억압된 요구나 집착적인 충동과 도덕적으로 열등한 동기유발, 부정적인 감정, 자신감 없는 행동을 나타낸다. 성장과정에서 형성된 인격의 열등감은 부모와의 대화가 부족하면 가족과 유대감을 느끼지 못하게 되어 가정 밖으로 나돌게 된다. 어린 나이에 실망과 좌절을 겪게 되고 심할 경우 가족 속에서 고립감이나 무관심으로 삶을 포기하기도 한다. 성격이 소극적이고 내성적인 성향이 강하여 스스로가 가족들과 적극적으로 행동하지 못하고 자신의 의견을 전달하지 못한다. 가족이 자신을 소외시키고 고립시킨다고 느끼면서 더욱 가족들 사이에서 위축되어 서운함이 분노로 폭발하게 된다. 부모가 관심과 사랑으로 지켜본다면 절망에 빠진 청소년들의 올바른 가치관 형성에 정신적 성장으로 발전시킬 수 있다.

[각색한 상담사례]

고등학교 1학년 남학생으로 학년 초부터 학교생활에 적응하지 못하고 평소에 행동이 무기력했다. 학기 초에 학교에서 실시한 정서적성검사에서 자살징후가 높게 나타나서 담임이 상담을 의뢰했다. 첫 만남에서 순진하고 착하게 보였고 일상에서 무기력과 권태감을 느낄 수 있었다. 학생의 학업 태도는 일반적이었고 또래관계에는 관심이 없었다. 학생이 무기력하게 변한 이유는 중학교 때 친한 친구가 같은 고등학교에 입학하지 못했다. 또한, 학기 초라서 마음을 터놓을 친구를 사귀지 못했다고 했다. 가정방문으로 부모님을 만나도 되는지 의견을 물어보니 자신은 괜찮다고 했다.

\* 학생 상담내용

학생은 아빠, 엄마, 누나와 4인 가족으로 형편은 넉넉한 편이었다. 아빠는 사업을 하시고 엄마는 전업주부로 누나와 자신을 양육하는데 신경을 많이 썼다. 중학교 때는 어느 정도 학업에 관심이 있어 성적이 상위권이었지만, 학년이 올라갈수록 공부가 힘들고 부모님이 기대하는 성적에 미치지 못해 일반 인문 고등학교에 진학하게 되었다.

누나는 공부를 잘해서 특수목적 고등학교에 입학하여 항상 부모님의 자랑거리였다. 아빠는 좋은 분이시고 자신에게 잘해주지만 조그만 실수에 화를 잘 내셨다. 엄마는 잔소리를 많이 하고 항상 부모의 체면에 맞는 행동을 요구했다.

학생은 성장할수록 자신감이 없어지고 공부를 잘해야 한다는 고민만 앞섰다. 공부하려고 책상에 앉으면 잡념으로 학업에 집중이 되지 않았다. 그런데 누나는 집중력이 강하고 끈기도 있어서 한번 시작하면 끝까지 하는 성격이었다. 자신은 그런 누나와 항상 비교되어 자존심이 많이 상했다. 무의식중에 누나와 비교를 당하는 것 같은 느낌이 들 때면 부모님 앞에서 기가 죽었다. 명절 때도 일가친척들에게 항상 누나가 주목을 받았다.

초등학교 때부터 누나는 늘 성적이 우수하고 착실한 학생이었지만 자신은 명랑하지만 놀기만 좋아하는 천덕꾸러기 같은 존재였다. 집에서는 주로 인터넷 게임만 하고, 학원도 누나처럼 꾸준히 다니지 못했다. 그래서 부모님에게 신뢰받지 못하는 자신을 스스로가 불만이었다. 학년이 올라갈수록 공부만 생각하면 우울해지고 부정적인 생각으로 분노가 생기지만, 그것조차 표현하기 어려워 속으로 감췄다.

부모님의 대화를 들으려고 들은 것은 아닌데 우연히 "공부도 못하면서 별짓 다 한다."라는 말을 듣게 된 후 더욱 부모님에게 반감이 생겼다. 공부도 못하는 아들로 생각하는 부모님에게 불만을 표현할 수도 없었다. 그래서 지금 살아간다는 것에 의미가 없으며 모든 것을 포기하고 싶었다.

최근에는 자신의 미래를 생각하면서 이렇게 살아서 나중에 부모님에게 짐이 될까 두려워졌다. 가족으로 없어도 될 만큼 관심을 받지 못한다고 생각했다. 자신은 항상 부모의 기대치에 미치지 못하는 부모님의 부끄러운 자식이라는 생각했다. 가정형편은 좋은 편이라 부모님에게 자신이 하고 싶은 것을 요구하면 다 들어주긴 하지만, 부모님에게 눈치가 보여 자신의 의견을 말하기 어려웠다. 누나는 공부를 잘하여 특수목적 고등학교에 입학하고 여전히 성적이 상위권을 유지하고 있으며 부모님의 높은 기대치를 만족시켜줬다. 부모님이 누나에게 신경 쓰는 것의 반이라도 관심을 가져주고 자신을 조금이라도 이해해주길 바라는 마음이 컸다.

* 보호자 상담내용

어머니와는 편한 시간에 약속을 정하고 가정방문을 했다. 대체로 넓은 평수의 아파트로 집안을 깔끔하게 잘 정돈되어 있었다. 어머니는 다정해 보였으며 자녀의 학업이나 양육에 관심이 많으며 누나의 학부모들과도 유대가 많아 보였다. 학업에 대한 정보에도 관심이 많고 학업에 최선을 다해서 뒷바라지해주고 자녀에게 많은 집착을 보였다.

특히 아들에 대해 최근에 담임에게 들은 정서적성검사 결과에 대한 걱정이 많았다. 집에서 생활할 때는 말도 잘하고 부모 말도 잘 듣고 시키지 않아도 엄마를 많이 도와줬다. 남자아이지만 평소에 부모님에게 애교도 많아서 '자살증후군'이라는 말은 청천벽력 같은 상상도 못 한 상황이었다. 중학교 졸업하면서 인터넷 게임이 빠지고, PC방에 가서 친구들과 어울려서 집에서 게임을 하도록 아들이 원하는 컴퓨터로 교환해 주었다.

고등학교에 입학한 후부터 말이 적어지고 자기 방에서 잘 나오지 않으며 혼자서 있는 시간이 늘어서 늦은 사춘기인가 생각했다. 누나가 공부를 잘하는 편이지만 한 번도 아들에게 공부로 스트레스를 준 적이 없었다.

혹시 누나 때문에 신경을 쓸 것 같아 집에서는 마음 놓고 누나에게 칭찬하지 못했다. 자식도 비슷하게 공부를 해야지 한 명이 월등히 성적이 좋으니 부모 입장에서 눈치가 보였다. 누나는 누나대로 좋은 결과에 칭찬하지 못해 미안했다. 아들이 공부 잘하는 누나 때문에 부모님에게 신경을 쓰고 눈치 본다는 말에 엄마는 뜻밖의 말이라고 했다. 집에서는 전혀 서운하거나 불만을 내색하지 않아 속으로 부모에게 서운한 감정을 가지거나 그로 인해 우울하거나 자살 충동이 있는 줄 꿈에도 몰랐다고 했다. 아들에게 세심하게 배려하지 못한 엄마로서 자책했다.

## /부모가 무심히 한 말에 상처받는 자녀

상담내용을 정리하면, 경제적으로 여유가 있는 가정에 똑똑한 누나로 인해 무의식중에 누나에 대한 비교 대상으로 열등감을 가졌다. 남동생의 심리적 불안정한 상태는 부모에게 순응하는 것처럼 보이지만 속에 있는 서운한 감정으로 인해 우울증이나 극단적인 선택을 할 가능성이 있었다. 집과 학교에서의 생활은 완전히 다르고 부모는 자녀의 밖에서의 생활을 전혀 모르고 있었다. 그저 착하기만 하고 성실한 아들로 생각했다. 부모님은 최근에 집에서 말이 없고 방에 혼자만 있는 시간이 길어지면서 일반적인 남자아이의 사춘기에 나타나는 행동이라고 생각하고 있었다.

엄마는 학교의 정서적성검사 결과로 '자살증후군'이라는 말을 들었을 때는 상상도 못 했다고 하였다. 부모는 남매를 차별하지 않고 공평하게 한다고 했지만 열등감에 빠진 아들이 부모의 모든 행동이 누나와 차별을 둔다고 생각했다. 성장하면서 누나와 성적으로 비교되기 시작하면서 자존감이 낮고 소심한 성격으로 스스로 열등감에 빠지게 되었고, 성적에 대한 콤플렉스로 인해 '자살증후군'이라는 증상을 나타내는 불안한 상태였다.

부모가 나눈 대화 내용 중 "공부도 못하면서 별짓 다 한다."라는 말을 들은 아들은 자신을 두고 한 말인 것 같아 부모에게 심리적으로 심한 배신감으로 상처를 받게 되었다고 하였다. 분명 아들에 대한 책망은 아니었겠지만, 아들이 누나와 비교되는 궁지에 몰려 있는 경우에는 많은 상처를 받을 수 있는 상황이었다. 부모는 가정에서 아들의 명랑하고 밝은 겉모습만 보고 내면의 서운한 감정을 알아주지 못한 자신들의 무의식적으로 한 방임적 양육태도에 반성을 하였다.

[상담에 도움 되는 말]
융의 이론에서 의식적이었던 정신적 내용이 의식에서 배제되면 열등한 측면이 되고 이른바 '도덕적 열등감'이 되는 것이다. 이는 '도덕적으로 뒤틀린 감정'으로 부정적이며 강한 감정의 유발이다. 괴로운 생각, 도덕적인 문제나 해결되지 않은 문제, 개인적인 갈등과 같은 의식적인 경험은 있으나 어떤 이유로 억압되거나 방치되는 문제들이다. 의식이 너무 약하기 때

문에 의식에 미처 도달하지 못하거나 의식 속에 머물러 있지 못하는 모든 경험이 개인 무의식이며, 언제든지 필요할 때 의식화될 수 있다.

개인 무의식에서 중요한 특징의 하나는 '콤플렉스'다. 콤플렉스를 가지고 있다는 말은 그의 마음이 무엇인가에 사로 잡혀있어서 다른 것은 거의 생각할 수 없다는 것을 의미한다. 청소년들은 부모나 학교에서 인식한 것보다 아이들이 처한 상황이 훨씬 불안정하고 심각하다는 것을 알아야 한다. 청소년은 자신의 우울하거나 심리적인 무기력 상태를 감추거나 부정적인 감정을 소홀하게 생각한다. 또한, 부모도 자녀의 이런 증상을 심각하게 생각하기보다 무시하게 되고 정신질환으로 생각하지 않기 때문에 정신과 치료를 거부한다. 청소년도 도움이 필요하다는 것을 알면서도 쉽게 부모에게 손을 내밀지 못하는 상황이 발생한다. 가장 큰 문제는 부모가 자녀의 눈높이에 맞춘 관심을 갖지 못하고 있기 때문이라는 것을 알아야 한다.

**Think...**

1. 부모가 무의식중에 성적순으로 자녀를 평가하는지 양육태도를 살펴본다.

2. 비교되는 자녀의 성향을 살피고 내면의 갈등이 무엇인지 확인한다.

3. 부모가 자녀들에게 상처가 되는 말을 습관적으로 하는지 파악한다.

# 5/ 난 내가 뭘 잘못했는지
모르겠어!

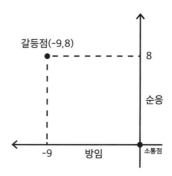

* 선택적 함구(무언)증이란?

　선택적 함구증은 정신질환의 진단 및 통계편람 4판(DSM-4)에 '유/아동 청소년기의 기타장애'에 속하며, 정신질환의 진단 및 통계편람 5판(DSM-5)에서는 '불안장애의 하위유형'으로 편람 되었다. 언어기능에는 문제가 없지만 특정한 상황에서 지속적으로 말을 하지 않는 장애이다. 주로 아동에게서 발병하며 나이가 들면서 점차 나아지지 않기 때문에 발병을 알게 되면 조기 치료가 필요하다. 등교 거부 및 여러 부적응을 초래하는 무언증상이 1개월 이상 지속될 때 진단받는다.

'선택적 함구증'은 평상시 집에서 가족들에게는 편안하게 말을 잘하다가도 특정 장소나 사람들 앞에서는 불안해서 말을 할 수 없게 되는 장애이다. 보통 3~5세에 발병하는데 과거에는 '낯가림' 정도로 치부됐다. 그러나 현대 사회에서는 제대로 치료하지 않으면 자존감 저하나 우울증 학업성취 저하 등 학교생활이나 가정생활에 후유증을 겪어 성인이 됐을 때 사회불안장애로 이어질 수 있다. 원인은 정확하지 않으며 유전, 기질, 환경 등 발병 가능성을 높이는 요인들이 존재한다. 내성적 기질을 지닌 아이는 불안에 취약하여 친구들과의 관계 안에서 겪은 마음의 상처와 트라우마 등 수없이 많은 요인들로 인해 이 장애에 걸릴 확률이 높다.

[각색한 상담사례]

학교에서 말을 한마디도 하지 않아 수업 분위기에 지장을 주고, 교우관계도 원만하지 않아 학교생활에 적응하지 못했다. 그로 인해 대안학교로 이적된 고등학교 1학년 여학생이다. 대안학교 상담선생님의 의뢰로 상담을 하게 되었다.

부모님과 의논하여 원적고등학교에서 대안학교로 이적되어 등교하게 되었지만, 여전히 학교에서 누구와도 말을 하지 않고 혼자 생활하고 있으며, 담임이나 상담선생님도 무척 답답했다. 수업 시간에 전혀 말을 하지 않아 수업의 흐름에 방해가 될 경우가 잦았다. 특히 특별실 수업에는 친구들이 부담감을 많이 가지게 된다는 불만이 많다고 담임이 학교생활에 대해 상황을 전해주었다. 친구나 선생님하고 전혀 눈도 맞추지 않고 늘 고개만 숙이고 있으며, 점심시간에도 개인적으로 혼자서 다른 곳으로 이동하여 식사를 해서 친구들이 부담감을 많이 가졌다.

조별 수업에 개인행동으로 친구들이 같은 조에 끼워주지 않으려고 하다 보니 교과목 선생님도 힘들어했다. 가정에서는 집에서는 말을 잘해 부모님과의 생활에는 전혀 문제가 없는데 학교에서만 전혀 말을 하지 않는 상황이었다.

상담시간을 정했지만, 처음에는 말을 하지 않아 곤란한 점이 많았다. 차츰 말문을 트면서 자신의 마음을 표현하였다. 여학생으로는 신장이 큰 편이며 피부가 희고 외부활동을 전혀 하지 않은 신체적인 특징을 보였다. 간단한 질문에는 고개만 끄덕이고 대답해야 할 질문에는 묵묵부답이었다. 학생에게 부모님 상담이 가능한지 물어보니 정확한 대답을 하지 않아 부모님 상담은 천천히 진행하도록 상담계획을 세웠다.

* 학생 상담내용

여학생은 아빠, 엄마, 외동딸 세 명의 가족으로 집에서는 말을 잘했다. 가정형편 부유하지는 않지만 어렵지 않은 편이고 부모님은 자신이 원하는 것을 다 들어주었다. 부모님은 딸이 학교에서 말을 하지 않는 줄 모르고 있다가 많이 놀랐다. 고등학교에 입학하면서 학교생활 부적응으로 판단되어 일단 대안학교로 이적하게 되었다. 부모님은 맞벌이를 하고 늦은 나이에 결혼하여 자신을 낳았고, 부모님 나이에 비해 늦둥이라 귀여움을 많이 받고 자랐다. 지금도 부모님은 자신을 많이 이해해주고 사랑해주신다.

학생이 밖에서 말을 전혀 하지 않기 시작한 것은 초등학교 6학년쯤부터였다. 초등학교 3학년 때 있었던 친구들에게 무시당한 일을 경험했을 때부터 자신을 친구들이 계속 무시하거나 이용했다. 그때부터 친구들에 대한 배신감으로 점점 말을 하지 않았다. 늦둥이라서 부모님이 자신에게 용돈을 넉넉하게 주시는 편이라 늘 친구들에게 간식을 사주면서 친하게 지냈다. 그런데 어느 날 자신이 용돈을 안 가져왔을 때 친구들이 자신만 빼고 간식을 먹었다. 늘 자신이 간식을 사주던 친구에게 간식을 사달라고 했는데 거절해서 무척 무안했다. 그 뒤로 친구들과 어울리면 무시당하고 이용당하는 것 같아 친구들과는 어울리지 않았다.

5학년 때도 방과 후 수업을 마치고 하교할 때 우연히 우산을 주웠는데, 어떤 친구가 우산을 잃어버렸다고 하는 친구에게 내가 훔쳤다고 말했다. 훔친 것이 아니고 복도에서 지나가다 주웠다고 했지만 자기 말을 들어주지 않았다. 그래서 선생님에게 상황을 설명하고 자신의 억울함을 말했지만, 선생님도 역시 자기 말을 들어주지 않았고 친구들 앞에서 사과하게 했다.

중학교 때도 친하게 지내는 친구와 학원 등록하는 문제로 오해가 생기면서 한 명뿐인 친구와도 사이가 멀어지게 되었다. 자신은 초등학교 때부터 늘 친구들과 잘 지내고 싶지만, 항상 친구들은 자신을 자기들의 편리한 데로 이용하고 무시하는 것을 느꼈다. 자신의 결백함을 말했지만, 선생님들도 늘 친구들의 편을 들어주어 자신이 무슨 말을 해도 믿어주는 사람은 없었다. 그래서 다음부터는 타인과 말을 하지 않게 되었고 하고 싶은 마음도 없어졌다.

친구들과 어울리면 분명히 자신만 또 상처받게 된다고 믿었다. 사회성 결여로 학교에서 추천한 상담센터의 상담과 정신과 상담도 병행하며 신경안정제도 복용하고 있었다.

* 보호자 상담내용

어머니는 직업상 출, 퇴근이 정확하지 않아 전화로 상담하였다. 결혼을 늦게 하여 출산도 늦은 나이에 했고, 딸을 애지중지하면서 키웠다. 딸이 원하는 것은 다 해주면서 불편함 없이 양육하고 아빠도 늦은 나이에 얻은 딸을 무척 예뻐했다. 집에서는 항상 명랑하고 말도 잘해서 지금처럼 학교에서 그런 어려움이 있는지 몰랐다.

초등학교 때는 친구들이 집에 놀러 오기도 했지만, 중학교부터는 친구 얘기를 안 했다. 중학교 입학 후 말이 조금 줄어들고 친구들과 어울리지 않는 것 같았지만 사춘기 때문일 거라고 생각했다. 학교에서나 집에서 별일 없이 잘 지내는 것 같아 크게 문제로 생각하지 않고 친구 관계에 대해 신경 쓰지 않았다. 엄마는 딸의 일상에 관심을 가지지 못한 것을 후회했다. 늦은 나이에 낳은 딸이라 부모와 세대 차이가 나서 대화를 많이 하지 않았다. 그건 부모로서 잘못된 생각이었고 앞으로 관심을 가지고 잘 살펴보겠다고 했다.

## /과잉보호의 양육이 또래관계에 부정적인 영향

상담내용을 정리하면, 학생은 초등학교 때 친구들에게 자신이 금전적으로 이용당하고 자신의 의견은 항상 무시당한다고 느꼈다. 중학교에 진학해서도 자신의 의견이 친구나 선생님에게 수렴되지 않는 것에 서운함을 가졌다. 부모님은 무엇이든 자신이 옳다고 무조건 자신 편을 들어주는 것에 대해 또래관계의 인지개념에 오류가 있었다.

그로 인해 또래관계에서도 무조건 자신이 옳아야 한다는 신념이 받아들여지지 않게 되면서 심리적으로 위축되는 경험을 했다. 그래서 자신감 결여로 자기주장을 잘하지 못하게 되면서 자신도 모르게 선택적 함구를 하게 된 상황이었다.

부모님도 학교에서 연락이 가기 전까지 딸이 학교에서 전혀 말을 하지 않고 생활하고 있다는 것을 알지 못했다. 가정에서 부모와 대화할 때 극히 정상적이어서 부모님은 딸의 선택적 함구증을 전혀 알지 못하고 있었다.

부모가 늦은 나이에 딸을 출산하여 무조건적인 사랑으로 양육하여 자기중심적인 인성으로 성장한 경우라고 할 수 있다. 초등학교 때부터 시작된 타인과 잘못된 대화법으로 상대방을 이해하지 못했고 자신만의 의견이 옳다고 주장했다. 그래서 타인의 의견을 배려하지 못하는 부정적인 대화법이 인지되면서 성장했다. 또래관계에서 자기중심적으로 공감이나 소통되지 못해 스스로 자신을 지키기 위한 수단으로 '선택적 함구'를 했다. 그렇게 자기 스스로를 보호했다.

[상담에 도움 되는 말]
선택적 함구(무언)증을 가진 사람은 특별히 불안을 일으키는 사회적 상황 안에서 교감신경계를 통해 위험 신호를 받고, 이에 적절히 반응하는 편도체의 활동성이 저하되어 있다고 한다. 선택적 함구증의 원인은 다양하다.

한 사례로, 아이가 긴장하면 말이 안 나온다고 한다면 보통 말을 담당하는 뇌의 부분이 취약하기 때문일 수 있다. 아동기에 발생한 분리불안장애, 학교생활의 거부, 언어 발달이 늦은 경우가 대표적이다.

선택적 함구증을 치료하기 위해 가장 많이 사용되는 것은 인지행동치료다. 둔감법, 자극약화법 등 다양한 치료 방법이 있겠지만, 감각통합치료가 아동이 불안을 이겨내고 정상적인 의사소통과 사회생활을 할 수 있도록 돕는 게 가장 효과적이다. 가족들의 안정적인 지지가 중요하며 체계적으로 자신감을 키워나가 자신의 목소리를 찾을 수 있도록 도와주어야 한다. 칭찬으로 자신감을 키워주고 관심을 통해 충분한 보상을 받고 있다는 사실을 알게 한다. 긍정적인 마음으로 또래와 상호관계를 맺을 수 있도록 한다면 사회성은 자연스럽게 높일 수 있다.

**Think...**

1. 자녀의 요구를 무조건 들어 주는 부모의 양육태도를 확인한다.

2. 가정과 학교에서의 발생하는 대인관계의 인지오류에 대한 원인을 파악한다.

3. 말을 하지 못하는 내면의 원인을 찾아 스스로 해결할 수 있도록 점검한다.

# 나는 맡겨지는 물건이
# 아니라고!

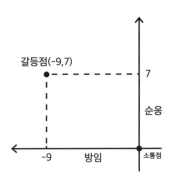

갈등점(-9,7)

7

순응

-9   방임   소통점

* 모성박탈이란?

엄마나 엄마 같은 사람으로부터 제공되는 관심과 사랑 및 애정 어린 보살핌의 결여를 의미한다. 사회적 애착을 형성하는데 최적의 시간인 출생 후 3년까지의 기간에 특히 중요하다. 증상으로 급성격리반응은 아이를 지속적으로 격리시켰을 경우 밥도 안 먹고 잠도 안 자며 심한 경우 죽을 수도 있다. 발달 지연은 언어와 신체 발달이 늦어지는 증상이고, 지능장애는 부모와의 상호교환 결핍으로 저능아가 되는 증상이다. 성장 중단 및 왜소증은 영양 섭취가 충분하지 않아 일어나는 증상이기도 하다.

유년기의 생애에 미치는 영향은 성장 후 개인의 행동과 사고에 막대한 영향을 미친다. 특히 정신적 외상을 초래할 정도로 충격적인 사건은 성인 된 이후에도 뇌기능에 영향을 미친다고 한다. 그중에 엄마와 아이가 강제로 분리되면서 경험을 하게 되는 모성박탈은 정신적 외상을 유발할 정도이다. 어릴 때 초기 모성결핍에 노출된 자녀들은 스트레스로 인한 정신분열증을 포함한 성장 후의 정신질환이나 특정 중독에 노출될 위험이 더 크다. 엄마와 떨어져야 하는 엄청난 충격을 받으면 성장을 멈추는 등 다양한 신체적, 정신적, 행동 발달적 문제를 나타낸다.

[각색한 상담사례]
학교에서 또래들에게 행동이 과격하고 학칙 위반으로 학교폭력 위원회가 열렸는데 참석하지 않아 제적 위기에 놓인 고등학교 2학년 남학생을 담임이 상담 의뢰했다. 등교하지 않아 출석 일수 부족으로 자퇴나 제적 위기에 있으니 보호자와 같이 학교에 방문하라고 전달했다. 그러나 보호자의 말로는 학생의 등교 거부로 보호자도 어쩔 수 없는 상황이라고 하였다.

보호자와 의논하여 남학생에게 상담 후 자퇴나 제적을 결정할 수 있다고 전달하고 가정방문 상담을 했다. 남학생의 보호자는 이모부이며 집은 여유롭지 않아 보이고 집의 내부가 매우 복잡했다. 방문했을 때 남학생은 어제 밤늦게 귀가하여 방에서 자고 있어서 이모와 먼저 상담했다.

학교 측에서는 등교 거부로 제적당할 위기에 있지만, 어떻게든 고등학교는 졸업시키려고 학교 행정적인 처리에 최대한 배려를 하고 있는 상황이었다. 학업에는 전혀 관심이 없으며 보호자인 이모도 더 이상 신경을 쓸 여력이 없었다. 아빠의 부재와 엄마의 사망으로 정 붙일 곳이 없어 이모 가족과 함께 살고 있지만, 가족이라고 해도 대화는 거의 없었다.

\* 학생 상담내용

남학생은 중학생인 남동생과 보육원에서 외할머니와 생활하다가 외할머니가 돌아가시게 되면서 얼마 전부터 이모 집에서 동거하기 시작했다. 학생이 7살이고 동생이 4살 때 엄마가 병환으로 사망하고 아빠가 형제를 양육하기 힘들어 보육원에 맡긴 후 지금까지 아빠는 한 번도 찾아오지 않았다. 아빠에 의해 맡겨진 보육원에서 지내는 것을 알게 된 후 외할머니가 데리고 와서 함께 살았는데 2년 전에 외할머니까지 돌아가셔서 엄마의 언니인 이모 집으로 들어오게 되었다. 이모 집은 방이 3개뿐이라 여자 사촌이 있어서 이모부, 이모가 한 방을 사용하고, 여자 사촌과 자신이 각각 방을 한 개씩 사용해서 동생은 거실 소파에서 지냈다. 이모부와 이모는 같이 장사하기 때문에 여자 사촌과 자신들을 보살피는 데 어려움이 많았다. 남학생은 학교 밖 친구들과 어울리기도 하고 용돈을 직접 마련하기 위해 아르바이트를 하고 있었다. 늦은 시간에 귀가할 수밖에 없는 상황이라 많이 힘들었다. 현재는 고등학교 졸업에는 관심이 없었다. 어떻게든 될 거라고 생각했다.

학생은 자신이 어릴 때 아빠와 엄마는 무척 싸웠던 것을 기억했다. 엄마는 아마도 아빠의 폭력에 시달려서 사망했을 것으로 믿었다. 자신이 7살이고 동생이 4살에 엄마가 사망했을 때 아빠가 형제를 보육원에 맡길 때를 기억했다. 보육원에 맡겨질 때 동생은 아빠를 붙잡고 많이 울었지만 자신은 울지 않았고, 그때부터 자신은 절대로 아빠 같은 사람이 되지 않겠다고 다짐했다.

보육원에서 생활할 때 다른 원생 부모는 한 번씩 방문했는데 아빠는 한 번도 찾아오지 않았다. 초등학교 3학년 때쯤 외할머니가 형제를 데리러 와서 외할머니와 생활할 때가 가장 행복했다. 할머니의 따뜻한 보살핌으로 편안하게 생활했지만, 중학교 2학년 때 할머니가 지병으로 돌아가시게 되면서 지금의 이모와 함께 생활하게 됐다.

사실 이모 집은 매우 좁아서 형제가 함께 생활하는 데 공간적으로 무리가 있었다. 그래서 이모에게 정말 미안했다. 동생은 잘 방이 없어서 거실에 긴 소파를 침대 삼아 잤다. 남동생이 생활이나 잠자리가 불편하고 잦은 가출을 하는 것 같아서 안쓰러웠다. 동생과 독립하기 위해 늦게까지 아르바이트해서 돈을 모으고 있으며, 아르바이트 일로 피곤해 등교하는 데 어려움이 있었다.

학교에서 학교폭력이나 교칙 위반의 징계는 친구들과 어울리면서 자신을 지키기 위한 어쩔 수 없는 행동이었다. 돈을 모으기 위해 불법적인 행동이나 또래들에게 금품갈취도 하고 있지만, 경찰에게 잡힌 적은 없었다. 더 화가 나는 것은 아빠가 자신의 명의로 물건을 구입 후 배상하지 않아 자신이 신용불량자라고 하면서 아빠가 자식에게 하는 행동에 대한 강한 분노를 느꼈다.

고등학교를 졸업해도 자신은 정상적인 취업이 어려운 상태이며, 사실은 채권사가 학교로 찾아오기 때문에 친구들에게 창피해서 등교하는 것이 두려웠다. 고등학교를 졸업하면 동생을 데리고 꼭 독립하려고 계획하고 있었다.

\* 보호자 상담내용

이모는 학생의 엄마인 여동생이 부모가 반대하는 결혼을 몰래 한 후, 주소도 알려주지 않고 부모와 단절하고 살았다고 했다. 여동생(엄마)은 경제적으로 어렵게 생활하다가 남편의 폭력과 경제적 어려움에 시달리다가 사망하고 조카들은 보육원에 보내졌다는 것을 큰조카가 초등학교 3학년에 알았다. 그리고 외할머니가 데리고 와서 함께 살았다. 그때 큰조카는 착했지만 작은 조카는 말을 안 들어서 할머니가 힘들었다. 할머니가 돌아가시면서 미성년자로 또 보육원에 보낼 수 없어 자신의 집에서 동거하기로 했지만, 함께 생활하는 게 쉽지 않았다.

조카들에게 불편함 없이 잘해준다고 하지만 조카들이 많이 불편하고 힘들어했다. 불량행동으로 경찰이 찾아올 때는 자신도 함께 생활하는 것을 후회할 때도 있었다. 폭력적인 행동과 불법적인 관계에 연루되는 일이 발생할 때 보호자로서 혼란스러울 때가 많았다. 또, 형제의 무분별한 행동으로 야단을 치면 가출을 하거나 연락이 두절 되는 경우가 있어서 함부로 훈계도 못 했다. 어쩌다 집에 들어오면 잠만 자고 며칠 동안 집밖에 나가지도 않는 것을 보면 답답할 때도 있었다. 형제가 성인이 되어 독립할 수 있도록 할머니의 유산뿐만 아니라 이모의 돈으로 저축도 하고 있다.

## /금전에 집착하는 근본적인 원인

상담내용을 정리하면, 학생은 자신의 엄마는 외가의 반대로 아빠와 함께 도피하듯 결혼했지만, 아빠의 불성실하고 폭력적인 행동에 괴롭힘을 당하다가 사망했다고 생각했다. 아빠가 엄마에게 한 폭력적인 행동에 아빠에 대한 부정적인 원망을 강하게 가지고 있었다. 엄마의 사망 후 아빠는 형제를 양육하지 못해 보육원에 위탁하여 동생과 함께 불우하게 성장했다. 자신들의 상황을 외할머니가 알게 된 후 보육원에서 나와 외할머니와 생활하게 되었는데 그때 가장 행복했다고 했다. 지병으로 외할머니가 돌아가셨지만, 적당히 갈 곳이 없어 임시로 할머니 집에서 형제가 생활했다. 그러나 그 집이 재개발로 이주하게 되어 어쩔 수 없는 상황이어서 이모 집으로 들어갈 수밖에 없었다. 동생을 보살펴야 한다는 생각과 성인이 된 후 이모 집에서 독립을 계획하게 되었고, 점점 금전에 집착하게 되었다.

어느 날 외할머니가 보고 싶어 할머니와 함께 생활했던 재개발로 폐허가 된 집을 찾아갔다. 그때 우편함에 자신 앞으로 등기우편이 많이 와 있었다. 열어보니 채권자가 보낸 내용증명이라는 서류였다. 엄마 사망 후 보육원에 맡기고 한 번도 찾아봐 주지 않은 아빠가 자신의 개인정보를 이용하여 고액 물품을 구입 후 대금을 갚지 않아 자신을 신용불량자로 만들었다. 그 채권자가 학교로 찾아와서 등교하는 데 어려움이 있었다. 자신도 불량한 행동으로 경찰조사를 받은 기록이 있는 상황에 아빠의 일까지 겹쳐서 졸업 후 자신은 사회생활을 할 수 없을 것 같은 불안감을 가지고 있었다.

아빠가 자신에게 저지른 일은 용서할 수가 없다며 원망과 함께 자신의 처지에 대해 비관적인 생각을 하고 있었다. 엄마의 사망 원인을 항상 마음에 품고 성장하면서 아빠에 대한 분노가 더욱 커지고 있었다. 또한 아빠가 자신의 명의도용 불법적인 일로 내용증명까지 받게 되면서 아빠에 대한 부정적인 마음은 더 강하게 내재된 것 같았다. 하지만 이모 가족 덕분에 조금은 가정의 따뜻함을 가지고 있었다.

[상담에 도움 되는 말]

모성박탈은 영국의 소아정신과 의사였던 불비(Bowlby)는 갑자기 부모를 잃은 아이들에 음식과 보살핌을 제공했음에도 불구하고 부모와 분리됐다. 그래서 불안과 우울증으로 신체적 면역 체계가 무너지면서 병이 들어 회복에 어려움 있는 과정을 연구했다. 그 연구는 새끼원숭이를 두 마리의 모조 원숭이인 철사 원숭이 엄마와 부드러운 천으로 만들어진 원숭이의 모성 확인하는 유명한 실험이다. 접촉을 통한 애착의 중요성은 인간의 발달에도 적용되는 것이다.

유아기에 안아주거나 쓰다듬어 주는 따뜻한 손길을 받지 못하면 정서적 소모증이라는 병이 생긴다. 양육자와 애착을 형성하지 못하면 정서뿐만 아니라 인지나 행동에서 문제가 발생한다. 개인의 성격 발달뿐 아니라 성장하면서 타인과 관계를 맺는 상황에 문제를 가지게 된다. 시설에서 성장하거나 일찍 엄마를 잃고 모성박탈의 경험을 한 청소년은 또래들과 관계 형성을 하는데 어려움을 가질 수 있으며 본능적인 생존에 대한 애착을 가진다.

모성박탈의 후유증은 다양하게 나타나지만 먼저 부분박탈은 지속적인 불안을 유발하고 분노와 우울증 같은 정서장애를 유발하기도 한다. 완전박탈은 광범위한 뇌 손상으로 연결되며 관계를 맺거나 유지하는 능력과 성격 발달에 손상이 될 수 있다. 이런 경험한 후에 충분한 보호나, 지지를 받더라도 부정적인 성격 발달에 영향을 주게 된다.

**Think...**

1. 형제가 보육시설에 위탁되어 생활했던 상황이나 환경을 확인한다.

2. 어머니의 사망 원인으로 아빠에게 품게 된 분노의 크기를 파악한다.

3. 위험한 아르바이트 관계와 금전에 대한 강한 집착을 크기를 파악한다.

Part 5

# 삼사분면
방임하는 부모와
반항하는 자녀의 갈등관계
6가지 사례

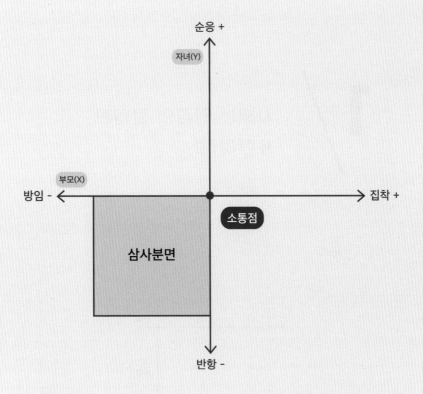

사분면 상담지표의 X축은 부모의 집착과 방임이며 Y축은 자녀의 순응과 반항으로 정했다. 삼사분면은 부모의 X축의 -방향의 방임과 자녀의 Y축의 -방향의 반항에 해당하는 자녀와 부모 간의 갈등 크기를 시각적으로 표현했다. 부모의 방임으로 자녀의 학교나 일상생활에 무관심한 양육에 자녀가 반항하고 학교 밖 친구들과 어울리거나 불량적인 행동을 하여도 부모가 자신의 잘못된 양육을 인식하지 못한다. 부모의 무관심으로 학교와 사회에 부적응하고 심리적인 불안정을 나타내는 자녀의 여섯 상황의 상담을 각색한 사례다.

# 자해는 관심의 절실한
# 표현이야!

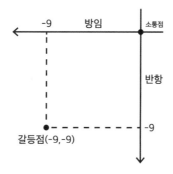

* 청소년기의 비자살적 자해란?

죽고자 하는 의도 없이 직접적, 반복적, 고의로 신체를 훼손하는 행위를
말한다. 정신질환의 진단 및 통계편람 5판(DSM-5)에서는 비자살적 자해
를 '추가연구가 필요한 진단적 상태' 중 하나로 제시되어 있다. 정신질환의

진단 및 통계편람 DSM-5판에 따르면 비자살적인 자해는 주로 10대 초반에 시작되며, 20~29세 사이에 이로 인한 입원 비율이 가장 높으며, 청소년기와 성인 초기에 유병률이 높다고 한다.

스스로 죽고자 하는 의도 없이 직접적으로 자기 신체에 고의로 신체를 훼손시키는 행위를 비자살적 자해라고 한다. 힘든 상황을 견디고 심리적 고통을 알리려고 하는 방법 중 하나로 선택한다. 비록 자살의 의도는 없는 자해라 하더라도 반복을 하게 되면 점점 공포와 고통에 익숙해져 자해의 충동에 중독될 수 있다.

청소년이 어릴 때 부모에게 있었던 불만을 속으로 감추고 성장하면서 자해라는 행동으로 보모에게 자신의 감정을 표현하기도 한다. 부모의 무관심과 갈등에 대한 불만으로 자기 신체를 의도적으로 훼손한다. 청소년은 무관심하거나 억압된 부모에게 자기감정의 어려움을 나타내거나 알리기 위한 목적으로 자해라는 행동을 선택한다.

[각색한 상담사례]
교우관계 부적응으로 잦은 등교 거부로 학교생활에 어려움이 있는 고등학교 1학년 여학생을 담임이 상담을 의뢰하였다. 담임이 봤을 때 엄마가 학교에 자주 데리러 오지만 자녀에게 쩔쩔매는 것을 한눈에 느낄 수 있었다고 했다. 학생이 등교하지 않아 가정방문으로 상담하게 되었다. 어머니와

먼저 시간약속을 하고 방문했다. 집은 깔끔하게 정리되었으며 어머니의 표정은 매우 피곤해 보였고, 딸이 같이 있는 것에 긴장하고 있는 것 같았다. 딸은 자신의 방에서 만났는데 책상에는 책이 없었고 화장품과 향수 등 학생 신분에 맞지 않은 고가제품인 의류와 가방이 많았다.

 * 학생 상담내용

 여학생은 부모와 중학생인 남동생과 함께 살았다. 방 입구에 있는 가족사진은 매우 화목하고 다정해 보였다. 엄마는 직장을 다니다가 딸의 심리적 불안정한 상황 때문에 휴직했다. 남동생하고는 사이가 좋았다. 중학교 때 성적에 맞춰서 집에서 거리가 조금 떨어져 있는 특성화 고등학교에 입학했지만, 입학 후 계속 결석하고 등교를 하더라도 반 친구들과의 관계가 어려워 자주 조퇴했다. 또한 또래관계는 매우 부정적이며 자신의 감정을 표현하는데 어색하고 힘들어했다. 스스로 친구들과 어울리지 못하고 반 친구들이 자신을 무시하거나 따돌린다고 생각하는 피해의식을 가지고 있었다.

 학생은 자신이 엄마에게 없어도 될 만큼 가치가 없는 딸이라며 자책했다. 그리고 엄마를 괴롭히고 싶어서 엄마 보는 앞에서 자해하거나 힘든 모습으로 걱정하게 했다. 엄마는 지금도 자신을 걱정하는 척하는 것이지 진심으로 생각하는 게 아니라며 엄마가 가식적으로 행동하는 것을 매우 싫어했다. 초등학교 때는 자신이 힘이 없고 어떻게 표현해야 할지 몰라서 착한 척했지만, 이제는 어떻게 해야 엄마를 괴롭힐 수 있는지 알았다.

엄마에게 실망하게 된 계기는 초등학교 3학년 때 학교에서 불미스러운 사건으로 자신이 친구들에게 사과해야 할 일이 생겼다. 그 사건 때 담임이 사과하라고 했더라도 엄마만은 자신의 편을 들어주길 기대했다. 그날 진심이 아닌 강제로 친구들에게 사과하게 만들어 자존심이 많이 상했다. 그날 이후 엄마가 친구들에게 사과시킨 행동에 서운함을 마음에 담고 성장하였고, 중학생이 되면서 엄마에게 자해하는 모습을 보이기 시작했다. 처음 자해하는 모습을 보고 무척 놀란 엄마를 보면서 자해의 충동을 더 가지게 되었다.

자해로 엄마를 괴롭히면서 자신이 엄마에게 느꼈던 서운한 감정을 복수한다는 마음으로 더 위험한 자해 모습을 보여주었다. 학생 신분에 맞지 않은 고가 물건을 요구했고, 사주지 않을 때 자해하면 엄마는 다 사주었다. 등교한 날에도 수업 시간에 집중하는 것이 어려워 양호실에서 거의 시간을 보낸 후 하교를 하거나 자주 조퇴했다. 수업에 충실하지 못해서 성적 또한 좋지 못한 상태이고 공부를 하지 않는 것도 엄마에 대한 복수의 일종이었다.

* 보호자 상담내용

어머니에게 딸은 어릴 때 너무 예뻤고 말도 잘 들었다. 재능도 많아서 학교에서도 친구들에게 인기가 많았다. 초등학교 3학년 때 학교에서 친구들과 다툰 일이 있었는데, 그 사건이 후부터 딸이 소극적이고 내성적으로 성격이 변한 것 같았다. 그래도 초등학교를 마칠 때까지는 별 탈 없이 지냈는

데 중학교 입학하면서 완전히 성격이 변했다. 하지만 청소년기에 있는 사춘기라고 가볍게 생각했다. 공부는 전혀 하지 않고 사치스러운 물건에 관심을 보이면서 고가 물건을 사달라고 떼를 쓰면 안 사줄 수 없을 정도였다.

중학교 2학년이 되면서 자해를 시작했고, 신경정신과에 격리병동에 입원도 자주 하고 신경안정제도 복용 중이었다. 딸은 엄마를 괴롭히기 위해서 무슨 일이든지 시도하고 외출할 때도 엄마가 함께 가지 않으면 밖에서 무슨 행동을 할지 몰라 불안해서 항상 동행했다. 혼자 외출을 허락하면 자신을 놀라게 하는 자해를 길에서 서슴없이 하고 동영상을 찍어 자신에게 보내기 때문에 혼자 외출은 항상 불안했다. 현재는 딸 때문에 자신이 다니던 직장도 휴직하고 딸을 보호하는 데만 신경을 쓰고 있는 상태였다. 아빠와 남동생과는 사이가 원만하게 잘 지내는데 엄마에게만 유독 힘들게 하고 왜 엄마만 괴롭히려고 하는지 딸의 마음을 모르겠다고 하소연했다.

## /어릴 때 받은 마음의 상처를 성장 후 자해로 표현

상담내용을 정리하면, 초등학교 3학년 때 학교에서 발생한 사건에서 성격이 소심하고 내성적인 딸의 성향을 몰랐던 엄마가 딸의 편을 들어주지 않은 실수를 했다. 어른의 시선으로 딸의 잘못이라고 판단하여 친구들에게 딸의 뜻과 상관없이 잘못을 인정하게 하고 친구들에게 사과시킨 것에 대한 불만을 품고 성장했다. 학교에서 친구들에게 사과시킨 후 딸의 불편한 마음을 풀어주었어야 했는데, 그때는 엄마가 불편했던 딸의 마음을 모르고 지나쳤던 것이다.

딸은 어릴 때는 순응하는 것처럼 행동했지만, 마음속 깊은 곳에는 엄마에 대한 반항심이 있었다. 청소년 시기에 접어들면서 자신이 어느 정도 성장하여 엄마가 자기보다 약하다고 생각하게 되었고 엄마를 괴롭히는 것에만 관심을 가졌다. 학교생활 부적응부터 정서적 문제를 일으키는 것을 이용하여 어떻게든 엄마를 괴롭히고 힘들게 하는 데만 관심을 가졌다. 결국, 스스로도 심리적인 불안정으로 공황장애를 겪고 정신과 상담과 입원 치료를 반복하며 신경안정제를 복용하는 상황까지 되었다.

아빠나 남동생하고는 다정하게 지내지만 유독 엄마에게만 잔인할 만큼 자해나 폭언 등의 엉뚱한 행동을 하며 괴롭혔다. 자신은 명품이 되고 싶었는데 초등학교 때 엄마가 자신에게 한 잘못된 행동으로 명품이 될 수 없다는 피해의식이 마음속 깊이 자리 잡았다. 자신의 욕구 충족을 위해 고가인 화장품과 가방, 향수 등으로 자신을 꾸며야 자신이 명품이 된다고 생각의 오류를 가졌다. 자신의 요구를 들어주지 않으면 지인들 앞에서 자해해서 엄마를 곤란하게 하였다. 엄마에 대한 오해로 스스로 감정의 오류에서 벗어나지 못하고 자존감이 매우 낮고 자아정체성도 상실된 상태로 변했다.

또한, 고가 물건으로 치장하는 것이 명품이 될 수 있다고 생각하면서 자신을 명품으로 만들기 위해 학생 신분에 맞지 않는 고가제품으로 몸을 꾸미는 것으로 대리만족 했다.

[상담에 도움 되는 말]

비자살적 자해는 자살과 구분할 필요가 있다. 자기 신체를 해한다는 점은 비슷하지만 나타내는 목적의 의도에는 차이가 있다. 자신의 행위보다 명료하고 구체적으로 이해할 수 있도록 구분하고 비자살적인 자해는 자신이 요구하는 메시지를 나타내는 행위다.

예를 들면 긴장, 분노, 공허, 무감각 등으로부터 기분을 완화하기 위해서 한다고 볼 수 있다. 상처가 치명적이지 않고 지속적이거나 반복적인 자해로 인한 통증에 대한 중독으로 발전할 수 있다. 신체의 아픔을 느끼면서 정신적 고통에서 잠시 해방되는 쾌감이 있다고 한다.

청소년들의 자해 방법은 다양해지고 피부에 바코드 같은 약한 커팅, 피부 스크래치 등 피부에 흉터가 남는다. 자해는 또래관계의 갈등, 학업 스트레스와 성적부담감, 무기력감, 자신의 마음을 알아주는 사람이 없는 외로움, 공감받지 못할 때 등 자신의 감정을 억제할 수 없을 때 스스로 자기 신체를 훼손하면서 청소년들이 보내는 관심의 신호다.

**Think...**

1. 자녀가 어릴 때 어른의 잣대로 인해 아이의 마음에 상처가 있는지 확인한다.

2. 부모에게 자녀가 성장하면서 불만을 표현했을 때 긍정적인 대처 방법들을 알려준다.

3. 허영심과 자존심에 대한 개념을 자녀 스스로 인지할 수 있도록 지도한다.

# 2 / 나는 돈으로 포장되는 부모의 체면 도구가 아니야!

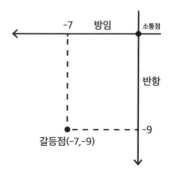

* 청소년의 공격성이란?

감정적으로 분노나 적의, 증오, 불만, 원한 등의 부정적인 감정에 의해서 자신이나 타인, 기타 대상에 대해 손해를 끼치거나 상해, 공포감을 일으키는 모든 행동을 말한다. 청소년의 공격성은 인생 주기에서 부정적인 감정을 조절할 수 있는 훈련이 필요하다. 청소년기는 주변 환경의 영향에도 민감하기에 더욱 주의를 기울여 살펴야 하는 시기다.

부모나 또래관계는 청소년기의 공격성에 영향을 미치는 대표적 요인이다. 청소년기는 부모로부터 심리적으로 독립하면서 사회적 관계를 확장하고 그 안에서 친밀한 사회성을 익히게 되는 동시에 여전히 부모의 영향을 크게 받는다. 관계성에 따돌림을 당하는 청소년은 그렇지 못한 경우보다 공격성을 갖기 쉽다. 부모의 학대와 심리적 통제와 같은 부정적인 부모 영향도 청소년기의 공격성을 증가시킨다. 가정에서의 폭력이나 학대를 경험하면서 성장한 자녀들은 사회의 구성원으로서 원활하게 행동하기보다 사소한 것에도 무의식적으로 공격성을 나타내게 된다. 성장기에 부모의 사랑과 관심을 적절하게 받지 못한다면 사회성 결여와 대인관계에 미숙한 행동으로 세대 간 학대나 폭력의 대물림이 될 수도 있다.

[각색한 상담사례]

부적절한 교우관계와 불량한 학교생활로 징계를 받는 것이 불만이어서 등교 거부를 하는 고등학교 1학년 남학생을 상담선생님이 의뢰했다. 보호자 역시 바쁘다는 이유로 학교에 방문할 시간을 낼 수 없다고 하여 학교 상담선생님과 함께 가정방문을 하였다. 퇴근 시간에 맞춰서 늦은 시간에 가정방문을 하였는데 학생은 집에 없고 어머니만 있었다. 집은 경제적 여유가 있어 보였으며 집안은 안정적으로 깔끔하게 정리 정돈이 잘 되어 있었다. 가정의 분위기는 매우 조용하고 엄숙하고 무거운 느낌이었다. 어머니는 아들이 학교에서 어떤지 전혀 모르고 학교의 징계방침을 듣고 매우 놀랐다. 아버지에게 이런 상황을 전달하게 되면 무척 놀랄 것이라고 하였다. 학교 징계방침으로 학생과 상담해야 한다는 말을 전달하고 학생 상담 시간을 정한 뒤 재방문을 약속했다.

재방문하여 학생을 처음 만났을 때 불만으로 가득 찬 표정이었다. 등교하지 않는 이유는 교칙이 너무 엄격하고, 학생들에게 맞지 않아 불만이었다.

\* 학생 상담내용

남학생은 아빠와 엄마 그리고 중학생인 남동생과 장남으로 부모의 기대를 많이 받고 있는 듯했다. 아빠는 바빠서 항상 늦은 시간에 귀가하기 때문에 자녀들의 얼굴을 보기 힘들었다. 엄마도 직장을 다녀서 늘 업무가 바쁘다고 집안일은 가사도우미가 했다. 남동생과는 그저 같은 집에 사는 동생일 뿐이라고 했다. 가족 간의 유대감이나 친밀감을 전혀 느낄 수 없는 가정환경에 불만이 가득했다.

학생은 초등학교 때까지 부모님이 최고인 줄 알았다. 자신이 부탁하거나 요구하는 것은 무조건 다 들어주었다. 중학교에 입학하여 학교에서 부모님 방문을 해야 하는 경우가 여러 번 있었는데 바쁘다는 이유로 한 번도 학교에 방문하지 않았다. 도전적이고 성취 의욕이 강했기에 1, 2학년 때 반장을 하면서 부모님의 금전적인 지원을 받아 잘 할 수 있었다. 중학교 총학생회장 선거에 출마했을 때도 부모님은 총학생회장이라는 명예에만 관심을 가지고 금전적인 지원만 해주었다. 그 덕분에 총학생회장은 되었다. 그때 그게 부모님이 생각하는 잘못된 자식 사랑의 표현이라는 것을 알았다. 금전적인 지원이 자식을 성장시키는데 필요한 모든 것이 아니라고 생각했다. 집에서 부모님과 함께 식사한 지 오래되었으며 주말에도 부모님과 함께 시간을 보낸 적이 없었다. 가족이 함께 외식이나 여행을 떠나본 적은 전혀 없었다. 부모님의 얼굴을 보고 대화하는 경우는 자신이 필요한 것을 말할 때나 부모님이 훈계할 때뿐이었다.

선생님과 학교 친구들 사이에서 자신의 체면은 전혀 생각해주지 않으신 부모님을 이해하기 힘들었다. 자식이 밖에서 무엇을 하고 지내는지 관심도 없는 부모는 필요 없다고 생각했다. 자녀가 필요한 것을 금전으로 포장하여 그것을 사랑이라고 말하는 자신의 부모를 혐오했다. 안정적이고 편안한 가정에서 생활하고 부모가 최고라고 생각을 하는 친구나 또래를 보면 스스로 알지 못하는 분노가 생겨서 감정조절이 힘들어 폭력을 하게 됐다.

지금까지 학교에서 인정받았던 자신은 부모의 체면을 포장하는데 필요한 도구일 뿐이었다. 부모님을 설득하여 자퇴를 할 수 있게 해달라고 부탁했다. 부모님은 자신이 무엇을 하든지 신경 쓰지 않고 무관심하기 때문에 자신이 학교에 다니지 않고 자퇴해도 별로 신경 쓰지 않을 것 같았다. 하지만 부모의 체면을 자랑스럽게 포장해주던 아들이 자퇴하게 된다면 부모 체면을 구겼다고 어떻게 하실지 궁금하다며 통쾌해했다.

* 보호자 상담내용

아들이 집에서 생활할 때는 아무런 문제가 없다고 했다. 현재 학교에서 징계처분으로 연락받은 것이 너무 놀라웠다. 중학교 때 총학생회장으로 친구들과 어울려서 학업에 신경을 쓰지 않는 것 같은 느낌은 있었다. 성적은 낮았지만 인문 고등학교에 진학할 때 걱정할 만큼은 아니었다. 필요한 것을 요구하면 언제든지 들어줬으며 용돈도 넉넉하게 주었기 때문에 금품갈취를 했다는 걸 도저히 이해하지 못했다.

부모가 직업상 바빠서 어릴 때부터 세밀하게 신경 쓰지 못한 것은 인정하지만 자식을 사랑하지는 않은 것은 아니었다. 사실 이제는 고등학생으로 성장하여 자기 일은 스스로 잘 처리할 수 있다고 믿어서 더욱 간섭하지 않았다. 형이 잘 성장하면 동생도 형을 잘 따를 것으로 생각해서 동생에게도 마찬가지로 형처럼 가정교육을 시켰다.

큰아들에게 관심이 없었던 것이 아니라 스스로 할 수 있길 기대하면서 양육했던 것이 자녀와 소통이 되지 않았다. 가정에서 자녀와 대화하지 못한 것에 후회했다. 부모님은 자랄 때 경제적 여유가 없어서 불운한 환경에서 어렵게 성장했다고 했다. 돈만 있으면 무엇이든지 할 수 있을 것 같아 경제적인 여유에 목적을 두고 살아온 것이 잘못된 자녀교육인 것을 깨달는 계기가 되었다. 그리고 아들이 성장할 때까지 바쁘다는 핑계로 소통하지 못한 것은 정말 큰 잘못이었다. 방임하려고 한 것은 아닌데 결국 방임으로 된 결과를 자책했다.


# /돈으로 자식 사랑을 포장하는 무관심한 부모에 대한 분노

상담내용을 정리하면, 부모는 어릴 때 어렵게 공부하고 힘들게 생활했기에 자녀는 경제적으로 여유롭게 키우고 싶었다. 경제적 여유가 자녀에게 부모의 도리라고 생각하며 자식 사랑을 돈으로 해결하려고 했던 잘못된 양육태도를 가지고 있었다.

아들은 학교에서 간부를 맡고 있는 자신은 부모님이 참석해야 할 회의에 참석하지 않아서 자신이 곤란한 적이 많았다고 했었다. 꼭 참석해야 한다고 말했지만 바쁘다는 핑계로 자신의 요구를 항상 무시했다고 생각하고 있었다. 부족함 없이 원하는 것은 다해주었는데 왜 밖에서 폭력이나 금품 갈취로 불량적인 행동을 하는지 모르겠다고 하는 부모님을 자신이 더 이해되지 않는다고 하였다.

초등학생 때 친구에게 맞아서 울었을 때 엄마는 자신이 친구들을 괴롭혀서 친구가 때렸다는 아들 말을 무시했다. 그때 엄마는 자신을 자식으로 사랑하지 않는다고 생각했다. 그때 누구의 잘못을 따지기 전에 친구에게 맞아서 아픈데 엄마에게 위로받고 싶었다고 하였다. 그런 일이 있었던 후 자신은 절대로 누구에게도 맞지 않겠다고 다짐을 했다고 하였다. 아직은 청소년이라서 부모님에게 의지하고 있지만 빨리 독립하고 싶다고 하였다.

자식이 무엇이 필요한지 전혀 관심이 없고 무엇이든지 돈으로 해결하려고 하는 것은 자식을 사랑하는 것이 아니고 부모의 체면을 위한 도구였다. 학생이 가장 부러운 것은 부모와 재미있게 대화하고 주말에 여행도 다니면서 부모와 함께 즐겁게 시간을 보내는 친구라고 했다. 그런 친구를 보면 부모에 대한 질투로 화가 나서 자신도 모르게 폭력을 하게 된다고 했다. 학생은 부모에게 사랑받고 있다는 생각되는 친구에게 화풀이 대상으로 더 폭력을 했다.

부모님은 착하고 부모 말을 잘 듣던 아들의 급변한 태도로 학교에서 징계처분을 받는다는 얘기를 들었을 때 분노가 치밀었다고 했다. 하지만 부모는 금전적인 여유가 자녀를 위하는 것이 아니라는 것을 알게 되었고, 부모가 생각하는 자식을 위한 생활개념과 아들들이 요구하는 부모에 대한 기대감이 다름을 이번 계기로 알게 되었다고 하였다.

[상담에 도움 되는 말]
공격성이란 감정적으로 분노나 타인에 대한 부정적인 감정에 의해서 자

신이 타인이나 기타 물건을 향해 손해를 끼치거나 공포심을 일으키는 행동을 말한다. 청소년기의 인격 형성기에 폭력성과 공격성은 주로 부모나 또래관계에서 영향을 많이 받는 시기다. 공격성에 영향을 미치는 주된 요인은 주관적인 성향과 자아존중감, 부모의 과잉 간섭이나 방임을 들 수 있다. 특히 부모의 학대나 무관심으로 부정적인 감정이 생기면 성장기 청소년의 폭력성과 공격성을 증가시킬 수 있다.

부모의 과잉 간섭과 통제도 문제지만 무관심이나 방임 또한 청소년기에 폭력성과 공격성을 증가시키는 요인이다. 부모에게 관심이나 사랑을 요구하는 방법으로도 청소년들은 공격성을 나타낸다. 청소년기에 나타나는 폭력성과 공격성에 대한 요인은 다양하지만, 공격성이 발현되는 근본 원인을 파악하는 것이 중요하다. 많은 논문에 의해서 폭력성과 공격성의 요인과 증상을 많지만, 상담이 필요한 청소년들의 폭력성과 공격성에 대한 문제점은 가정이나 학교 교육 그리고 사회적인 관심을 가지고 바라봐야 한다.

**Think...**

1. 부모가 생각하고 있는 자녀 양육태도와 개념을 확인한다.

2. 자녀가 부모에게 진심으로 원하는 것이 무엇인지 파악한다.

3. 분노감정에 의한 화의 원인과 폭력성 및 공격성 발현되는 이유를 파악한다.

# 3/ 판사님! 제발 저의 아들을 소년원으로 보내주세요

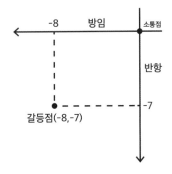

* 청소년 경도인지장애란?

기억력, 판단력, 언어능력, 시공간 파악 능력과 같은 인지력에 결함이 있는 상태를 말한다. 학습부진, 신체운동 협응 및 조절의 어려움, 언어발달 지연 등의 동반되는 증상이 있을 때 비로소 경계선 지능으로 진단한다. 겉으로는 별문제가 없어 보이기에 많은 학부모와 교사가 아이의 문제를 성격이나 가정교육의 문제로 생각하고 잘못된 방식으로 접근한다. 경계성 지능 및 경도 지적 장애의 경우는 사회적, 교육적 지원도 필요하지만, 아이에 대한 부모의 관심과 이해가 절대적이다.

청소년에게 나타나는 부정적인 문제행동은 청소년 자체가 문제해결에 대한 거부감을 일으키기도 한다. 청소년기에 극심한 정서적 혼돈이나 환경의 변화에 심리적으로 불안정하게 되면서 일시적으로 경도인지장애가 나타날 수 있다. 내성적이거나 약한 정서를 가지고 있는 경우 갑자기 경험하게 되는 상황을 스스로 이겨낼 수 없을 때 학습부진, 충동적인 행동, 부모에 대한 거부감 등을 나타낸다. 이때 정서적 불안정과 충동적인 행동이 정상적이지 않을 정도라면 일시적인 것으로 판단하여 간과하면 안 된다. 부모는 자녀와 효과적인 대화와 긍정적인 의사소통을 하도록 노력해야 한다. 불안정한 정서가 계속 진행된다면 조기 치료해야 한다.

[각색한 상담사례]
중학교 2학년 때 전학을 갔지만, 전학 간 학교 친구들과 어울리는 데 어려움을 느끼면서 학교생활에 적응하지 못했다. 또한 또래들과 잦은 폭력에 휘말리고 출석 일수 부족으로 인해 퇴학의 위기에 놓이게 된 중학교 3학년 남학생을 상담선생님의 의뢰로 상담하였다.

현재 남학생은 청소년 보호관찰 중으로 보호관찰 담당자에게 자신의 신변을 매일 보고해야 하는 상황이었다. 학생이 등교하지 않고 연락도 되지 않아 어머니와 약속을 한 후 가정방문 하였다. 어머니가 직장을 다니는 관계로 주말에 가정방문을 하였는데 학생은 없고 쌍둥이 여동생이 있었다. 어머니는 매우 불안한 표정으로 안절부절못했다. 집안 분위기는 생활하기에 열악한 환경이라는 것이 한 눈에도 알 수 있을 만큼 지저분하고 정리가 되지 않았다.

* 학생 상담내용

남학생은 이혼한 부모 사이에 쌍둥이로 태어난 여동생이 있고 자신이 3분 일찍 태어난 오빠였다. 남학생이 초등학교 3학년 때쯤 부모님이 이혼하면서 자신은 처음에 아빠와 생활하였고 쌍둥이 여동생은 엄마와 생활하게 되었다. 중학교 2학년 때쯤 아빠가 재혼하게 되면서 엄마의 거주지 근처로 전학해서 함께 생활했다. 집 근처 쌍둥이 여동생이 다니는 학교는 생활이 불편할 것 같아 집에서 조금 먼 다른 중학교로 전학했다. 엄마 집에 온 뒤에 동네 형들에게 텃세를 심하게 당했다.

학생은 만나서 대화하는 것조차 어려웠다. 부모님이 이혼하기 전에는 화목하고 단란하게 생활하면서 부모에게 불평이 없었다. 이혼으로 쌍둥이 남매가 나눠지게 되었고 자신은 원하지 않는 아빠를 따라가게 되었다. 그때도 엄마와 살고 싶었지만, 아빠가 외로울까 봐 불평 한마디 하지 않았다.

아빠가 얼마 전 재혼을 한다고 했다. 새엄마와 생활하기보다 엄마와 살고 싶다고 하여 엄마에게 왔다. 엄마 집은 비좁고 자신의 방이 없었지만, 엄마와 생활하는 것에 만족했다. 쌍둥이라서 여동생이 다니는 학교와는 다른 곳으로 전학했다.

집 주위 환경과 학교에 익숙하기 전에 집 근처 졸업생 형들에게 꼬투리를 잡혀 똘마니가 되었다. 처음에는 돈을 요구하여 엄마에게 받아서 주었는데 엄마도 생활이 어려운데 자꾸 달라고 말하기 죄송해서 도둑질을 했다.

도둑질은 형이 시켰는데 자신이 경찰에 잡혀서 죄를 책임지게 되었고 그것 때문에 보호관찰을 6개월 받아서 매일 보호 관찰사님에게 자신의 일상을 보고하게 되었다. 지금은 형들이 무서워서 어쩔 수 없이 형들이 시키는 일을 하고 있지만 빠져나오고 싶었다.

등교하지 못하는 것은 형들이 학교 앞에서 지키고 있었기 때문이었다. 잡히면 많은 구타를 당해서 빠져나올 수 없었다. 엄마가 출근하고 없는 집은 형들의 아지트였다. 형들의 말을 듣지 않으면 쌍둥이 여동생을 괴롭힐 것이라고 협박까지 했다. 만약에 부모님이 이혼하지 않았다면 자신이 이런 일에 연루되지 않았고 폭력에도 빠지지 않았을 것이라고 이혼한 부모를 원망했다.

\* 보호자 상담내용

어머니는 이혼 후 양육비 도움을 받지 못하고 지금은 혼자서 쌍둥이 남매를 키워서 경제적으로 많이 힘들었다. 어머니가 가정경제를 책임져야 하는 관계로 아들에게 많은 관심을 주지 못했다. 남편은 자녀 2명을 양육하고 있지만, 남편도 생활하기 어렵다고 하며 자녀의 양육비 도움을 주지 않았다.

아들은 어릴 때도 소극적이고 매우 소심한 성격이어서 그저 착하기만 한 것으로 생각하고 있었다. 헤어져 살던 아들과 함께 생활한 기간이 길어서 가족이나 학교에 적응하는 데 시간이 걸릴 거란 예상은 했지만, 지금처럼 심각한 상황까지 될 줄은 몰랐다. 중학교는 졸업해야 하지 않겠냐며 아들을 잘 타일렀지만, 아들은 엄마의 말은 들으려고 하지 않았다. 잔소리한다고 잦은 외박을 하는 아들이 불안했다. 생활고 때문에 양육에 신경 쓰지 못하게 되면서 아들이 불량청소년들과 어울리고 현재 중학교 퇴학 위기인 상황도 자기 탓으로 생각했다.

아빠와 생활하던 아들이 돌아왔을 때 쌍둥이 딸과는 다르게 인지능력이 조금 부족해 보였지만 아들이 본래 소심하고 심성이 착해서 그렇다고 생각하고 크게 신경 쓰지 않았다. 아들은 엄마의 설득에도 변화를 보이지 않고 동네 형들 말만 들으며 엄마에게 반항했다. 엄마를 밀어내면서 겉도는 아들 때문에 마음이 아팠다. 불량한 형들과 못 어울리게 말려봤지만 강한 반항으로 집에 들어오지 않았다. 갈수록 불량청소년들과 어울리는 아들을 위험에서 구제하기 위해 엄마 스스로가 아들을 소년원에 구속시켜달라고 청원서를 법원에 제출하려고 했다. 엄마는 법원의 도움을 받아야만 어린 아들을 불량한 형들로부터 구제할 수 있다고 생각했다.

## /부모의 이혼으로 불안정한 가정환경에 의한 청소년기에 발현된 경도인지장애

상담내용을 정리하면, 학생은 등교하지 않았기 때문에 항상 가정방문으로 상담했다. 하지만 자주 약속을 지키지 않아 만날 수 없어 보호관찰 담당자에게 연락하여 학생의 위치나 상황을 확인해야 할 때도 여러 번 있었다. 가정방문 약속 시간에 맞춰서 집에 가면 고등학생으로 보이는 또래들이 집에서 3~4명이 우르르 나오면서 협박 같은 행동이나 눈빛을 보내는 것을 보기도 했다. 불안한 눈빛과 불편한 모습으로 상담하게 되면 항상 무엇인가 쫓기는 불안정한 행동을 보였다. 정서적으로 미숙하고 옳고 그름의 인지가 조금 남달라 보이기도 하였다.

부모의 이혼 후 갑자기 변화된 환경에 적응하기 힘든 상황을 경험하면서 충격에 의한 불안정한 심리상태였다. 선천적으로 약하고 선한 성향을 가지고 있는 자아에 부모의 무관심으로 불안정한 심리상태가 지속되면서 자아존중감이 매우 낮아진 상황에서 또래나 불량한 형들에게 시달렸다. 불량청소년들의 심한 폭력과 협박으로 자신감을 잃어버리고 꼭두각시처럼 행동하고 있으며 누구의 말도 듣지 않고 형들의 말에만 순종했다. 결국 엄마는 아들이 악의 수렁으로 더 빠져들기 전에 빠른 조치를 취하려고 하였다. 학교와 보호관찰 담당자와 함께 최선의 방법을 찾으려고 노력했다.


[상담에 도움 되는 말]

청소년기에 발생하는 정서나 인지장애는 그 증상이 다양하게 나타난다. 경도인지장애는 열등감, 지나친 자아의식, 수줍음, 불안, 과민증상, 자신감 부족 등으로 학교생활에 적응하기 힘든 시기에 나타난다. 불안정한 상황을 경험하게 되면 정서적 감정조절 발달에 문제가 발생하여 순간적인 장애를 일으키기도 한다.


전학으로 주위 환경에 적응하기 전에 수줍음과 낮은 자아감이 또래들에게 위협을 받은 계기가 되었을 것이다. 심리적으로 불안정한 상태에서 불량청소년들에게 위협이나 협박으로 어쩔 수 없는 선택을 할 수밖에 없을 것으로 판단된다. 이런 또래관계에서 두려움을 가지고 심리적으로 불안정한 상황일 때는 대화를 피하거나 눈을 맞추지 못하고 귀찮아하는 경향이 있다. 이때는 자녀에게 관심을 가지고 심리적 변화를 관찰하면서 대화로 안정을 찾도록 해야 한다. 자녀에게 행동에 대한 비난과 섣부른 충고보다는 자녀의 감정을 인정하고 공감해 주고 자기 생각이나 감정을 표현하도록 도와줘야 한다.

**Think...**

1. 쌍둥이로 태어난 남매의 개인적인 기질에 맞게 양육하도록 지도한다.

2. 부모의 이혼이 청소년기에 생활환경에 영향을 준 심리적 불안정의 강도를 확인한다.

3. 자녀의 인지능력이 또래관계의 사회성에 미치는지 영향을 파악한다.

# 나는 집안일을
# 진짜 하고 싶지 않아!

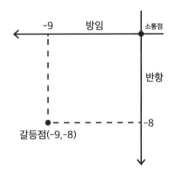

* 청소년 리플리 증후군

청소년들이 부모에게 사랑받으며 생활하던 중 갑자기 변화된 환경에 심리적으로 불안정하여, 변한 환경을 부담감으로 인지하여 나타나는 증상의 일종이다. 부모의 관심을 받으며 성장하다가 갑자기 무관심해지면 망상에 사로잡힐 수 있다. 급변하게 된 가정생활이나 주위 환경에 적응하지 못하는 경우다. 열등감이나 피해의식이 강한 자녀, 감정기복을 극복하지 못하는 자녀, 불안정한 내면을 가진 자녀에게 변화의 부적응으로 많이 나타날 수 있다. 이런 경우 현실을 부정하고 새로운 상황을 꿈꾸며 자신만의 상상의 세계로 빠지기 쉽다.

청소년 리플리 증후군은 1891년 안톤 델브뤼크라고 하는 의사에 의해서 처음으로 세상에 설명된 증상으로 자신이 처한 현실을 부정하고, 마음속으로 꿈꾸는 허구의 세계를 진실이라 믿으며 거짓말을 반복하는 반사회적 인격 장애이다. 성장과정 중에 극심한 차별을 당하거나 부당한 취급을 반복적으로 받은 청소년에게 나타난다. 청소년기의 경험으로 인한 열등감과 피해의식에 시달리다가 가족이나 또래들로부터 버려졌다는 실망감을 받았을 때 주로 나타난다. 청소년기에 이런 상황에 처하면 가족이나 또래들에게 관심받기 위해 반복된 거짓말을 시작하게 된다. 자신이 거짓말을 하고 있다는 것을 인지하지만 스스로 그것을 진실로 믿기 시작하여 진실과 거짓의 판단력이 흐려진다.

[각색한 상담사례]
특성화 고등학교에 입학했지만, 학교생활에 적응하지 못하고 중학교 때 친구들과 어울려 다니며 결석을 자주 하였다. 교칙 위반으로 잦은 징계로 퇴학하기 전에 학생 신분을 유지하기 위해 대안학교로 이적된 1학년 여학

생을 대안학교 담임이 상담을 의뢰했다. 대안학교에서는 결석하지 않도록 약속을 하였기에 등교는 잘하는 편이었다. 등교하면 수업에 참석하기보다는 보건실에서 혼자 지내는 시간이 많았다. 교복보다는 사복을 주로 입고 항상 화장하고 등교했다. 학생 신분에 맞지 않은 고가의 장신구를 착용하고 있었고, 학생이라고 보기 어려울 정도로 성인 여성처럼 옷을 입고 치장했다.

\* 학생 상담내용

여학생 부모님은 초등학교 때 이혼했고 중학생인 남동생이 있었다. 아빠는 바빠서 얼굴 보기 힘들고 남동생과는 집안일을 분담했지만 하지 않아서 사이가 좋지 않았다. 학생은 부모 이혼 후 아빠, 남동생과 생활하고 집안일은 주로 학생이 했다. 초등학교 때 이혼 전에는 엄마가 자주 들오지 않았을 때 집안일을 주로 아빠가 하였는데 학생이 중학교에 입학하고 아빠가 바빠지면서 집안일 모두 자기 차지가 되었다고 했다. 집안일은 정말 하고 싶지 않다고 했다.

집안일을 하다 보면 자기 시간이 너무 없었다. 다른 친구들처럼 엄마가 해주는 밥 먹으면서 학교에 다니고 싶었다. 처음에는 아침은 아빠가 하고 저녁은 어쩔 수 없이 자신이 해서 남동생과 먹었다. 그런데 요즘은 자신이 집안일을 다하고 있다며 짜증 섞인 말투로 불평했다. 남동생은 밖으로 돌아서 아빠와 사이가 원만하지 않으며 자신도 집안일을 전혀 도와주지 않는 남동생에 대한 감정은 좋지 않았다. 엄마들이 하는 집안일인데 자기가 하는 것이 정말 싫었다. 자신도 집안일이 가득 쌓여 있는 집에 들어가기 싫어서 늦게 귀가하면 아빠가 전화로 자신을 통제했다. 결혼해서 자식을 낳았으면 책임을 져야지, 왜 이혼해서 자식들을 힘들게 하는지 모르겠다며 부모에 대한 부정적인 감정을 표출했다.

남동생이 집에 잘 들어오지 않고 불량한 친구들과 어울리는 것을 누나 탓으로 말하는 아빠는 더 이해되지 않는다고 했다. 이제는 아빠의 잔소리가 듣기 싫어서 전화하면 집이라고 말하고 동생에 대한 상황도 거짓으로 말했다. 친구들에게 자신의 상황을 거짓말하면서 그 거짓을 숨기려다 보니 거짓말이 늘었다. 아빠와 생활하기 때문에 여학생에 맞는 여러 가지 옷차림이나 장신구를 잘 챙기지 못해서 친구들과 어울리는데 항상 어색했다.

중학교 때 친한 친구에게 부모가 이혼한 것을 말했을 때 뒷담화로 이혼한 가정이고 아빠와 살기 때문에 옷차림이 어색하다는 말을 들었다. 그런 말을 들은 후 자신은 누구에게도 이혼가정의 아이라는 말을 하지 않게 되었다. 가지고 싶은 물건이 있으면 아빠에게 거짓말로 돈을 받기도 하고 돈이 모자라면 훔치기도 했다.

친구들에게는 이혼가정이 아닌 것처럼 행동하고 엄마가 있는 것처럼 말했다. 엄마가 자신에게 필요한 물건들을 자주 사준다고 하며 일부러 고가의 장신구나 화장품을 자랑했다. 거짓말을 하게 된 후로 탄로 날 것 같은 불안감에 친구들하고 대화하는 것이 부자연스러워 또래들과 어울리는 것이 부담된다고 했다. 학교는 아빠가 출근하면서 깨워주지만 다시 잠이 들어 자주 지각했다.

\* 보호자 상담내용

아버지는 일이 늦은 시간에 마쳐 대면상담이 어려워 전화로 딸에 대한 상담을 했다. 중학교 2학년 때까지는 반항 없이 아빠 말을 잘 들었는데 이제 컸다고 아빠 말을 잘 듣지 않고 학교생활도 엉망인 것 같아서 답답해했다. 고등학교 진학결정 때도 소통하기가 어려웠다. 중학교 성적이 낮아서 인문 고등학교에 가지 못하고 특성화 고등학교로 진학했는데 그 학교조차 적응하지 못하고 대안학교로 이적해서 딸에게 실망이 컸다.

이혼은 어쩔 수밖에 없는 상황이었다고 했다. 이혼 사유는 엄마의 과한 사치로 인해 발생한 부채가 많아서 결혼생활을 유지하기 힘든 상황이었다. 자녀들은 그런 엄마의 상황을 모르고 이혼하기 전 잦은 부부싸움으로 아빠만 원망하는 것 같았다. 엄마를 닮았는지 딸의 사치성을 보면 엄마를 닮아가는 것 같아 더 딸을 통제하고 잔소리를 하게 됐다. 학생 신분에 맞지 않는 과분한 옷차림과 장신구를 하고 다니는 것을 보면 혹시 엄마와 연락하고 지내는 것은 아닌지 궁금하고 걱정된다고 했다.

엄마 없이 성장하는 딸이 안쓰러워서 야단을 치거나 훈육을 강력하게 하지 못했다. 딸의 불량스러운 행동. 즉, 도벽과 술, 흡연하는 것은 전혀 모르고 있었다.

## /부모의 이혼 충격으로 자녀의 불량한 행동과 거짓말

  상담내용을 정리하면, 학생은 초등학교 때 부모의 이혼으로 정서적 불안감을 가지고 있었다. 또래관계에서 이혼가정이라는 게 부끄럽게 작용하여 부정적인 감정이 마음에 늘 자리 잡고 있었다. 또래들에게 엄마가 있다는 거짓말을 유지하는 게 많이 힘든 상황이었다. 자신을 친구들에게 부유하고 부모의 관심을 많이 받고 있다는 것을 거짓으로 포장하며 도벽도 생겼다.

  남동생의 탈선을 자신의 탓으로 돌리는 아빠의 언행에도 심리적으로 상처를 받았다. 또한 엄마가 있으면 하지 않아도 될 집안일을 해야 한다는 부담감도 일상의 불만으로 나타났다. 부모가 이혼 시기인 초등학교 때부터 엄마의 빈자리를 심하게 느끼게 되면서 아빠에 대한 부정적인 감정을 가졌다. 자녀는 부모가 부부 싸움할 때 행동한 아빠의 폭언과 폭행이 이혼의 원인이라고 생각하고, 아빠는 자녀의 거짓과 사치성이 엄마의 영향이라고 생각하고 있었다.

학생은 부모의 이혼으로 또래관계에서 자존심에 상처받지 않기 위해 거짓말을 하고 있으며 스스로도 마치 엄마가 있는 것으로 착각하고 있는 것 같았다.


[상담에 도움 되는 말]

단순히 거짓말을 많이 하고 거짓이 탄로 날까 불안해하는 보통의 거짓말쟁이가 아니라, 자신이 한 거짓말을 완전한 진실로 믿는 것을 리플리 병, 리플리 효과라고 부른다. 욕구 불만족과 열등감에 시달리는 자녀가 본인의 상습적인 거짓말이 진실이라고 믿게 된다. 거짓말을 통해서 대인관계를 유지하려 타인에게 심각한 금전적, 정신적 피해를 입힐 위험성에 노출되기 쉽다. 하지만 이러한 욕구 불만족과 열등감을 불러일으킨 원인이 무엇인지 명확히 알아야 한다. 지금 당장의 상황을 모면하기 위해 왜곡된 가치관이 만들어낸 조급함은 현재를 만족하지 못한다. 삶의 가치에 대한 인식을 재정비할 수 있게 현실을 직시할 수 있도록 도움이 필요하다.


청소년기에 긍정적이고 정서적으로 안정된 발달이 이루어지지 않고 부정적인 또래관계를 경험한다면 성인으로 성장한 후에도 사회생활에 부정적인 영향을 미치게 된다. 낮아진 자존감을 채워주고 자신이 사랑받는 존재라는 것을 받아들이고 인정할 수 있도록 도와줘야 한다. 긍정적인 대화로 심리적 안정감을 찾도록 주위에서 지속적으로 노력해야 한다.

**Think...**

1. 자녀가 자신의 가정을 거짓으로 포장하게 된 원인을 파악한다.

2. 집안일이 싫다고 하지만 그 일이 싫은 이유가 무엇인지 확인한다.

3. 학생 신분에 맞지 않은 고가의 장신구로 자신을 꾸미는 욕구의 진심을 살펴본다.

# 5 / 돈만 줘!
## 그럼 엄마는 안 때릴게

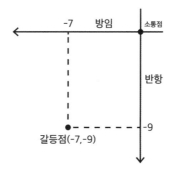

* 정적 강화란?

 개인이 수행한 행동의 결과로 주어지는 긍정적인 사태를 의미한다. 긍정적인 사태가 행동에 뒤따르면 그 행동의 빈도는 증가하고 그 사태는 정적 강화물이 된다. 정적 강화물은 반드시 반응의 빈도를 증가시킨다. 정적 강화는 긍정적인 행동변 화에 효과적이고, 문화적 가치와의 친화성 때문에 널리 사용되는 행동 심리치료 절차 중의 하나이다. 간헐적 정적 강화는 연속적인 정적 강화보다 효과가 더 오래 지속된다. 간헐 강화는 시간 간격에 따라 주어지거나(간격계획), 일정한 횟수의 바람직한 반응 후에 주어질 수 있다.(비율강화)

청소년의 행동주의에서, 스키너의 조작적 학습에서 공격적이고 파괴적인 청소년에게 정적 강화가 필요한 이유가 있다. 파괴적 행동을 하지 않고 그 반대의 행동에 대해 인정과 칭찬은 더 바람직한 행동을 유발할 수 있기 때문이다. 또한 체벌보다는 정적 강화가 정서적으로 민감한 시기인 청소년이 받아들일 수 있는 좋은 방법이다. 정적 강화 효율을 높이려면 강화계획을 미리 알려주는 것이 좋다. 그럼 청소년들이 더 쉽게 받아들이게 된다.

강화제는 청소년이 그 보상에 대한 선호가 있어야 하며, 과제 수행에 대한 동기 부여가 될 만큼 효과가 있어야 한다. 청소년의 파괴적 행동에 대해 무관심하거나, 별다른 개입하지 않거나, 일관되지 못한 태도를 보이는 경우 오히려 파괴적 행동이 강화될 수 있다.

부모가 청소년 시기에 개입하게 되는 양육태도에 의한 칭찬과 체벌에 의한 강화제도가 부정적으로 작용할 수 있기에 부적 강화에 의한 영향을 주의해야 한다.

[각색한 상담사례]

특성화 고등학교 1학년 남학생이 입학한 후 등교하지 않아 출석 미달 퇴학 위기로 인해 담임이 상담을 의뢰하게 되었다. 입학 첫날부터 등교하지 않아 학교 측에서도 학생의 기본적인 정보는 학적부에 기록된 내용 외에 알 수가 없었다. 보호자에게 연락하니 전화번호가 결번으로 보호자와 연락도 힘든 상황이었다. 학생의 전화번호는 수신 차단이 되어 있어서 주소를 들고 찾아갈 수밖에 없었다. 그러나 입학 후 인근 타 도시로 이사하여 정확한 주소지도 알 수 없는 상황이었다. 학교와 스쿨폴리스의 협조로 어렵게 엄마의 연락처를 확인 후 연락할 수 있었다.

남학생은 심한 상담 거부로 1회기 상담하는 것을 약속하고 만날 수 있었다. 초등학교 저학년 때 부모의 이혼으로 외동아들로 엄마와 생활했다. 아빠에게 양육비를 받지 못하여 엄마가 늦은 시간까지 경제활동을 했지만 언제나 어려운 상황이었다.

* 학생 상담내용

남학생은 계속 연락해도 만날 수 없었다. 그러면 학교 행정상 자퇴로 결정하기 때문에 본인 확인 절차로 엄마의 협조를 받아 학교에서 겨우 만날 수 있었다. 학생은 매우 분노의 눈빛으로 반항적이고 소심하게 폭력적인 행동을 보이면서 상담을 거부했다. 자신이 이렇게 자퇴를 하게 된 이유는 전부 부모 탓이라고 했다.

초등학교 저학년 때 부모님은 이혼하기 전까지 자신이 보는 데서 무척 싸웠다. 아빠, 엄마가 싸울 때는 정말 무서웠고, 싸움이 시작되면 두려움을 느끼고 자신은 숨을 곳을 찾아야만 했다. 결국 부모님이 이혼하고 아빠가 아들을 책임질 수 없다고 하여 엄마와 살게 되었다. 아빠에 대한 불만 섞인 하소연을 매일 들으면서 엄마와 생활은 무척 힘들었다.

 이혼 후 아빠는 한 번도 만난 적이 없었다. 엄마는 늘 아빠가 양육비를 주지 않기 때문에 생활이 힘들다고 했다. 양육비를 주지 않는 아빠를 엄마는 늘 비판적으로 말했다. 엄마와 생활하던 초등학교 때부터 엄마가 늦게 퇴근하면 이웃집에 맡겨지고 그럴 때는 그 가족들의 눈치를 보고 성장했다. 그때를 생각하면 어색한 이웃집 분위기에 지금도 심장이 떨린다고 했다. 엄마는 자신이 어릴 때는 아빠 없이 성장하는 것이 불쌍하다고 원하는 모든 것을 거의 들어줄 정도였는데, 갈수록 자신의 금전적인 요구가 커지면서 엄마와 다툼이 생기게 되었다.

 중학교 때부터는 엄마를 속이고 불량한 형들과 어울렸고, 형들이 요구하는 돈을 가져가야 해서 엄마에게 달라고 할 수밖에 없었다. 형들은 자꾸 많은 돈을 요구했고 엄마에게 달라고 하는 것도 한계가 있어서 엄마 몰래 집에 있는 물건을 가지고 나갔다. 집에서 팔면 돈이 되는 물건을 가지고 나갈 때 말리는 엄마에게 폭력을 했다. 이제는 돌이킬 수 없는 상황이라서 엄마와 함께 생활하거나 학교로 돌아오는 것은 불가능하다. 현재 자신은 학교에서 공부하는 것보다 형들과 함께 생활하는 것이 더 마음이 편하고 좋다. 그리고 엄마와 관계도 단절하고 싶다. 아들의 요구를 충족해주지 못하는 엄마는 자기 삶에 도움도 안 되고 잔소리만 하는 불편한 존재다. 초등학교 저학년 때 헤어지고 한 번도 본 적이 없어 기억도 없는 아빠 또한 마찬가지다. 자식을 책임질 수 없는 부모는 자식을 훈계할 권리나 권한이 없다며 자신에게는 부모가 필요 없는 존재라고 했다.

 * 보호자 상담내용

어머니는 주거지 불명으로 찾기 힘들었다. 결번으로 엄마에게 취하는 데도 어려움이 있었다. 학교 측에서 여러모로 방법을 취해서 연락처를 알게 되어 전화로 상담하게 되었다. 엄마는 이혼 후 혼자 있는 어린 아들이 안쓰러워 불편하지 않도록 신경을 많이 쓰면서 양육했다고 말했다. 처음부터 아들에게 금액이 과하다고 할 수 있는 용돈을 주면서 친구들과 어울릴 때 기죽지 않도록 한 양육방식이 잘못된 교육이었다고 후회했다.

 중학교 때 형들과 어울리면서 행동이 불량스러워져서 잦은 잔소리로 아들과 사이가 나빠졌다. 자신의 요구를 들어주지 않으면 집에 물건을 하나씩 들고 나가기 시작했고, 그때부터 그것을 만류하는 엄마에게 구타를 시작했다. 요구하는 금액은 갈수록 커지고 요구하는 아들의 말을 들어주지 못하게 될 때쯤에는 성격이 매우 폭력적으로 변했다. 결국 엄마도 폭력을 감당하기 어려운 지경까지 이르렀다. 잘 보살펴 주지 못하는 마음에 절제

없이 무조건 요구사항을 들어준 자신의 양육태도가 잘못이었다고 했다. 귀한 자식일수록 강한 훈계를 했어야 하는데 절제를 가르치지 못한 가정교육을 후회했다. 아들에게 처음 구타당했을 때는 부끄러움에 누구에게도 말하지 못하는 가슴앓이를 많이 했다. 이제는 아들에게 폭행당하며 살고 싶지도 않고 다시는 아들을 보고 싶지 않으며 폭력적인 아들이 두렵다. 아들이 개선되어 다시 돌아온다고 해도 함께 살아갈 용기가 없다고 했다.

상담내용을 정리하면, 아들이 초등학교 저학년 때 부모의 이혼으로 아들은 엄마와 생활하기로 했지만, 어머니 입장에서 아빠에게 양육비를 받지 못해 경제적 어려움을 겪었다. 어머니는 늦은 시간까지 하는 힘든 업종에 종사하면서 아들을 긍정적인 가정환경에서 보살펴 주지 못했다. 아들이 늘 혼자 있는 상황에 친구들과 잘 어울리도록 여유 있게 용돈을 주게 된 것이 아들이 경제개념을 잘못 인식하는 계기가 되었다.

또한, 성장하면서 잘못된 행동에 대한 어머니의 통제를 받지 않게 되자 어머니에 대한 반항은 더 심해졌다. 어머니의 통제를 받을수록 불량한 형들과 어울리게 되면서 더욱 부정적인 인성을 가졌다.

아들은 자신의 요구가 받아들여지지 않으면서 어머니에 대한 분노가 폭력으로 확대되었다. 아들이 어릴 때는 구타를 어느 정도 참을 수 있었지만, 고등학생으로 성장하면서 아들의 구타는 강한 폭력으로 변했다. 그런 아들의 폭력을 피해 몰래 이사하면서 주소지를 옮긴 것이다. 거주지 불명으로 더 이상 아들이 엄마를 찾지 못하도록 행정복지센터에 조치도 취해 두었다. 이 상담은 아들의 성장 시기에 편부모가 자녀에게 가지게 되는 잘못된 방임적 표현이 통제성을 잃게 되면서 폭력성으로 확대하게 된 안타까운 상담사례다.

[상담에 도움 되는 말]

정적 강화의 가치는 강화제를 제공함으로써 바람직한 행동의 강도와 빈도를 증가시키는 것을 뜻한다. 즉, 행동이 일어난 직후 또는 일어나기 전에 상황에 실행했을 때 앞으로 그 행동이 일어날 확률을 긍정적으로 높이는 경우를 말한다. 자녀가 부정적인 행동을 하지 않도록 할 수도 있지만 지나치게 경직된 경험을 하게 하는 것은 좋지 않은 방법이다.

너무 강하게 요구하는 부모에게서 멀어지거나 반항하고, 반대로 행동할 수 있다. 자녀에게 너무 강하게 바람직한 행동을 교육하기보다는 부정적인 행동의 결과는 두렵지만 어떻게 행동을 해야 올바른지를 이해하도록 교육하는 것이 가장 효과적인 정적 강화 효과를 나타낼 수 있다. 정적 강화를 통해 자녀를 교육하더라도 '만족자연'이라는 강화법을 활용하여 만족에 대한 결핍도 성장기에 필요한 교육지침이라고 할 수 있다. 무조건적인 사랑의 표현을 자녀가 사랑으로 받아들이기 전에 결핍에 대한 인식을 돕는 것도 중요한 인성교육의 한 부분이다.

**Think...**

1. 무조건적인 사랑은 자녀의 긍정적인 인성교육에 걸림돌이라는 것을 인식하게 한다.

2. 부모뿐만 아니라 모든 폭력은 처음부터 잘못된 행동이라는 것을 인지해야 한다.

3. 부모는 '좋은 말도 반복적으로 하는 것은 잔소리'이니 긍정적인 대화법을 익혀야 한다.

# 엄마, 아빠는 내가 어디에서
# 뭘 하는지 관심이나 있을까?

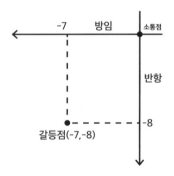

\* 상상적 청중이란?

발달심리학자 D.엘킨드(1978)는 피아제는 청소년기의 특성인 자아중
심성의 확장된 개념으로 자신을 강하게 착각하는 경향 이 상상적 청중
(imaginary audience)이라고 말했다. 청소년기 인지구조의 변화인 추상

적 사고의 출현으로 생겨난 타인에 대한 지각의 왜곡현상이다. 청소년이 실제 또는 가상에서 자신에 대해 다른 사람이 어떤 반응을 할 것인지를 예측해 보려는 경향을 말한다. 청소년은 '상상적 청중'을 만들어내고 자신에 대한 타인의 반응을 예측하려고 노력한다. 청중은 실제로 자신이 관심의 대상이 아님에도 불구하고 다른 사람들에게 많은 관심과 주목을 받고 있다고 생각하는 경우를 의미한다.

자신과 타인의 관점 차이를 구분하지 못하여 타인이 자신과 다른 관점을 가질 수 있다는 것을 이해할 수 없게 되는 것을 상상적 청중이라고 한다. 다른 사람이 자신을 관심의 초점으로 생각하기 때문에 그들은 청중이고, 실제 상황에서는 자신이 관심의 초점이 아니라는 의미에서 상상적이라는 것이다. 자신은 주인공이고 다른 사람은 청중으로 생각하여 다른 사람의 시선을 의식하고 눈에 띄는 행동을 하게 된다. 즉, 항상 누군가가 자신을 지켜보고 있으며 관심을 가지고 있다고 믿는 경향을 뜻한다. 청소년에게 어울리지 않은 옷차림이나 행동은 타인의 시선을 받기 위한 위험한 행위로 발전할 수 있다. 관심받기 위해 자신이 마치 주인공이 된 것 같은 행동을 하게 된 원인을 파악해야 하고 관점수정을 위한 부모의 관심과 사랑을 가지고 꾸준한 노력이 필요하다.

[각색한 상담사례]

학교에서 과한 노출로 선생님들이 당황스러울 정도로 부담되는 행동을 하 는 중학교 3학년 여학생을 담임이 의뢰했다. 또래관계도 원만하지 않고 항상 사복을 입거나 체육복을 입고 등교했다. 교복도 매우 짧고 신체에 딱 맞게 줄이고 사복은 시선을 두지 못할 정도로 노출이 심했다. 체육복은 운동할 수 없을 정도로 몸에 밀착되도록 수선해서 신체활동이 부적합하여 항상 관람석에 앉아서 체육수업에 참석했다.

담임은 옷차림 관계로 어머니에게 교복을 꼭 입고 등교할 수 있도록 가정에서 관심을 가지길 여러 번 당부했지만 개선되지 않았다. 여학생을 상담실에서 처음 만났을 때도 몸에 꽉 끼는 교복을 입고 있었다. 앉아서 숨을 쉬지도 못할 것 같은 교복을 입었고 외모에도 멋을 많이 낸 모습이었다. 학생은 딱 맞는 교복이나 옷들에 습관이 되어서 전혀 불편함을 느끼지 못한다고 말했다.

* 학생 상담내용
여학생에게는 부모님과 고등학생인 언니가 있었다. 언니는 매우 예쁘고 날씬한 것 같고 엄마도 옛날에는 날씬하고 미인이었다고 했다. 그런 엄마와 언니에 비해 자신은 날씬하지도 예쁘지도 못한 것 같아 불만이라고 자기 외모를 부정적으로 표현했다. 외모지상주의를 추구하는 경향이 강했다. 가족관계는 원만한 것으로 자신이 원하는 것을 다 들어주는 아빠가 특히 좋다고 했다.

부모님은 자신에게 관심이 없다고 했다. 언니는 예쁘고 공부도 잘하고 그래서 언니와 항상 비교되는 것 같아 마음이 편하지 않았다. 현재 성적은 하위권이라서 인문 고등학교 진학보다는 특수목적 고등학교에 진학할 형편이었다. 부모님은 언니의 성적에 비해 자신의 성적이 낮아 실망하는 것 같아서 고등학교 진학 이야기만 나오면 가족들에게 눈치가 보였다. 부모님은 사실 자신이 무엇을 하고 다니는지 관심도 없으며, 예쁘고 날씬한 언니는 공부도 잘하고 학원에 갔다가 항상 늦게 귀가하는 것을 걱정했다.

초등학교 때 언니하고 비교될 때가 있었는데 그때부터 주위 사람들과 부딪치는 것도 싫어졌다. 예쁜 언니는 공부도 잘해서 주위 사람들에게 항상 칭찬받았고, 자신은 언제나 언니의 그늘에 가려져 보이지 않아 사람들은 관심이 없었다고 했다.

초등학교 때부터 부모님은 늘 바쁘다고 집에 안 계시고 공부에 관심이 없어서 학원을 가지 않았다. 항상 집에서 혼자 있어서 심심하면 엄마 옷을 입어보고 화장도 해보고 멋을 내는 것이 혼자서 하는 유일한 놀이었다. 중학교에 입학하고부터 자신이 꾸미기 시작하면서 친구들은 자신을 보고 부러워했다. 친구들이 예쁘고 날씬하다고는 하지만 친구들이 자기에게 말하는 것에는 관심이 없고 어른들의 반응이 더 궁금했다.

친구들하고 놀러 가면 또래의 남학생들이 자신에게는 말을 붙이지 않는 것을 보면 인기가 없는 것 같은 느낌이라서 불쾌했다. 남자친구들은 자신에게 관심을 보이면 여자 친구 하자고 하는 남학생들이 많아졌지만, 자신이 예쁘다고 접근하는 남학생은 금방 싫증난다고 했다. 그런 남학생은 외모에만 관심을 가지고 진심으로 자신을 생각해주지 않는 것 같았다.

부모님은 용돈은 필요하다고 하면 어디에 사용할 것인지 물어보지 않고 여유 있게 주셔서 사고 싶은 것은 마음대로 살 수 있었다. 부모님이 집에 계시는 주말이나 휴일에 가방에 옷을 가방에 넣어서 나와 공중화장실에서 옷을 갈아입고 화장도 했다. 친구와 놀다가 들어갈 때도 공중화장실에서 갈아입고 세수하고 가면 부모님은 자신이 밖에서 무엇을 하고 다니는지 몰랐다.

학교에서 엄마에게 자신의 옷차림과 행동 시정으로 연락해서 알게 된 후부터 자신의 모든 행동에 간섭해서 불만이었다. 부모님은 처음부터 자신에게 관심도 없었으면서 학교에서 불량한 옷차림 개선으로 연락이 간 후부터 관심 있는 척했다. 지인이나 주위 사람들에게 부끄럽고 창피하다는 말을 들었을 때 정말 가출하고 싶었다. 이제는 학교 선생님도 믿을 수 없고 학교 친구들도 자신을 좋게 보지 않았다. 화장하지 않은 얼굴은 상상할 수 없으며 살이 찌는 것도 참을 수 없어서 먹는 것도 무척 조심했다. 이제는 부모님이나 주위 사람들이 어떻게 생각하든지 관심 없고 내가 하고 싶은 대로 하면서 생활할 것이라고 했다.

* 보호자 상담내용

어머니는 딸의 문제로 상담해야 한다고 하니 학교보다는 가정방문이 편하다고 하여 방문 상담을 했다. 집은 깨끗하고 정리가 잘되어 있었고 자매가 있어서 그런지 집은 안정적이었다. 딸의 학교생활이나 옷차림의 상황을 말했더니 의외라고 말하며 무척 놀랐다.

언니는 문제없이 사춘기를 잘 보내고 공부도 어느 정도 하는 편이라서 신경을 안 써도 되는데, 둘째 딸이 걱정을 많이 끼친다고 했다. 아빠도 둘째 걱정을 더 많이 했다. 부모 몰래 행동하는 것은 어느 정도 짐작은 했지만, 학교에서 연락이 올 정도인 줄은 밖에서의 옷차림은 상상도 못 하고 있다. 집에서는 그저 조용히 지내고 간혹 늦게 귀가하면 야단칠 정도였다. 불량한 옷차림이나 행동을 하고 다니는 줄은 몰랐다고 했다.

부모가 언니를 좋아하고 자신에게 관심 없다고 생각하고 있는 줄은 전혀 몰랐다. 부모도 생활이 바쁘다는 핑계로 무관심 하려 했던 것은 아니지만 언니가 잘 자라서 자연히 둘째도 별일 없이 잘 성장하고 있다고 생각했다. 자매를 키우다 보니 어릴 때부터 지인들이 언니가 더 예쁘다는 말은 자주 했지만 그런 말들이 둘째에게 상처가 된 줄은 몰랐다. 어른들이 그냥 무심하게 하는 말을 마음속 깊이 새겨둘 줄 몰랐고, 자존감에 상처가 나서 마음이 아픈 딸이 될 줄 몰랐다. 미리 관심을 가지고 잘 챙겨주지 못한 것을 부모로서 잘못한 것 같다고 후회했다.

# /관중을 심하게 의식하는 청소년의 충동적 행동

상담내용을 정리하면, 학생은 자매로 자라면서 언니와 외모로 비교를 받으며 스스로 자존심에 많은 상처가 있는 둘째 딸이었다. 부모나 어른들이 무심이 언니에게 한 칭찬을 반대로 자신에게 비교하는 말로 받아들이게 되었다. 또한 외모뿐만 아니라 학업성적도 비교가 되면서 더욱 자존감이 낮아지게 되었고 심리적으로 외모지상주의가 강하게 형성됐다.

무조건 예뻐야 타인에게 인정받고 관심이나 시선을 받을 수 있다는 그릇된 인식이 마음에 자리 잡았다. 부모는 둘째 딸이 특히 외모에 관심을 많이 가지고 있는데 사춘기에 관심을 주지 않아서 둘째는 자매의 비교로 나타난 정서적 불안정으로 자존심이 낮아진 상황이었다.

언니가 동생을 잘 돌보리라 생각했지만, 부모의 마음과 달리 공부한다고 항상 늦게 귀가하는 언니도 동생에게 전혀 관심을 주지 못했다. 가족들이 서로에게 관심을 가질 것이라는 믿음이 가족관계에서 허점을 보인 것 같았다. 부모님이 무관심했다는 것을 인정하고 둘째 딸에게 이제부터라도 관심을 가지고 잘 지켜보기로 했다. 상처받은 둘째 딸이 심리적으로 회복되는 시기에 늦지 않도록 가족 모두가 많은 사랑과 관심을 보이도록 노력하겠다고 하였다.

[상담에 도움 되는 말]

청소년기에는 자신이 타인에게 어떻게 보이는가에 관한 관심이 고조된 경우가 많다. 상대방을 이해하기보다는 타인에게 자신이 어떻게 비치는지 신경을 더 쓰면서 상대방에 대한 이해의 폭과 깊이를 축소 해석한다.

이때는 지나치게 외모와 식이조절에 대한 집착을 보이거나, 스트레스를 많이 받고 있지 않은지, 가정 분위기가 너무 외모를 중시하지는 않는지, 또래관계에서 행동을 어떻게 하는지 알아봐야 한다.

'상상적 청중현상'이 높은 청소년은 부정적 자아개념, 낮은 자아존중감, 낮은 수준의 자아정체성 확립은 사회적 적응력에 낮은 수준을 나타낸다. '상상적 청중'은 자신이 타인의 집중적인 관심의 대상이라고 생각하는 것이다. 이런 자아중심적인 사고 경향이 지나치면 위험한 행동에 몰입하거나 우울감에 빠질 우려가 크고, 자아존중감 형성에 부정적인 영향을 주게 된다. 이런 자아중심적인 사고는 남자보다 여자에게 더 많이 발생하고 연령이 높아질수록 증상은 감소할 수 있다.

**Think...**

1. 비교되는 대상과의 외모지상주의에 대한 심리적인 원인을 파악한다.

2. 외모로 타인에게 관심을 받을 수 있다는 것에 집중하게 된 심리적 원인을 확인한다.

3. 부모는 자녀들에게 비교되는 말은 항상 조심해야 하는 양육 방법을 지도한다.

# Part 6

# 사사분면

## 집착하는 부모와
## 반항하는 자녀의 갈등관계
## 6가지 사례

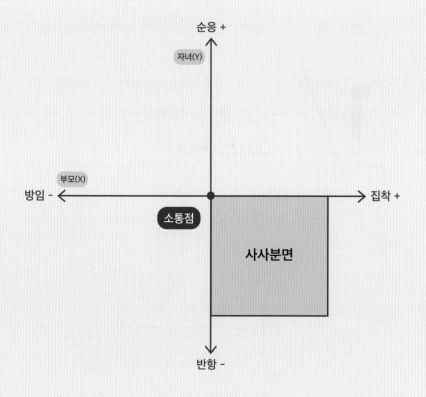

사분면 상담지표의 X축은 부모의 집착과 방임이며 Y축은 자녀의 순응과 반항으로 정했다. 사사분면은 부모의 X축의 +방향의 집착과 자녀의 Y축의 -방향의 반항에 해당하는 자녀와 부모 간의 갈등 크기를 시각적으로 표현했다. 부모가 자녀에게 하는 강한 집착과 통제로 자녀가 부모에게 계속적인 반항 행동을 하다가 부모와 시발점이 되는 상황에서 자녀가 도발적으로 감정을 표현하게 된다. 자녀가 반항할수록 부모의 강압적인 통제가 심해지고 자녀의 폭발적인 행동으로 부모·자녀 간에 감당하기 어려운 관계까지 발전한 여섯 상황의 상담을 각색한 사례다.

# 내가 뭘 잘못했다고
# 그러는 거야?

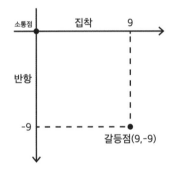

* 거울뉴런이란?

'거울뉴런'은 1996년 이탈리아 파르마 대학의 생리학자 자코모 리촐라 티 교수가 말한 용어다. 거울뉴런은 다른 사람의 생각과 감정을 본능적으로 파악하고 반응할 수 있도록 하는 공감 능력을 이끌어내는 데 중요한 역할을 한다. 사람은 선천적으로 거울뉴런을 가지고 태어나며, 거울 뉴런 체계가 미성숙할 경우 자폐와 같은 발달장애로 나타난다. 공감은 정서적 과정이 필요하기에 감정을 담당하는 변연계와 거울 뉴런계가 연결되어 있다. 거울뉴런이 발달하면 타인의 생각과 감정을 파악하고 반응하는 공감 능력이 강한 사람이 된다.

 사람의 뇌에는 거울뉴런이라는 신경세포가 있어서 의식적인 노력이 없어도 외부의 모든 자극과 정보를 학습하고 기억하는 능력이 있다. 언어적, 비언어적 태도나 행동을 거울에 비추듯이 자연스럽게 공감 또는 교감을 하는 데 중요한 역할을 한다. 사람들의 기쁨과 행복, 분노나 슬픔 등 심리적인 감정을 느낌을 공감하는 것도 거울 뉴런이 있기 때문이다. '아이는 부모의 보고 자란다.'라고 하는 말은 거울뉴런의 대한 의미이기도 하다. 청소년이 성장과정에 가장 가까이 보고 강력한 감정 관계를 형성하고 있는 부모의 태도와 행동을 보고 그대로 답습하고 자라게 된다. 가정에서 부모와 부정적인 감정 관계로 성장하게 된다면 무의식적으로 부모의 생각과 감정, 언행 등을 거울뉴런으로 인해 부정적인 언행의 모방학습을 하면서 성장한다.

 [각색한 상담사례]
 학교에서 친구들에게 꾸준한 폭력적인 언행으로 징계를 받아도 개선되지 않는 중학교 3학년 남학생을 담임이 상담 의뢰했다. 등교는 잘하지만 학교에서 친구들을 괴롭혀서 친구들이 피할 정도이며 수업 태도도 불량하여 교

과목 선생님의 항의가 많았다. 수업 태도나 과제에 대한 책임감이 불량하다 보니 조별 수업에서 같은 조가 된 학부모가 교과 담당 선생님에게 항의하는 연락이 오기도 했다. 상담실에서 첫 대면 때 말하는 태도가 교육적으로 성실하거나 긍정적으로 보이지 않았다. 교복은 깔끔하게 세탁되어 있었지만, 옷차림과 행동은 조금 불량스러웠다.

* 학생 상담내용

남학생의 가족은 부모와 나이 차이가 있는 초등학교 1학년인 남동생이 있었다. 부모님이 맞벌이를 해서 거의 통제가 없는 가정환경이었다. 집에서는 남동생에게 거의 심부름을 시키고 형으로 절대적인 권위를 가지고 있었다. 아빠는 학생이 생각하기에 매우 폭력적인 것 같다고 했다. 엄마는 아빠의 폭언과 폭력에 기를 펴지 못하고 무기력한 것 같아 엄마를 보면 답답해했다.

학생은 부모님의 관계가 원만하지 않아서 부모님이 함께 집에 있으면 항상 불안하고 불편하다고 했다. 혹시나 부모님이 다투지 않을까 하는 불안감에 신경이 예민해졌다. 잦은 부부싸움을 보면서 성장했는데, 부모님이 싸울 때는 동생을 데리고 집 밖으로 피할 때가 많았다. 자신은 부모님이 시키는 것을 똑바로 하지 않으면 아빠의 구타와 엄마의 잔소리를 쉼 없이 들었다. 그리고 바쁜 부모님은 자신에게 어린 동생을 맡겨 보살피도록 강요했다. 학생이 초등학생 때부터 항상 동생을 데리고 다니고 챙겨주었는데 무척 힘들었다. 동생은 형이 시키는 것은 잘하지만 만약 자신이 화가 나는 일이 있으면 동생에게 욕과 구타로 자주 화풀이 했다.

아빠나 엄마가 집에서 대화하면 조용히 하지 않고 자녀가 듣고 있어도 항상 크게 소리치며 욕을 섞어서 했다. 부모님이 대화가 없는 날에는 더 불안했고, 부모의 양쪽 눈치를 자연스럽게 보았다. 부모님은 자식들이 먼저 말을 붙이기 힘들 정도로 두려운 존재였다.

친구들이 자신을 멀리하는 이유를 모르겠다고 했다. 사실 친구들과 잘 지내고 싶지만 어떻게 해야 할지를 몰랐다. 자신이 말을 붙이면 피하고 친구들 사이에 끼워주지 않아서 화가 날 때가 많았다. 수업 시간에도 질문하면 선생님도 당황했고 그런 상황을 친구들이 비웃는 것 같아 더 소란을 피우기도 했다. 조별 수업에서도 자신이 무엇을 해야 하는지 몰라서 못 하는 경우가 많아 친구들에게 물으면 자신과 대화를 피하려고 해서 또 화가 난다고 했다.

학교에서 소란 피우기는 하지만 정확하게 자신이 무엇을 잘못하는지 몰랐다. 학교생활에서 등교도 잘하고 지각이나 조퇴도 하지 않으며 수업 시간에도 빠지지 않았다. 친구들에게도 자신의 의견과 다르게 행동하거나 말을 하면 자신도 모르게 욕하고 폭력을 할 때도 있지만 진짜 친구들이 싫어서 하는 것은 아니었다. 학교에서 징계를 받게 된 것은 단지 불량한 친구들과 어울리면서 술이나 흡연하는 게 걸려서 받게 된 것이라고 생각한다. 학교 징계로 부모님에게 연락이 가서 아빠에게 심하게 구타를 당했으며 엄마에게 욕과 잔소리를 많이 들었다. 소원이 있다면 빨리 성장하여 불쌍한 동생을 데리고 부모님 없는 곳으로 가고 싶다고 했다.

* 보호자 상담내용

부모님은 두 분이 같은 사업장에서 일하면서 일찍 출근하고 늦은 시간에 퇴근하여 정신적, 신체적으로 힘들어서 형제를 돌볼 여력이 없었다. 직원들 있는 곳에서 못한 말들을 집에서 하다 보니 아이들이 있어도 잦은 다툼을 했다. 자신들은 학식이 부족하고 천성으로 말투가 강하고 험하다는 것은 알고 있었다. 하지만 집에서 부부가 다정하게 말하지 못하는 것이 잘못된 행동이거나 성장하는 아이들에게 영향을 미친다고 생각하지 못했다.

부모님은 자신들의 교육 수준이 낮아서 자식들이라도 잘 가르치고 싶은 마음에 열심히 돈을 모으겠다고 한 것이 문제가 되었다고 생각했다. 다른 부모처럼 관심을 가지고 보살피지 못하는 것 같아서 더 형제에게 엄격하게 가정교육을 한다고 한 것이 역효과로 나타난 것이다. 또한 아이들이 부모가 하는 잘못된 언행을 무의식에 학습이 되어 밖에서 아들이 하는 행동이 잘못인 줄 인지하지 못하고 부모의 행동을 따라 한 것에 놀랐다.

아이들 앞에서 다투거나 싸운 것은 잘못된 행동이라고 것을 이제 알게 되었다. 부모의 잘못된 행동을 보고 성장하면서 행동인지의 잘못으로 또래관계에서도 원만하지 못한 것에 부모로서 책임감을 느꼈다. 자식을 올바르게 양육하고 더 잘 가르치고 싶은 욕심에 강한 통제나 엄한 훈육이 잘못된 교육방식이라는 것을 알고 나니 자녀에게 미안한 생각이 들었다. 학생의 어릴 때부터 부모로부터 무의식으로 학습된 행동적 인지오류로 인해 발생한 부정적인 태도나 행동 수정을 위해 부모가 꾸준히 노력하겠다고 했다.

## /부모는 자녀의 거울이라고 하는데

상담내용을 정리하면, 부부가 같이 운영하는 사업장에 출퇴근하면서 서로에 대한 불만을 집에서 해결하려고 했다. 그로 인해 본의 아니게 집에서 좋지 않은 언행을 하게 되어 성장기에 있는 자녀가 부모의 행동을 보면서 나쁜 영향을 받았다. 자녀들은 폭력적인 부모의 모습을 자연스럽게 보고 배우면서 성장하게 됐다. 학생은 가정에서 무의식으로 학습이 된 행동이나 말투가 또래들에게 부정적인 행동이나 표현으로 나타내고 있다는 것을 인지하지 못하고 있었다. 그래서 자기 행동에서 무엇이 잘못인지 모르고 학습된 부모의 폭언이나 폭력을 자연스럽게 친구들에게 사용하게 되었다.

학생이 현실의 행동에 대한 타당성을 스스로 정확하게 인지하는데 어려움을 나타내는 것으로 학교 징계위원회 때 경도지적장애의 가능성을 확인하였다. 추상적 생각이나 행동에 대한 인지해석에 어려움을 가지면서 부모의 행동을 보고 자신도 모르게 그대로 따라 하면서 성장하여 문제행동을 유발하게 되었다. 엄격한 부모에게 자신의 감정을 표현하지 못하고 있다가 억눌려진 감정을 친구나 또래에게는 폭력적으로 행동하게 된 것도 문제행동의 원인이라고 할 수 있었다.

학생은 억눌린 분노의 감정 해소를 위해 부모 몰래 술과 흡연을 하며 친구들과 어울린 것은 잘못인 줄 인지하였다. 학교에서 받은 징계가 술이나 흡연 때문이라고 생각하고 자신이 또래들에게 하는 잘못을 인지하지 못하는 것이 도덕성 형성의 공감 능력 문제인 것 같았다. 부모는 자신들의 행동을 습관적으로 보고 배웠던 자녀의 잘못된 학습행동에 부모가 먼저 행동수정을 해야 할 필요가 있다는 것을 알게 되었다고 하였다.

[상담에 도움 되는 말]
거울뉴런의 공감신경계의 기제에서는 타인의 감정과 고통을 자신의 느낌처럼 이해하는 것은 도덕관념에서 시작된다. 거울 뉴런은 타인의 감정과 고통이 어떻게 '자신의 느낌인 것'처럼 이해할 수 있는지에 대해서 새로운 통찰을 준다. 도덕관념이 문화에 따라 다소간의 차이를 보일 수 있으나 기본적인 도덕 법칙들은 보편적이다. 대체로 사람들은 타인의 감정 및 고통과 깊은 연관을 가지며 타인을 직접 관찰하지 못하는 상황에서도 공감할 수 있는 능력이 있다.

지구 반대편의 자연재해로 인한 대규모 인명 피해라든가 다른 사회의 규칙으로 받아들여지고 있는 도덕관념들에도 공감 능력을 확장할 수 있다.

리프킨(Rifkin 2009)의 주장에서 추상적인 형태의 거울 반응은 우리의 도덕 능력에 영향을 주었고, 우리가 영장류 사회를 넘어 훨씬 더 큰 사회 조직으로 진화할 수 있게끔 우리를 신경적으로 연결시켰다.

우리가 최고의 공감 능력을 갖고 있었기에 이러한 문명을 이룩하게 된 것이라는 이론과 일치하는 대목이다. 청소년의 공감하는 능력은 가장 가까운 부모로부터 배우고 익히면 성장하는 것이라고 할 수 있다. 또래관계에서 형성에도 어려움이 있게 되며 예민하게 행동하고 분노에 의한 공격성, 감정기복이 크고 편식이나 수면장애를 나타내기도 한다. 불안정한 가정환경에서 학습적인 부분의 보살핌을 제대로 받지 못하고 성장하면서 학습적인 이해력도 부족하여 친구들과 관계 유지에도 이해하기 힘든 불편함이 발생하기도 한다.

**Think...**

1. 부모 행동의 모방과 가정교육에서의 잘못된 학습요인을 파악해야 한다.

2. 감정표현 중에 무의식으로 나타내는 폭언과 폭력의 원인을 알아본다.

3. 불안정한 심리상태에서 발생하는 상황인지와 공감인지 능력을 파악한다.

# 2/ 엄마, 아빠는
# 세대 차가 뭔지 알아?

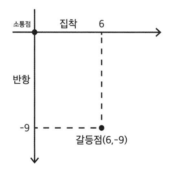

* 상처받은 자기(self)의 분노(자기애 분노)란

자기애 손상에 대한 반응의 격렬한 분노는 1920년 오스트리아의 지그문 트 프로이드가 자기애 손상이라고 처음 언급했다. 1972년 오스트리아 하 이츠 코헛이 '자기애 분노'라는 용어로 사용했다. 자기의 심리적인 상처에 대한 반응으로서의 분노는 코헛의 자기심리학에서 자기애적 분노로 설명했다. 자기의 장애와 관련하여 자기애적 상처로 인해 대표적으로 나타나게되는 두 가지 반응으로 특별히 수치심(shame)과 자기애적 분노를 들고 있다. 자기애 분노는 성격장애로부터 기인하는 심리적인 현상이다.

자기애적 성격을 가진 사람들은 대체로 수치심을 경험하게 되는 경향이 있다. 이는 수치심이 주로 자기애적 욕구에 대한 공감적인 지지와 인정의 결핍에서 비롯되기 때문이다. 자기애적 상처가 있는 사람은 상처에 대한 고통스러운 실패의 현실을 지워 버리기 위해서 종종 분노를 드러낸다. 자기중심적 성향이 강해서 타인을 배려할 줄 모르고 대인관계가 미숙하다. 자기애 분노는 과거에 이루어진 관계에서 영향을 받으며 양육자와 연관해서 설명된다.

타인과 맺는 관계를 아동기에서부터 시작되고 부모와의 체험내용들이 이후의 생애를 통해 반복되는 경향이 있다는 것이다. 즉, 부모가 자녀에게 적절한 좌절 경험을 주지 못하고 멋대로 행동하게 방치한 것이다. 그리고 이해와 공감을 통해 올바른 양육이 이루어지지 않았을 때 무의식 속에 잠재되어 성장하면서 행동과 성격에 큰 영향을 미친다. 자기애적 분노의 현상은 자기애의 균형이 깨지는 것에서 기인하는 공격성(aggression)의 표출로서 일반적으로 인간이 가지는 형태의 공격성과는 다르다.

[각색한 상담사례]

잦은 지각과 심한 노출증, 자해나 술, 흡연으로 인해 일상적인 생활이 어려워 정신과 치료를 받고 있지만, 보호자의 허락으로 대안학교로 이적하게 될 상황에 있는 고등학교 2학년 여학생을 학교 상담 선생님이 의뢰했다.

상담실에 왔을 때 교복이 너무 짧아 의자에 앉을 때 매우 불편해 보였으며 허벅지까지 치마가 올라갔다. 여학생은 현재 자신이 처한 모든 환경에 불만으로 가득 차 있었다. 정신과 신경안정제도 복용하고 있으며 흡연클리닉도 다니고 있었다. 자진해서 가는 것이 아니고 엄마가 시켜서 강요에 어쩔 수 없이 간다고 하였다. 신경안정제 때문에 아침에 일어나기 힘들어 지각은 자주 하지만 등교는 꼭 하려고 노력하고 있었다.

* 학생 상담내용

여학생의 가족관계는 아빠와 엄마, 나이 차이가 많이 나는 오빠까지 4인 가족이었다. 아빠는 사업장에서 사고를 당해 병원 치료를 장기간 받다가 현재는 요양병원에 입원한 상태였다. 엄마는 아빠 병간호를 하다가 가정경제를 책임져야 해서 3년 전부터 사회생활을 하고 있었다. 15살 정도 나이 차이가 나는 오빠는 타 도시에서 직장을 다녀서 자주 보지 못해 어색했다. 자신은 어머님이 40대 중반에 출산하여 늦둥이라 친구들은 부모님의 사랑을 많이 받겠다고 부러워하지만, 부모님 나이가 많아서 대화가 통하지 않는 것이 가장 답답한 문제였다.

학생의 초등학교 때는 엄마의 외모가 미인이라고 생각되어서 친구들에게 엄마가 자랑스러웠다고 했다. 6학년 때 우연히 친구 집에 놀러 갔을 때 집안 분위기와 친구가 엄마와 대화하는 것을 보고 깨달은 것이 있었다. 아빠, 엄마와 대화하면 소통이 되지 않고 답답했는데, 친구와 친구 부모님이 대화하는 것을 보고 그 이유를 조금은 알게 되었다. 가족들과 사이에 나이 차이로 공감이 어려워 대화로 소통이 잘되지 않아서 답답했다는 것을 깨달았다.

중학교에 입학하면서 부모님에게는 자신의 의견을 전달하기 더욱 힘들었다. 가족들과 소통이 잘되지 않게 되면서 친구들과 자주 어울렸다. 늦은 시간에 귀가하는 것에 심하게 통제하는 게 정말 싫었다. 자신이 늦은 귀가로 아빠에게 야단맞고 있을 때 엄마는 자신의 편을 들어주지 않아서 엄마가 미워졌다. 어릴 때 아빠, 엄마가 부부싸움을 하면 자신은 항상 엄마 편을 들어서 아빠에게 자신이 대신 용서를 빌고 싸움을 말렸다. 그때 아빠의 구타를 막아주었는데 엄마는 현재 자신에게 하는 아빠의 야단을 모른척해서 엄마를 믿지 않게 되었다.

또한 나이 많은 부모는 친구들 사이에서 유행하는 메이커 옷은 비싸다고 사주지 않아서 친구들에게 무시당하는 경우도 많았다. 부모님이 친구들과 어울리는 것을 이해해주지 않았다. 자신은 부모들과 소통이 잘되는 친구들에게 따돌림을 당하는 것 같은 기분이 들었다. 중학교 때부터 친구들 사이에서 그런 느낌을 받을 때 부모님에게 자해하는 모습을 보이면 그때는 자신의 요구를 들어주었다. 자해를 시작하면서 부모님은 자신을 정신과 치료를 받게 하였지만 처방받은 신경안정제 약은 먹지 않고 몰래 버리고 있다고 했다.

부모님과 관계가 서먹하기 시작하면서 술과 담배를 하게 되었고 남자친구들과 어울려 밤을 보내기도 했다. 자해한 흔적을 친구들에게 보여준 후 친구들에게 영웅처럼 인정받게 되면서 친구들에게 보란 듯이 자해한다. 지금은 거의 자해중독 같은 느낌이다. 우울하거나 기분이 가라앉을 때 팔에 눈썹 다듬는 칼로 자해를 하면 우울한 기분이 해소된다.

중학교 이후 가족과 함께 외출할 때 아니면 엄마와 함께 다니는 경우는 드물었다. 친구들에게 부모님이 나이가 많다는 것을 들키고 싶지 않았다. 현재 고등학교 졸업을 하지 못할 정도로 행동이나 학습상태가 좋지 않아서 자퇴하고 싶고, 고등학교 졸업장은 필요 없다는 생각이 든다. 중학교 졸업으로 직업훈련원에 들어가서 자격증을 취득하여 빨리 취업해서 부모님과 떨어져 생활하고 싶다. 하지만 엄마는 고등학교 졸업장이 있어야 한다고 우겨서 엄마 때문에 억지로 학교에 다니고 있다.

요즘 청소년들은 술과 흡연은 기본인데 엄마는 그런 것을 이해하지 못하고 엄마가 자신의 의견도 물어보지 않고 강제로 금연클리닉에 보낸 것이 엄마의 권리 남용이라고 생각한다. 자해는 부모님에 대한 불만의 표현이기도 하고 또래들이 자신을 무시하지 못하게 깡과 권력을 보여주기 위한 행동 수단이다.

* 보호자 상담내용

어머니는 남편의 사고로 가정경제가 어려워 요양보호사로 병원에서 환자를 보살피기 때문에 퇴근을 할 수 없었다. 가정방문으로 대면상담을 할 수 없는 상황이어서 엄마는 전화로 상담했다. 젊을 때 남편의 외도와 폭력으로 이혼 위기 때 딸을 임신하게 되었다고 했다. 그때 나이가 40대 중반이었고 예정에 없던 딸을 출산하면서 이혼은 하지 않게 되었다.

딸은 어릴 때부터 부부 사이가 좋지 않아서 아빠가 사고로 다치기 몇 년 전까지도 아빠의 폭력을 보고 성장했다. 딸이 중학교 입학할 시기에 엄마와 거리를 두며 멀리하는 것을 느꼈다. 아마도 그 시기부터 부모의 말을 듣지 않고 친구들과 어울리기 시작한 것으로 기억했다. 불량한 친구들과 어울리면서 아빠에게 늘 야단을 맞았는데 아빠의 폭력성 때문에 엄마는 아빠에게 구타당하는 딸을 말려 줄 수가 없었다.

아빠의 폭력으로부터 딸을 안전하게 보호해주지 못한 것을 항상 후회한다고 했다. 딸이 중학교 때까지는 남편이 폭력성이 있었지만, 나이가 들면서 남편에게 의지하게 되었고, 관계가 어느 정도 회복됐었다. 남편이 사업장에서 사고를 당해 장기 입원해서 집에는 딸 혼자 생활하게 되었다. 딸은 철없이 아빠의 사고로 가정경제가 어려운 상황에 비싼 옷이나 물건을 사 달라고 했지만 사주지 못한 것이 딸의 탈선의 원인인 것 같았다. 어느 날부 터 불만으로 화가 나서 밖에 나가면 항상 술과 담배를 하고 친구들과 어울 리면서 늦게 들어오기 시작했다. 아빠의 입원으로 엄마는 간호하게 되면서 딸의 관리나 통제가 더 어렵게 되었다.

중학교 2학년쯤부터는 자해를 협박으로 요구했다. 자해를 시작하면서 정 신과 치료를 받도록 하였는데 병원에서 처방받은 약을 몰래 버리고 먹지 않아서 병이 호전되지 않았다. 고등학교 입학하면서 담배를 너무 심하게 피워서 금연클리닉 치료를 받도록 하였는데 그것도 주기적으로 치료를 받 지 않았다.

늦둥이로 태어나서 사랑을 많이 주고 기른다고 했지만, 딸은 늘 사랑이나 관심이 부족하다고 생각하고 있는 것 같다. 어머니는 자신이 중학교 졸업 으로 사회생활 하는 데 어려움이 많았기에 딸만큼은 고등학교 졸업을 시키 고 싶었다. 어머니는 지금까지 사회생활을 하면서 학벌에 대한 자격지심이 컸다. 성인이 되어 고등학력 자격인정 학교를 마쳤기 때문에 딸은 꼭 고등 학교를 졸업하기를 바라는 마음이었다. 그래서 원하는 것들을 다 들어주면 서 반강제로 고등학교를 유지하고 있었다.

# /부모에게 자해하는 모습으로 반항하는 자녀의 속마음

상담내용을 정리하면, 늦둥이로 태어나 세대 차를 가지게 된 부모님과 생활하면서 공감을 받거나 소통하기도 힘들었다. 부모님 또한 관계가 좋지 않아서 늘 아빠의 가정폭력에 시달리면서 성장했다. 나이가 많은 부모님과 소통이 되지 않아 불만을 자해로 표현했다. 자신의 의견에 공감받지 못하고 가족 간의 믿음과 신뢰감, 친밀감도 매우 낮았다. 비록 나이 차이가 있지만 믿고 있던 오빠마저도 자신을 이해하지 못하고 부모님에게 자신을 통제하도록 얘기해서 가족은 믿지 않게 되었다.

학생이 어릴 때 자신도 아빠가 무서웠지만 엄마에게 폭력을 행사할 때 엄마를 도와줬다. 그때 엄마를 도와준 보상으로 아빠가 자신을 구타할 때 엄마가 자신의 편을 들어주길 바랐다. 하지만 그러지 않았던 엄마에 대한 원망도 크다고 하였다. 나이 많은 부모가 과거의 교육방침에 자신을 맞추려고 하고 지금 학생들의 변화된 환경을 인정하지 않고 공감하지 못하는 불만이 가장 크게 나타났다. 또한 자신이 필요한 것을 부모님으로부터 얻는 방법으로 자해를 통하여 요구하면 받아들여지는 것이 학습되어 자해중독 증상까지 나타나고 있었다.

학교 밖 청소년들과 불법교제로 어울려 다니는 것을 엄마가 통제하고 외출을 못 하게 하는 것을 참지 못하고 엄마에게 폭언과 무단외출, 등교거부

로 반항했다. 학생은 자신이 하는 모든 행위를 부모의 탓으로 돌리며 정당
화 시키려고 하였다. 하지만 엄마는 그런 딸의 비위를 맞추고 꾸준히 관
심을 가지면서 흡연클리닉도 보내고 지속적으로 정신과 치료를 받도록 신
경 썼다.

하지만 학생은 엄마의 강제로 하는 행동을 집착이라고 생각하고 강하게
거부했다. 불량한 학생으로 낙인찍혀 자퇴 위기에 있는 상황에서도 대안학
교에 이적하여 고등학교를 무사히 마칠 수 있도록 엄마가 먼저 추천하였
다. 어머니는 자신이 고등학교 졸업장이 없어 사회생활에 부당한 어려움에
힘들었던 상황을 딸은 받지 않도록 딸이 고등학교를 무사히 졸업할 수 있
도록 많은 노력을 하고 있었다.

[상담에 도움 되는 말]
자기애적 분노가 만성적인 자기애적 분노로 나타날 때 자기 파괴적인 우
울증과 두통이나 고혈압과 같은 신체증상을 동반할 수 있다. 부서질 것 같
은 자기감과 무너질 것 같은 무력감이 나타나기도 한다. 자신이 공감을 받
지 못한 상처에 대하여 보복하고 싶은 분노를 또래의 억압에 의해 표출하
기도 한다. 결국 자기의 상처를 회복하려는 충동이 전면 차단되게 될 때 분
노는 자기 스스로에게 향하게 되어 구체적인 신체증상을 통해서 나타나게
된다. 자기애 분노의 문제는 주변 환경이 자신의 기대에 미치지 못한다는
것을 인식하기 위해서 어떠한 노력도 하지 않으며 자신에게 유리한 정보는

중요시하고 불리한 정보는 무시한다. 어떻게든 자신이 우월하다는 착각을 유지하려고 노력한다. 자기애적 분노에서 가장 중요한 것은 현실 자각이다. 자신의 현재 상태를 정확하게 인식하고 스스로 변화의 필요성을 인정하도록 도와주어야 한다. 그리고 타인을 배려하고 공감할 수 있는 능력을 높이고 자신인 완벽한 존재가 되려고 하는 심리적 부담이나 강박관념에서 벗어날 수 있도록 유도하는 것이 중요하다.

## Think...

1. 세대 차로 인한 부모와의 관계 형성과 의사소통에 어려운 점을 찾아본다.

2. 자기 신체에 잦은 자해로 인한 중독된 증상에 해결방안을 파악한다.

3. 자해를 통한 내면의 분노 표현을 긍정적인 방향으로 전환하도록 지도한다.

# 3 / 나도 숨 좀 쉬고 살 수 있게 내버려 둬!

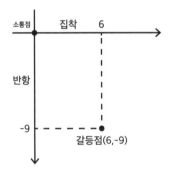

* 청소년 반항행동장애란?

청소년의 발달 과정에서 정상적으로 나타날 수 있는 행동으로 권위적 인물에 대해서 거부적, 도전적, 불복종적, 적대적인 행동을 말한다. 규칙 위반에 대한 죄책감이 없으며, 자기 행동에 대한 책임감이 없는 반사회적 성격 특성을 보이는 경우로 볼 수 있다. 내적 갈등으로 유발될 수도 있으며, 가장 중요한 또래관계에 있어서 불량한 친구들을 사귀면서 그들의 행동을 모방하며 같이 어울리기 위해 문제행동을 따라 하게 된다.

청소년의 질풍노도 시기는 어린이에서 어른이 되어가는 사춘기를 일컫는 말이다. 여러 가지 면에서 불만과 반항이 잠재되어 있으므로 극단적인 사고와 감정의 극한 변화가 나타나는 시기이다. 자라면서 누구나 겪는 사춘기이지만, 정도가 너무 지나쳐서 문제를 일으키는 청소년들도 있다.

반항성 장애 같은 경우는 주로 초등학교 들어가기 전에 생기고 중학교 들어갈 때쯤 눈에 띄게 나타나게 된다. 반항성 장애는 사춘기와 다르게 방치했을 때 우울증, 행동장애, 적응 장애가 생길 수 있다. 대부분의 청소년들은 정서적인 문제와 행동적인 문제를 모두 보이지만, 간혹 정서적인 문제 없이 행동적인 문제만 보이는 청소년들도 있다. 반항행동장애의 문제점은 부모님이나 선생님과 같은 권위를 인정하는 대상에게도 불안해하고 저항하는 문제행동을 보인다.

[각색한 상담사례]

부모의 지나친 간섭과 통제로 학교생활도 불안해하고, 우울증으로 일상의 어려움을 호소하는 고등학교 1학년 남학생을 담임이 상담 의뢰했다. 처음 봤을 때 남학생은 성장기에 있는 학생이라고 볼 수 없을 정도로 말랐으며 기운이 전혀 없어 보였다. 자기주도적인 면이 없으며 간단한 질문에 '네'라는 대답과 거의 '몰라요.', '생각 안 해 봤는데요.'라고 일관적으로 답하며 정서적으로 불안정했다. 잠시도 의자에 가만히 앉아있지 못하고 다리를 떨거나 손을 계속 움직이며 같은 말을 반복하며 짧은 시간의 대화에도 짜증을 많이 냈다.

\* 학생 상담내용

남학생의 부모님은 고등학교 입학하면서 이혼했고, 이혼하면서 형은 아빠와 자신은 엄마와 생활했다. 어릴 때부터 공부를 잘하는 형과 비교당하면서 성장하였고 아빠는 형을 편애하며 자신이 형처럼 되길 바랐다. 아빠는 학업성적에 심하게 집착했다. 인문 고등학교가 아닌 특성화 고등학교에 입학한 자신을 자식 취급하지 않으며 미워하게 되면서 결국 이혼할 때 잘난 형만 데리고 갔다. 이혼 후 엄마는 자신에게 아빠 대신으로 강한 집착을 보여 집에서의 생활은 너무 답답하고 숨을 제대로 쉴 수가 없었다.

어릴 때부터 아빠는 무척 무섭고 두려운 존재였다. 형은 아빠가 원하는 대로 똑똑하고 공부도 잘했으며 자신이 생각하기에 형은 아빠를 닮아 외모도 멋있었다. 자신은 형처럼 외모나 공부도 모두 부족하여 항상 아빠에게 잔소리를 들으며 성장했다. 중학교 입학 때부터 성적뿐만 아니라 성장기에 있는 자신에게 살이 찌지 않는다고 학업과 식단까지 모든 것에 간섭하기 시작하면서 아빠와 사이가 더 멀어졌다.

어느 순간부터 부모님도 잦은 다툼을 하였는데 그 싸움의 원인이 자신이라는 것을 알게 되었고 자신은 집에서 필요 없는 존재라고 믿었다. 아빠가 자신에게 집착하는 것은 아빠의 체면 때문이라는 것을 알 수 있었다. 형처럼 자랑스러운 아들이 되지 못하는 자신이 더 비참한 생각이 들었다. 중학교 때는 엄마에게 반항하며 형에게 화풀이를 많이 했다.

밖으로 돌면서 아빠 눈을 피해 친구들과 어울려 화나는 감정해소를 밖에서 불량한 행동으로 했다. 친구들과 어울려 놀고 있을 때마다 아빠는 자신을 어떻게든 찾아내서 친구들 앞에서 "공부도 못하는 게 별짓을 다 한다."라고 하며 창피를 주었다. 그것뿐만 아니라 친구들에게 연락하여 자신과 만나지 말라고 친구들에게 엄포를 놓기도 했다. 아빠는 형만 잘 챙겨 자신의 체면을 세우면 되는데 왜 싫다는 자신을 괴롭히는지 알 수 없었다.

아빠를 보기만 하면 자신도 모르게 화부터 나고 짜증스러운 말투가 나왔다. 그런 자신의 신경질적인 말투 때문에 항상 아빠에게 야단을 맞았다. 학교 성적이 좋지 못한 자신은 무시되었고 아빠에게 자신의 의견은 전혀 반영되지 않았다. 그런 분위기의 집에는 들어가기 싫어졌고 그럴수록 아빠는 자신을 더 통제하고 친구들에게도 연락하여 자신과 어울리지 못하도록 창피하게 만들었다.

현재는 부모님이 이혼해서 자신은 엄마와 생활하게 되어 아빠의 시선에서 벗어나서 편안할 것 같은데 이상하게 마음이 우울하고 힘이 없다. 일상 생활의 모든 것에 흥미가 없어지고 무기력해졌다. 아빠의 집착에서 벗어나고 싶은 바람은 이루어져서 아빠를 보지 않는데 이상하게 마음이 편하지는 않다. 요즘 엄마는 아빠에게 미움을 받는 자신을 이해한다고 하면서 무의식중에 더 무시하는 것 같은 느낌을 받을 때가 있어서 엄마와도 대면하기 싫어진다.

* 보호자 상담내용

어머니는 둘째 아들이 어릴 때부터 고집이 센 편이라고 했다. 형과는 다르게 아빠에게 야단을 많이 맞으며 성장했다고 했다. 형은 얌전하고 공부도 잘하고 외모도 아빠가 원하는 깔끔한 모습으로 성장했다. 둘째 아들은 덜렁거리며 공부에는 관심이 없고 운동을 좋아했는데 아빠는 학교성적에 더 관심을 보이면서 서로 관계가 어색해졌다. 아빠는 둘째가 운동을 하면서 친구들과 어울리는 것을 싫어했으며 학원보다는 가정방문 과외를 시키면서 집밖에 못 나가게 통제를 심하게 했다. 둘째의 일과를 아빠가 매시간 확인하면서 자신만의 자유 시간을 전혀 가질 수 없도록 시간 관리를 철저히 했다.

이혼하게 된 이유도 엄마를 닮은 둘째 아들 편을 들어서 둘째가 학업에 열중하지 않는 원인제공을 했다는 것에서 아빠와 교육적인 의견이 달라지면서 시작됐다고 한다. 학업성적이 나쁜 것, 나쁜 친구들을 만나고 다니는 것, 공부에 신경 안 쓰고 운동만 하는 것 등을 엄마의 잘못으로 책임을 전가했다. 결국은 자식 사랑의 조건이 다른 이유로 이혼하게 되었는데 부모의 이혼 후 둘째 아들의 생활 습관이나 태도가 이상하게 나타나고 있다고 했다. 폭력적이고 무슨 말에도 공격적으로 받아들이는 심리적으로 이상 증상이 일어난 것 같아 신경과 치료를 받고 있었다.

## /부모의 지나친 간섭과 통제가 사라지면
## 긴장감 상쇄로 무기력이 발생

상담내용을 정리하면, 부모의 교육방침이 너무 달랐고 아빠가 자녀에 대한 강한 집착과 편애로 둘째 아들의 반항을 이해하지 못했다. 자녀를 이해하지 못한 결과 부부가 이혼하게 되었으며 자녀가 부모에게 각각 나뉘어서 생활하게 되었다. 아빠는 자신이 원하는 방향으로 성장하지 않는 아들에게 자신이 원하는 모습으로 양육하려고 강하게 통제하면서 아들과 부정적인 관계로 발전했다.

둘째 아들은 아빠의 외모를 닮지 않았다고 형과 편애하는 아빠에게 심하게 반항하였고, 아빠는 성적을 핑계로 강하게 집착을 하고 통제했다. 아빠에게 기를 펴지 못하고 눈치만 보면서 반항하는 아들의 편을 들어준 엄마까지 아빠는 가족이라는 굴레에서 밀어냈다. 공부가 전부라고 생각하는 아빠의 교육관과 무의식중 자신을 닮지 않고 운동만 하려는 둘째 아들과의 마찰은 결국 이혼까지 하게 되었다. 이혼 후 엄마와 생활하지만 이혼한 엄마가 하는 통제에 지쳐서 공격성과 폭력성을 강하게 나타냈다. 집에서의 심리적 안정감을 얻지 못하고 숨을 쉴 수 없을 정도의 답답함으로 신경적 쇠약함을 나타내어 정신과 치료까지 하게 되었다.

[상담에 도움 되는 말]

청소년 반항장애의 근본적인 이유는 정서적이고 행동적인 충동을 억제하고 결과에 따른 보상과 처벌을 판단하는 뇌에 일부가 손상되었거나 미성숙하기 때문이다. 유전적인 문제로 미성숙 아기 태어날 수도 있고 출신 초기에 과도한 스트레스를 받거나 가족력에 의한 호르몬 증가나 염증이 유발될 수 있다. 부모님들의 잘못된 양육태도와 가정의 잦은 불화, 아동학대 등과 관련이 매우 높다. 부모의 맞벌이로 바빠서 관심을 받지 못할 경우나 거절을 많이 당했던 과거의 경험으로 인하여 반항장애가 나타날 수도 있다. 또래관계에서 따돌림, 학업 곤란, 유대감 결여 등의 가능성이 크다.

반항장애가 있는 청소년은 평상시에 화가 많고 예민하게 반항하거나 갑작스러운 분노가 폭발하면 작은 장난에도 크게 보복하는 성향을 나타낸다. 논쟁이나 싸움이 본인의 잘못된 생각이라고 하지 못하고 정당한 행동이라고 여기는 경우가 많으며 그 결과에 대해서 타인의 책임으로 돌리거나 악의적으로 남의 탓으로 생각한다. 부모님의 거부와 도전적인 행동을 고집하고 적개심을 표현하면 또래관계의 공격성 양상을 비추거나 어른들에게 버릇없는 아이로 낙인찍힐 수 있으니 빠른 행동 교정이 필요하다. 반사회적 인격 장애로 성장할 가능성이 크다.

**Think...**

1. 자녀의 양육에서 자녀들의 편애하는 양육태도를 개선하도록 한다.

2. 부모라도 자녀의 개인적인 인격과 재능을 인정하고 지지해야 한다.

3. 부모에게 반항하는 행동이나 태도의 공격적인 원인을 파악한다.

# 성적이 최고인 줄 아는
# 권위적인 아빠를 피하고 싶어!

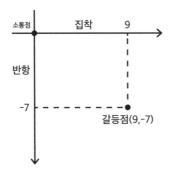

\* 굴욕회피 욕구란?

헨리 알렉산더 머레이(Henry Alexander Murray: 1893-1988)가 제시한 여러 가지 욕구 중 굴욕회피 욕구(infavoidance needs)는 굴욕적인 상황을 피하려 하고 자신의 체면이 구겨지는 사태를 피하려는 욕구를 말한다. 실패와 두려움 때문에 행동을 억제한다. 극도로 수줍음과 거부반응, 두려움으로 인해 사회적 생활을 어렵게 만들고 상호작용하는 데 힘들게 된다. 상대방에게 요구한 것을 거절당할 때 고통을 심하게 느끼며 또래관계가 원만하지 못하고 위험성이 높다. 혼자 있는 외로움을 선택하여 은둔형 외톨이로 발전할 수 있다.

 회피성 성격장애 원인은 과거의 부모 혹은 또래들에게 거부를 경험하면서 자존감과 가치감각에 영향을 받았을 것이다. 또는 부모의 애정이 부족하거나 거부감을 경험한 환경적인 영향이 크다. 청소년기에서 성인기로 접어들게 되면서 더욱 소심해지는 성격을 나타내면서 굴욕을 피하려고 한다. 청소년기에 경험해야 할 일을 제대로 하지 않았을 때 내려지는 처벌에 대한 두려움으로 그 상황을 회피하려는 의지를 나타내고 강하게 반항한다. 이런 욕구를 가진 청소년은 문화적인 규범에 맞지 않는 행동을 계속 반복하고 실패에 대한 공포심을 가지게 되어 자신보다 열등한 사람만 사귀고 자신의 결점을 숨기려고 한다.

 [각색한 상담사례]
 중학교 초까지는 학교생활에 적응을 잘하는 착실한 학생으로 아무런 문제가 없었는데 학교 성적이 떨어지면서 자주 결석하는 중학교 3학년 남학생으로 가정에서도 문제가 발생한 것을 염려하여 담임이 상담을 의뢰했다. 상담실에 들어서는 모습은 깔끔한 교복 차림으로 행동도 예의 있었지만,

표정은 밝지 못했고 조금은 우울한 듯 보였다. 중학교 입학 후 1학년까지는 성적도 좋았으며 학교에 적응도 잘하는 편이라고 했다. 하지만 성적이 조금씩 떨어지면서 이제는 부모님이 원하는 성적을 받지 못했다. 그래서 부모님께 성적을 속이기 시작했고 점점 부모님과 문제가 발생한 것이다. 학교생활이나 또래관계는 별문제 없었지만, 가정과 연계되는 모든 것에는 무조건 회피했다. 부모님의 상담이 가능한지 물었더니 처음에는 반대하더니 설득에 부모의 상담도 괜찮다고 하였다.

* 학생 상담내용

남학생 가족은 부모와 초등학생인 여동생으로 부모님은 맞벌이로 경제적 여유가 있는 편이었다. 여동생은 부모님이 원하는 방향으로 잘 성장하고 있었다. 자신은 중학교 입학하여 2학년부터는 학교 공부가 힘들기 시작했다. 자신에게 기대치가 높은 부모님에게 실망시키고 싶지 않아 학교 성적을 계속 속였다. 아빠는 무척 엄격하시고 완고하며 자신의 의견을 들어주는 것 같지만 결국 아빠가 원하는 방향으로 만들었다. 엄마는 내성적이며 소극적인 성향으로 아빠에게 순종적이며 무엇이든 아빠가 우선이기 때문에 자신들의 편을 들어주기 힘든 상황이었다.

학생은 부모님이 참 좋으신 분이라고 했다. 초등학교 때까지는 엄마 아빠 말씀도 잘 듣고 중학교 1학년 때까지 성적도 부모님이 원하는 상위권이라서 자랑스러운 아들로 사랑을 많이 받았다. 아빠, 엄마가 시키는 일만 잘하면 집에서 야단맞을 일이 없었다. 초등학교 때는 부모님이 원하는 공부가 어렵지 않다고 생각했다. 그러나 초등학교와 다르게 중학교는 자신이 생각한 것보다 훨씬 어렵고 힘들어서 따라가기 어려웠다. 부모님에게 학교공부가 힘들다고 얘기하면 할수록 더 비싼 고액 과외를 시키든지 학원을 보냈다. 갈수록 공부가 싫어서 학원을 자주 빠졌고, 시간이 갈수록 성적은 더 떨어져서 이제는 상위권 성적은 상상도 할 수 없었다. 지금 성적으로는 부모님이 원하는 특수목적 고등학교 입학은 엄두도 못 내는 상황이었다.

부모님은 매우 엄격하여 학원에 가는 시간부터 모든 일정을 부모님에게 보고해야 하고 또한 허락받지 않은 일은 절대로 하지 못했다. 3학년이 되면서 부모님 몰래 친구들과 어울리고 술과 담배도 하게 되었는데 현재 부모님은 자신의 학교생활이나 일상 상황을 전혀 모르고 있었다. 지금도 부모님에게 학원가는 시간을 일일이 보고하고 부모님이 계획한 일정에 맞게 움직여야 하고 자유시간은 전혀 없었다. 자신이 하고 싶은 것은 음악이었다. 음악을 위한 자유시간이 필요했다. 자유 시간을 가지고 싶다고 얘기할수록 학교와 학원 시간을 통제하고 학교성적에 집착했다.

"학교 성적에 집착하는 부모님을 보면 너무 답답해요. 저는 공부가 싫고, 공부는 나와 상관이 없다고 생각하거든요. 제가 하고 싶은 건 음악인데 음악에는 근처도 못 가게 하고 제가 원하는 학원도 보내주지 않아요." 학생이 했던 말이다.

우연히 친구 따라 음악학원을 가게 되었는데 거기서 밴드를 하는 친구를 보고 드럼을 배우고 싶다고 생각했다. 하지만 부모님은 전혀 허락하지 않았고 그 후부터 학교 성적에 더욱 집착했다. 부모님에 대한 불만으로 스트레스가 높아지면서 학교 성적은 계속 떨어졌다. 그럴수록 부모님 눈을 피해서 음악을 하는 친구들과 어울렸다.

\* 보호자 상담내용

부모님은 두 분 모두 학교에 방문하기 어렵다고 하여 가정방문으로 상담했다. 부모님 모두 계셔서 두 분에게 아들에 대한 각자의 하소연을 들었다. 아빠는 근엄한 표정이었고 엄마는 경직된 자세로 조금은 불안정한 태도가 느껴졌다. 집은 깔끔히 정리가 잘 되어 있었지만 조금은 무거워 보이는 분위기였다.

아들은 초등학교 때까지는 부모 말을 잘 듣고 아주 착한 학생이었다고 했다. 중학교에 가면서 친구들을 잘못 사귀게 되면서 술과 담배를 하고 늦게 귀가하거나 학교 성적을 속이기 시작해서 더욱 화가 났다. 성적이 떨어지면 성적을 올릴 수 있도록 고액학원에 다니게 하고 아쉬운 것 없도록 요구하는 것은 다 들어주었는데 친구들 때문에 아들의 행동이 나빠졌다고 생각했다.

학교에서 갑자기 성적이 급격하게 떨어져 가정에 문제가 있는지 담임의 연락을 받고 아들에게 문제가 생겼다는 것을 알았다. 그 이후 아들의 시간 통제와 용돈을 줄이자 밖에 친구들과 어울리지 않고 지기 방에만 있었다. 등교도 거부하고 공부에도 전혀 신경 쓰지 않고 부모가 무슨 말만 하면 소리를 지르며 방에서 나오지도 않았다. 그래서 학교에 상담을 요구했고 아들과 원만한 관계로 되돌아가고 싶다고 했다.

부모는 아들이 무엇을 하고 싶은지 전혀 몰랐다. 언젠가 음악에 관심이 생겼으며 드럼을 배우고 싶다고 음악학원에 등록해 달라고 했지만 지나가는 말이라고 생각하고 공부에나 신경 쓰라고 하며 무시한 상황을 기억해 냈다. 아빠는 아쉬움 없이 가르치고 키웠는데 아들이 하는 행동을 아는 척하고 야단치고 싶지만, 화가 나서 아들을 타이르다가 관계가 더 나빠질 것이 우려되어 참고 있었다.

아빠는 가족 모두에게 너무 권력적이고 엄격해서 아내도 자신의 의견을 남편에게 전혀 표현하지 못하고 있는 것을 인지하지 못했다. 특히 자녀교육에 대한 엄마의 의견이 전혀 반영되지 않았다. 아빠는 폭력적이지는 않지만 권위적이며 가족 모두가 아빠의 의견을 따르지 않으면 금전적이든 정서적이든 어떠한 방법으로도 가족들을 통제하고 있었다.

# /신체적 폭력보다 더 무서운 것은 정서적 통제

상담내용을 정리하면, 아빠는 너무 권위적이고 엄격하며 학교 성적에 집착했다. 학생은 아빠에게 자신이 원하거나 하고 싶은 의견을 제대로 전달하지 못해서 불만만 쌓였다. 중학교에 입학하면서 학교성적에 강한 집착을 하는 아빠에게 갈수록 스트레스가 높아졌다. 성적하락으로 반항도 해봤지만 아빠의 권위에 눌려 자신이 원하는 음악을 하고 싶다는 말을 제대로 전달하지 못했다. 학생은 공부가 모든 것을 평가한다는 식으로 학교성적에만 집착하는 아빠로부터 탈출하고 싶어 했다. 자신이 하고 싶은 음악에 관계되는 것을 아빠에게 요구했지만 엄한 아빠에게 받아들여지지 않고 무시 되었다고 생각하고 있었다. 아빠에게 자신이 무시당한 것으로 생각하고 일상의 모든 것에 회피하고 방에서 나오지 않는 반항적인 행동으로 자신의 감정을 표현하고 있었다.

아빠는 스스로가 권위적으로 가족 위에 군림하고 있다는 것을 깨닫지 못하고 있었다. 가족들의 어려운 상황이나 요구사항을 귀담아듣지 않고 자신의 주장대로 하도록 강요만 했다. 아빠에게 불만을 말하지 못하는 아들은 밖으로 돌면서 불량한 친구들과 어울리고 차츰 등교를 거부하는 것으로 반항하면서 자기 앞에 일어나는 상황들을 회피했다. 아들은 등교뿐만 아니라 밖에도 거의 나가지 않고 자기 방에만 있는 시간이 길어졌다. 술과 담배로 아빠에게 받는 부정적이고 불편한 감정을 해소하면서 아빠에게 반항했다. 엄마 또한 남편이 권위에 의해 모든 상황을 회피하는 성향을 보였다. 엄마도 아들과 마찬가지로 권위적이고 엄격한 남편으로부터 자기주장을 전혀 표현하지 못하는 회피성 성격장애의 경향을 나타내는 것 같았다.


[상담에 도움 되는 말]

굴욕회피 욕구의 영향을 받고 성장한 청소년은 긍정적인 또래관계를 유지하기 위해서는 또래들 속에서 발생하는 욕구를 스스로가 반복적으로 이해하고 이를 잘 기억해야 할 필요가 크다. 헨리 알렉산더 머레이는 내적 욕구는 문화의 차이에 따라 개방되지 못하는 경우가 많아 무의식 속에 남게 되어 꿈, 환상, 투사 또는 신경증 증상이라고 했다. 단지 선천적이거나 내면적인 관심과 호기심 때문에 도전과 활동을 추구하는 것이라고 할 수 있다.


외적 욕구는 사회에서 자유롭게 표현하도록 표현의 자유를 나타낸다. 외부적인 보상, 압력, 요구 때문에 자기 스스로가 자기개념에 부응하기 위해 활동에 참여하는 것이다. 반응적 욕구로 사회적 환경 속에서 타인과 협력하고 함께 살아가기 위해서는 서로에 대한 이해를 우선으로 해야 한다. 발생적 욕구는 타인이 자신을 조소하거나, 경멸하거나, 또는 무관심을 보이는 등 체면이 없어지는 상황을 자발적으로 피하려고 한다. 청소년기에 성장하면서 가족이나 또래들에게 느끼게 되는 굴욕회피 욕구를 경험하면 사회생활을 하게 될 때 소극적인 행동을 한다. 또는 자신이 두렵거나 처리하기 어려운 상황을 피하려고 한다.

**Think...**

1. 가정에서 권위적으로 군림하는 아빠의 양육방식의 근본적인 원인을 파악한다.

2. 부모와 대화로 소통하지 못하는 가정환경의 문제점을 확인한다.

3. 자녀의 부정적인 감정을 해소할 수 있는 긍정적인 해결방법을 지도한다.

# 5/ 아빠, 엄마!
## 나는 공부보다 노래가 좋아

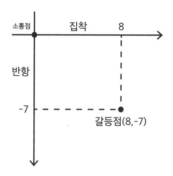

* 청소년 가면 우울이란?

청소년이 마치 가면을 쓰고 있는 것처럼 겉으로 드러내지 않는 우울증을 말한다. 표면적으로 우울 증상이나 의욕저하, 무력감 등이 나타나지 않지만, 밑바탕의 원인이나 역동은 반 우울증과 같으므로 '가면 우울증'이라고 할 수 있다. 가면 우울증은 신체화 증상으로 지나친 명랑함, 알코올중독, 도박, 행동과잉, 가성치매 등으로 나타난다. 부모나 어른들에게 반항하며 난폭해지는 경우, 탈선과 비행을 저지르기도 한다. 청소년기의 우울증은 성인 우울증과 다르게 슬퍼 보이기보다는 오히려 폭력적이거나 가식적인 모습을 보이기 때문에 마치 가면을 쓴 것 같다고 하여 '가면 우울증'이라고 한다.

청소년의 가면 우울증은 청소년의 비행 형태로 나타나기도 한다. 청소년들은 일탈적인 행동을 할 때 쾌감이나 짜릿함을 느낀다. 뇌에서 쾌감호르몬인 도파민이 분비되기 때문이다. 평소 기분이 좋지 않고, 무엇인지 모르겠지만 기분이 우울하거나 짜증이 나는 기분을 없애기 위해 비행을 저지르거나 일종의 기분전환을 느끼고 싶어 한다. 사춘기와 맞물려 부모가 이해할 수 없는 형태로 나타내기 때문에 증상을 파악하기 어렵다.

시간이 지나면 나아질 것이라고 방치할 때도 있지만, 무력감과 의욕저하 등으로 기분이 좋지 않고 몸이 처지며 어두운 표정을 나타낸다. 마음의 고통을 줄이기 위해 나쁜 집단에 어울리거나 비행을 저지르게 되는데 남을 때리거나 물건을 파손하거나 공격적인 과잉행동 나타내기도 한다. 슬픔을 완화하기 위해서 성적 문란을 일으키거나 다른 쾌락을 찾게 되며 인터넷에 몰두하게 되고 SNS에 집중하면 인터넷 과 의존증으로 오인할 수도 있다.

[각색한 상담사례]

　장래희망이 가수고 학교 행사 때는 자신의 재능을 100% 발휘하는 끼가 많은 고등학교 1학년 여학생이다. 입학하여 2학기로 접어들면서 학교에서 생활태도가 불량스러워지고 우울증을 나타냈다. 게다가 폭력성을 나타내는 경우가 잦아져서 담임이 상담을 의뢰했다. 첫인상은 무척 명랑해 보였다. 그러나 대화할 때 의자에 앉은 태도가 불안정하고 표정이 순간순간 자주 변했다. 외모를 예쁘게 꾸미고 자기관리에 무척 신경 쓰고 있었다.

　여학생은 외동딸로 주위 사람들에게 관심과 사랑을 많이 받고 자랐다. 아빠는 무척 다정하고 자신이 원하는 것은 거의 다 들어주었다. 하지만 부모님은 자신이 싫어하는 학업에 집착했다. 엄마는 잔소리를 너무해서 자신에게는 귀찮은 존재다.

　＊ 학생 상담내용

　여학생은 부모님을 이해하기 힘들다고 부모님에 대한 불만을 먼저 하소연했다. 어릴 때는 노래 잘 부른다고 친척이나 지인들이 오면 노래를 부르게 하고 독려했으면 칭찬도 많이 해주었다. 그래서 자신은 꿈이 가수이고 부모님이 자신의 꿈을 반대할 것이라고 생각도 못 했다. 어릴 때 노래를 잘 부른다고 칭찬을 많이 받아서 가수를 꿈꾸었다. 지역 노래대회에 출전하면 입상도 할 정도였으며 작은 음악회에 초청도 받았다. 교내 특활활동으로 교내밴드에서 보컬로 활동하고 있지만, 지금은 부모님이 노래하는 것을 인정해주지 않아 불만이다.

중학교 때부터는 자신의 꿈이 가수라고 연예인 학원이나 음악 학원에 보내달라고 했지만 들어주지 않아서 교회 같은 곳에서 노래 연습을 했다. 중학교에 입학하면서 교과학원에 등록하여 공부시켰기 때문에 노래를 부르거나 들을 수 있는 시간이 부족했다. 부모님에게 가수가 되고 싶다는 자신의 의견은 무시당하고 있다.

가수 같은 연예인보다는 공부하여 좋은 대학에 입학하라며 부모님은 자신을 통제하기 시작했다. 그때부터 부모님을 속여 음악학원에 등록했다. 학교 성적이 떨어지면서 부모님이 성적을 알게 된 후 자기 행동이나 일상을 더 간섭했다. 반항심으로 친구들과 어울리면서 담배를 피우고 술을 마시면서 부모님과는 사이가 더 나빠졌다.

이제는 용돈을 주지 않아서 애교로 부모님에게 화장품이나 옷을 산다고 거짓말을 했다. 용돈을 받으면 스트레스 해소에 도움 되는 친구들과 어울렸다. 집에 들어가면 부모님은 항상 잔소리하고 책가방 검사를 해서 부모님의 눈에 거슬리는 물건이 나오면 외출을 금지했다.

부모지만 자식 미래의 꿈을 통제하는 것은 옳지 않은 일이라고 강조하면서 아무리 못하게 통제해도 자신은 가수가 될 것이라고 했다. 음악을 같이 하는 친구들과 어울리면서 술, 담배 등 부모님이 싫어하는 행동으로 반항도 해봤지만, 부모님은 여전히 자신의 희망을 들어주지 않고 재능을 무시한다고 했다.

*  보호자 상담내용

어머니는 전업주부로 학교 방문하는 것이 부담된다고 가능하다면 가정방문 상담을 요청했다. 집은 예쁘게 잘 꾸며져 있어서 단란한 가정처럼 보였다. 외동딸이어서 어릴 때 귀엽게 키웠고 아빠의 사랑을 듬뿍 받으며 자랐다고 했다. 아빠는 어릴 때부터 노래를 잘하고 끼가 많아서 지인들이나 친척들 앞에서 춤추고 노래 부르며 칭찬을 많이 받아서 자랑스럽게 생각했다. 하지만 성장하면서 부모님은 연예인이 되기보다는 공부하는 것이 좋다고 대학진학을 위한 학업 쪽으로 신경 쓰고 있었다. 보컬을 한다고 하면서 옷차림도 부모 마음에 들지 않게 노출이 심한 옷을 입고 다녔다.

그래서 음악을 하지 못하게 한 뒤부터 불량한 친구들과 어울리면서 술과 담배를 하고 아빠에게 더 강하게 반항했다. 그렇게 하면 할수록 아빠는 외출이나 옷차림에 신경 쓰고 집착하며 딸의 일상생활을 통제하고 있다.

자식이라고 딸이 하나라서 아빠는 무척 귀여워하고 관심을 가지고 양육하였지만, 딸과 아빠의 진로에 대한 의견이 맞지 않았다. 지금이라도 딸이 공부만 한다고 그러면 아빠가 많은 지지를 해줄 텐데, 연예인이 하고 싶다고 친구들과 어울려 다니면서 아빠 눈에 벗어나는 행동을 하고 있어서 엄마는 딸의 행동이나 태도가 무척 불안하다. 딸은 자신이 필요한 것이 있으면 한 번씩 아빠에게 다정하게 할 때도 있지만 아빠가 싫어하는 행동을 스스럼 없이하는 것을 보면 더욱 속상하다고 했다. 그렇게 행동하는 딸에게 아빠는 계속 집착하고 집에 들어오면 담배가 있는지 책가방 검사부터 해서 딸의 자존심을 상하게 했다. 엄마는 갈수록 아빠에게 반항 강도가 심해지고 서로 이해하지 못하는 부녀 사이가 더 멀어질 것에 걱정이 크다. 엄마는 자녀의 재능을 인정하지 않는 아빠의 반대가 너무 심해서 부녀지간의 상황을 보고만 있는 것도 답답하다고 했다.

## /자녀의 꿈을 인정하고 지지해주는 것도 좋은 양육방법

상담내용을 정리하면, 학생은 어릴 때부터 연예적인 재능이 있어서 아빠와 친인척에게 사랑을 무척 받고 자신의 꿈을 가수로 키워나갔다. 그러나 중학교에 입학하면서 부모님의 희망은 공부를 열심히 하여 대학에 입학하는 것이었다. 공부하여 대학을 가도록 요구하는 아빠에게 반항하여 술과 담배, 화장, 야한 옷차림으로 다녔다. 아빠가 싫어하는 행동을 서슴없이 했다. 엄마는 아빠와 딸 사이에 어쩔 줄 모르고 있는 상황에서 딸의 행동을 타이르고 있지만 엄마의 말은 전혀 듣지 않았다. 계속 아빠가 집착과 간섭을 하며 심한 통제를 해서 더 삐뚤어지고 반항하는 행동을 했다. 술과 담배보다도 행동적인 부분에서 또 다른 폭력적인 부분도 나타내면서 딸은 자신의 꿈과 재능을 인정해 주길 요구했다. 용돈 차단을 하면 거짓말까지 하면서 부모를 속였다. 외출을 금지하면 방에서 컴퓨터만 하면서 밤에 잠도 자지 않고 낮에 자는 등 밤과 낮이 바뀌는 생활을 하는 것을 보면 속이 터진다고 하였다. 종일 집에만 있는 경우 우울하거나 무기력한 모습으로 초점 없는 눈빛을 보면 딸의 행동이 불안하다고 하였다.

부모는 귀엽고 사랑스럽고 믿었던 외동딸이 친구들과 어울리면서 부모가 원하지 않는 연예인을 고집했다. 탈선으로 빠질까 봐 걱정을 많이 하고 있지만, 딸의 요구를 들어주고 싶은 생각은 없다고 하였다. 학생은 아빠가 자신의 재능을 인정하고 의견만 들어주면 공부도 열심히 하고 정상적인 학교생활로 돌아가고 가수의 꿈을 키우고 싶다고 하였다. 폭력적인 행동과 노출인 심한 옷차림이나 음주, 흡연도 줄일 수 있다고 하였다.

[상담에 도움 되는 말]

청소년의 가면 우울증 증상은 정신력의 문제만이 아니다. 청소년들은 우울의 고통을 피하려고 약물, 술, 마약, 본드 등을 사용하는 것이다. 우울과 관련된 분노를 방출하기 위해서 파괴적이고 공격적인 행동을 하게 되기도 해서, 마치 품행장애로 잘못 진단될 수 있다. 과식하거나 지나치게 잠을 많이 자는 비정형 우울증의 형태를 띠고 있는 것이 특징이다. 잠을 많이 자고도 아침에 깨우면 짜증을 부리고 신경질을 부려서 부모를 당황하게 한다.

학교에서는 수업 시간에 잠을 많이 자기 때문에 공부에 지장을 받는다. 학교생활이 성실하지 못해서 꾸중 들으면 선생님께 정면으로 반항해서 불량한 학생으로 낙인찍히기도 한다. 이처럼 청소년의 우울증은 기분 변화가 심한 것이 특징이다. 짜증을 내다가도 친구를 만나면 갑자기 좋아지고 행복하게 보이기도 한다.

비교적 일상생활을 잘하던 아이가 사춘기에 들어서면서 갑자기 부모에게 대들고 이유 없이 짜증을 내는 경우가 종종 있다. 심하면 부모와 어른들에게 과한 반항과 짜증을 내기도 한다. 부모는 자녀가 가면 우울증으로 힘들어한다면 자녀의 말에 경청하고 공감을 해주면서 자녀가 추구하는 것들을 지지하고 격려해주어야 한다.

**Think...**

1. 부모는 자녀가 원하는 재능과 꿈을 인정하는 생각의 전환이 필요하다.
2. 무조건 반대하는 것보다 의견을 조율하는 긍정적인 소통 방법을 찾아야 한다.
3. 자녀가 필요한 것을 얻기 위해 하는 비일관적인 행동의 의도를 파악한다.

# 나는 살아가야 할 세상이 두려워!

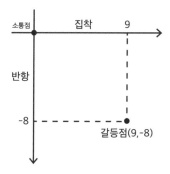

* 청소년 사회공포증이란?

청소년기에 두뇌 사용이 미성숙한 상태에서 청소년 사회공포증에 노출되어 성장하면 성인이 되어 사회생활에 상당한 지장을 받는다. 일종의 불안장애에 해당하기 때문에 빠른 치료가 필요하다. 발병 원인은 뇌와 신경계

부분이 피로나 스트레스, 정신적인 외상 등 부정적인 환경요인이 있다. 성격문제로 나타날 때도 있지만, 보통 수줍음을 많이 타거나 낮가림이 심한 성격에 많이 나타난다. 손이 떨리거나 얼굴이 붉어지는 증상, 공황 발작이 나타나며 극심한 공포반응을 동반하기도 한다.

사회공포증의 발생은 환경적인 요인과도 관련이 있다. 어린 시절에 자신에게 중요한 사람이 창피를 주고 놀리고, 모욕하고, 비판하고, 버리는 등의 당황스러운 상황에 닥쳤을 때, 이 사람을 하나의 이미지로 내면화하게 된다. 이후 주변 사람들에게 이러한 이미지가 투영되면, 청소년은 모두가 자신을 비웃는다고 비판하는 잘못된 인식에 사로잡혀 공포를 느끼게 된다.

청소년기에 부모의 싸움, 사망, 헤어짐 등을 경험하거나, 불안이 심한 부모로부터 사회가 무섭고 위험한 곳이라는 생각을 교육받아 행동의 제한을 받는다면, 이것도 사회공포증의 한 요인이 될 수 있다. 사회공포증이 있는 청소년은 대중 앞에서 연설해야 하는 상황, 처음 보는 사람과의 만남, 일상적인 활동인 타인과의 대화 및 식사, 모임의 참여 등에서 심한 공포를 느낀다. 청소년은 다른 사람이 자신을 불안정하다고 생각할까 봐 두려워한다.

얼굴의 붉어짐, 몸 또는 목소리의 떨림, 땀 흘림, 얼굴 굳어짐 등과 같은 신체적 증상을 나타내기도 한다.

[각색한 상담사례]

중학교 입학 후 또래관계가 원만하지 못해서 학교생활에 적응하지 못했고, 중학교 때부터 대안학교에 이적하여 학교생활을 했다. 고등학교에 입학하면서 더욱 심각한 일상에 부적응을 보인다며 고등학교 1학년 남학생 부모님이 담임에게 상담을 의뢰했다. 상담하면서 상대방과 눈을 맞추지 못하고 상담실에서 계속 주위를 두리번거리며 작은 소리에도 깜짝 놀라는 경직된 모습을 보였다. 자신감이 없으며 집 밖에 나오는 것이 두렵다고 했다. 밖에나 오는 것이 두려워 등교에 어려움이 있었고, 부모님에게 가정 상담을 해도 된다는 허락을 받아 가정상담으로 진행했다.

* 학생 상담내용

남학생은 부모님과 두 명의 형이 있었고 막내로 자랐다. 부모님은 맞벌이로 늘 늦게 돌아오기 때문에 형들 사이에 끼어서 자랐다. 아빠는 무척 권위적이며 체면을 중요시하는 성격이었다. 형들은 고등학교부터 성적이 좋지 않아 아빠에게 학업에 대한 잔소리를 들을 때마다 반항했다. 집안 분위기는 늘 험악했다. 엄마는 삼형제를 아빠로부터 보호해주었지만, 역효과로 더 야단을 맞았다. 형들은 자신이 막내라고 궂은일은 자신에게 떠맡기고 화풀이 대상으로 폭력을 하는 형들이 아빠보다 더 두렵고 싫었다.

부모님은 형들 문제로 항상 다투었다. 형들은 부모님이 원하는 곳에 진학하지 못했고 늘 친구들과 어울리면서 학업에 신경 쓰지 않아 특성화 고등학교를 겨우 졸업했다. 아빠에 대한 불만으로 형들은 자신에게 화풀이했다. 형들에게 구박을 많이 받았고 심부름이나 부탁을 들어주지 않으면 부모님 몰래 구타했다. 남자 형제들만 있다 보니 집안은 항상 어수선하고 정리가 안 돼서 형들이 어질러놓은 것을 정리하고 집 청소도 자신이 했다. 아빠가 엄격해서 퇴근해서 집이 어질러져 있으면 화를 내셨다. 형들은 자신에게 책임을 미루었고 자신이 하지 않으면 형들에게 많이 맞았다. 지금도 형의 얼굴만 봐도 두렵고 무서워서 심장이 떨려 보기도 싫었다. 형들에게 구타나 폭언의 피해로 힘들어하고 있을 때 아빠는 상황을 모르고 자신에게 성적이 떨어진다고 야단을 쳤다. 형들에 대한 기대치가 이루어지지 않아 자신에게 몰아서 학업에 집착하는 아빠가 두려웠다.

중학교 입학 후 하루도 집안이 편할 때가 없었다. 부모님은 집안일로 항상 다투었다. 집의 환경이 불안정해서인지 자존감이 낮아서인지 학교에서도 또래들과의 관계를 유지하기가 어려웠다. 주위에서 작은 소리만 들려도 아빠나 형들이 자신에게 소리 지르는 것 같아 자신도 모르게 몸이 긴장하고 움츠리는 것을 느꼈다. 자신이 자신감 없는 행동을 하거나 대답을 못할수록 아빠는 더 많이 화를 내고 똑바로 하고 자신감 있게 하라는 자신의 행동교정에 집착했다.

정말 살고 싶어서 고등학교 입학 때쯤부터 아빠나 형에게 반항했다. 그렇게 했을 때 반항의 이유를 물어보거나 이해하기보다는 자신에게 돌아온 것은 아빠의 질책과 형들의 구타였다. 그러는 동안에 자신은 사람들과 어울리는 것이 싫고 밖에 나가는 것에 공포심까지 느꼈다. 버스를 타거나 사람들이 많은 곳에 가는 것은 더욱 힘들었다.

엄마의 다독이는 마음에 보답하려고 어떻게든 고등학교는 졸업하려고 해도 자신이 없었다. 아빠는 형들에게 만족하지 못한 학업의 기대감을 자신을 통해 채우려고 했다. 초등학교 다닐 때부터 집착해서 학원이나 과외를 시켰다. 아빠의 기대감에 맞출 능력도 없지만, 기대에 맞게 해낼 자신감도 없었다.


* 보호자 상담내용

어머니는 아들이 학교에 가지 않고 집에 있다고 가정방문 상담을 부탁했다. 집은 깨끗하게 정리되어 있었지만, 아들 삼형제만 있어서 그런지 집안 분위기가 조금은 어둡고 무거워 보였다. 남편의 권위적인 모습과 엄격한 훈계로 삼형제는 항상 두려움에 떨면서 생활했다. 형들이 남편의 기대에 미치지 못하자 막내에게 기대하면서 모든 것에 집착하기 시작했다. 막내아들은 아빠의 기대감을 무척 부담스러워했다.


삼형제는 아빠가 두려워서 어릴 때는 아무 소리도 못 하고 시키는 대로 했지만, 형들은 중학교에 가면서 조금씩 반항하기 시작했다. 형들은 현재 아빠와 관계가 좋지 않다. 막내아들은 집에서도 아빠와 형들하고 대면하고 싶어 하지 않아 자기 방에서 나오지 않는다. 아빠는 아직도 막내아들에 대한 기대를 버리지 못하고 한 자식이라도 자신의 기대치에 맞게 잘되기를 바라고 있었다. 형들은 막내 동생이 이렇게 된 상황을 이해하지 못했다.

아빠는 엄격함과 권위적인 것을 버리지 못하여 발생한 상황이지만 본인 때문이라는 것을 인지하지 못하고 있었다. 아빠로부터 삼형제를 어떻게 보호해야 할지 엄마는 걱정했다. 막내아들이 문제행동을 나타내기 시작하면서 직장을 그만두고 보살피고 있었다. 엄마는 막내아들을 어떻게든 되돌려보고 싶어서 겨우 달래서 학교를 보내고 있었다.

막내아들이 아빠와 형들에게 거부감이 너무 크기 때문에 한 집에서 생활하기에 힘들 것 같아서 다른 방도를 취하고 싶었다. 막내아들은 등교하지 못하고 있지만, 학업적인 부분은 방에서 혼자 인터넷강의로 공부를 계속하고 있기 때문에 학업은 그런대로 유지하고 있었다. 그러나 청소년 시기에 배워야 할 또래관계나 사회성이 걱정이며, 집에서도 작은 소리에 긴장하고 밖에서 일반적인 행동을 잘하지 못하는 것 같아 걱정이라고 했다. 그리고 심각한 것은 막내아들이 아빠와 형에 대한 반항심으로 형들에게 받은 폭언과 폭행은 받은 만큼 되돌려주겠다고 벼르고 있는 부정적인 감정이라고 했다.

# /아빠의 집착으로
# 반항하는 아들에게 나타난 행동적 현상

상담내용을 정리하면, 아빠의 엄격과 권위로 삼형제가 무척 힘들게 성장하고 있었다. 학생은 자녀교육 방침의 의견이 다른 부모님의 다툼과 아빠가 막내만 편애하는 것에 질투하는 형들의 구타 등으로 어릴 때부터 아빠나 형들에게 좋지 않은 기억이 있었다. 아빠는 형들의 학업에 만족하지 못하자 막내아들에게 기대감을 높여 집착과 통제를 시작하게 되면서 학생은 부담감을 크게 느꼈다. 학생은 아빠의 집착과 통제에 힘들어했고, 고등학교에 입학하면서 반항을 시작했다. 아빠의 집착에 반항의 표현으로 할 수 있었던 행동은 등교거부와 폭언, 방에서 나오지 않고 대면을 거부하는 것이었다. 그럴수록 아빠의 폭언과 통제, 형들의 구타 등으로 심리적으로 소심하고 모든 것에 긴장하게 되었다.

또한, 대인공포증까지 나타내게 되었다. 막내아들인 학생 때문에 퇴직한 엄마가 관심과 사랑으로 보살펴 주면서 조금씩 정서적으로 안정적인 변화는 있지만, 등교는 하지 못하고 또래들과의 관계유지도 힘들어하는 대인공포증 같은 심리적으로 불안정한 행동을 보였다.

[상담에 도움 되는 말]
청소년기에 나타나는 사회공포증은 대인기피증 혹은 대인공포증이라 할

수는 사회불안장애의 일종이다. 사춘기 때의 정상적인 부끄러움을 사회공포증과 구별하는 것이 중요하다. 낯선 사람을 만나거나 타인 앞에서 어떤 일을 수행하는 행동이 노출되는 것에 극심한 두려움이나 불안을 나타낸다. 특히 청소년들이 많이 생활하는 학교에서 활동할 때 나타난다.

사회공포증은 단순히 내성적이고 얌전한 경우에 책임감 없는 청소년으로 오해받을 수 있다. 만약 집에서는 활발하던 자녀가 학교나 밖에서는 소극적이며 심하게 부끄러워한다면 사회공포증일 수도 있다. 발표를 하면 떨려서 자신감 없는 목소리로 당황할 때가 많다. 집중력이 약하고 모든 일에 소극적으로 대처하게 된다. 우울감이 높아지고 외부활동이나 특히 등교를 싫어할 수도 있다. 불안과 공포감을 느끼는 상황이라도 작은 것부터 지속적으로 노출하여 겪었던 불안과 공포감을 낮출 수 있다. 공포나 불안으로 인한 좌절감을 이겨내기 위한 노출 경험에는 꾸준하게 노력하는 인내심이 필요하다.

**Think...**

1. 가정폭력에 노출되어 학교생활이나 또래관계에 부정적인 영향이 미치는지 확인한다.

2. 또래관계에서 상대와 눈을 맞추지 못하고 작은 소리에 긴장하는 원인을 파악한다.

3. 일상적인 생활에 적응하지 못하고 소극적인 행동을 하게 된 내면의 원인을 찾아본다.

# Part 7

# '사분면 상담지표'의
# 4가지 활용 TIP

어느 집단에서든지 사분면 상담지표를 활용할 수 있다. 활용 방법은 사분면에 해당하는 X, Y축의 요인은 집단에서 발생하는 중심 갈등을 X, Y축의 요인으로 정하고 상담할 때 활용하면 된다. 요즘 청소년들은 미디어에 노출되면서 성장했기 때문에 갈등상황에 시각적, 공간적 측면으로 확인하면 갈등의 인지관계도가 높아진다.

부모가 자녀를 양육하는데 자신의 양육태도를 인지하지 못하고 있다면 존 가트만의 부모양육태도 진단지를 활용하여 부모의 양육태도를 확인한 후 부모 상담을 진행한다. 또한 청소년이 왜 자신이 상담을 해야 하는지를 이해하지 못하는 때가 있다. 그리고 자신의 자아분화, 분노유형, 자아정체성을 스스로 파악 못 하는 경우가 있다. 이런 경우 초기상담 후 청소년에게 필요한 보웬의 자아분화, 로널드 T. 에프론의 분노유형, 박아청의 자아정체성 척도 진단지를 선택한 검사의 결과는 청소년 상담에 도움이 된다.

# 존 가트만의 부모의
# 자녀양육태도 진단 후
# '사분면 상담지표' 활용

날마다 새롭고 감미로운 말은 "사랑해", 마음을 넓고 깊게 하는 말은 "미안해", 겸손과 인격의 탈을 쓴 말은 "고마워", 사람을 사람답게 만들어주는 말은 "잘했어", 화해와 평화를 이루는 말은 "내가 잘못했어.", 모든 것을 덮어 하나 되게 하는 말 "우리는~", 세상에서 가장 보배로운 말은 "친구야", 사람을 쑥쑥 자라게 하는 말은 "네 생각은 어때?", 언제나 모든 날을 새로워지게 하는 말은 "첫 마음으로 살아가자."

청소년들은 왜 부모나 기성세대들이 이해할 수 없는 행동을 할까? 사춘기에 접어든 시기에 호르몬이나 뇌의 성장에 의한 신체적 문제일까? 아니면 심리적 불안정한 정서적인 문제일까? 이렇게 다양한 상황에서 발현되는 경험을 하며 자신이 느끼는 갈등에서 벗어나려고 한다. 그런 부정적인 갈등은 어떤 이유에서 발생하는지 청소년과 긍정적인 대화법을 활용하여 확인해야 한다. 사춘기의 불안정한 심리적 이유로 언제 어디로 튈지 모르는 행동을 주시할 필요가 있다.

위기 청소년이 말하는 표현들은 보통 어른들이 이해하기 힘든 시한폭탄과도 같다. 과격하고 일방통행이며 극히 개인적인 생각으로 주위 시선에 아랑곳하지 않고 행동한다. 주변인에 대한 배려보다 과도하게 표현하여 자신을 인정받고 싶어 하는 심리가 작용한다. 이렇듯이 과거에도 마찬가지로 현대의 사회나 문화적 환경이 발달할수록 청소년에 관한 연구를 계속하고 있지만, 여전히 미스터리하고 이해하기 힘든 존재다.

심리적 변화를 겪는 청소년기에 가장 많은 관심을 보이는 것은 신체적인 변화로 남, 여 청소년을 불문하고 외모에 집착하는 경우가 많다. 또래관계에서 더 매력적으로 자신을 표현하기 위해 노력하고 이성 친구에 관심을 가진다. 또한 성에 대한 호기심으로 성과 관련된 불법적인 행동을 초래하기도 한다. 그리고 가정이나 가족으로부터 독립을 추구하고 자율성을 주장하면서 부모와 갈등의 원인이 되기도 한다. 부모와 갈등이 깊어지면 불량한 또래들과 어울리면서 그들의 문화에 빠져든다. 그러면 부정적인 가치판단을 결정하는 데 영향을 미치고 가출의 이유가 된다.

현대 청소년들이 가장 많이 모이는 소통의 장소 온라인은 부정적인 미디어에 장시간 노출이 되어 특정 집단에 소속되기도 한다. 미디어 노출은 사고인지능력이 올바르게 정립되기 전에 추상적인 방식으로 발달하여 정보통합능력이 부족하며 정상적인 사고방식으로부터 후퇴하는 사고력의 양면성을 나타내게 되므로 주의해야 한다.

청소년기에 접어든 자녀를 둔 부모가 자녀와의 갈등이 발생했을 때 자신의 양육태도가 적절하지 못할 때가 있다. 이런 경우 부모가 자녀의 양육태도를 알아볼 수 있는 척도 진단지의 다양한 종류가 있지만, 존 가트만(2007)의 부모양육태도 자가 진단을 추천한다. 부모 상담 때 부모가 스스로 자녀에 대한 양육태도를 인지하지 못한 경우 부모양육태도 자가 진단한 후 부모가 자녀에게 어떤 양육 자세를 취하는지 알아봐야 한다.

자녀와의 갈등으로 고심하는 부모가 자신의 양육태도를 알게 되면 자녀와의 갈등 원인을 파악하고 부모의 양육태도에 대한 인식개선에 활용가능하다. 사분면 상담지표에서 부모와 자녀 간에 발생된 갈등 크기를 확인할 수 있어 상담에 도움이 된다.

# /존 가트만(2007)의
# 부모가 자녀에 대한 감정코칭 5단계

존 가트만(John Mordecai Gottman, 1942.4.26.~)은 워싱턴 대학교 심리학 명예 교수이다. 그는 과학적으로 직접적인 관찰을 통해 결혼 안정성 및 관계 분석에 대한 연구로 유명하며, 그중 다수는 동료 심사 논문에 발표되었다. 이 연구에서 파생된 교훈은 관계기능을 향상시키는 것이다.

가트만 및 다른 연구자가 인간관계에서 해로움을 주는 행동을 회피하는 것을 목표로 하는 관계상담의 부분적 근거를 제시했다. 연구는 또한 사회 서열 분석에 대한 중요한 개념의 개발에 큰 영향을 미쳤다. 현대는 자녀를 위한 부모가 감정코칭을 해야 하는 시대이다. 몇 년 전부터 시작된 존 가트만의 관계상담의 연구에 기반을 둔 자녀 감정코칭에 부모들이 많은 관심을 가지게 되었다.

존 가트만 박사가 제시하는 부부, 부모·자녀 관계 연구의 감정코치 5단계로 감정코칭 법은 1단계: 아이의 감정 인식하기 → 2단계: 감정적 순간을 좋은 기회로 삼기 → 3단계: 아이의 감정 공감하고 경청하기 → 4단계: 아이가 감정을 표현하도록 도와주기 → 5단계: 아이 스스로 문제를 해결할 수 있도록 이루어져 있다.

● 1단계: 아이의 감정 인식하기로 감정코칭은 아이가 감정을 보일 때 하는 것이다. 평소 관심을 갖고, 아이들의 표정과 태도, 행동 등에서 감정의 변화를 알아차리려고 노력해야 한다. 잘 파악되지 않는다면 기분이 어떤지 자녀에게 물어본다. 질문의 방식도 중요하다. "지금 화났어?"와 같이 예', 아니오'로 대답할 수 있는 닫힌 질문이 아니라, "지금 기분이 어때?"처럼 열린 질문을 하는 게 좋다.

● 2단계: 감정적 순간을 좋은 기회로 삼기로 아이의 감정을 알아차렸다면, 모른 척 넘어갈 것인지 감정코칭의 기회로 삼을 것인지 선택한다. 격한 감정 상태일 때마다 감정코칭을 시도할 필요는 없다. 자녀가 진정된 다음에 하려고 미루거나 모른 척 지나가기만 하는 건 좋지 않다. 감정코칭은 감정을 보이는 순간에 시도해야 한다. 아이가 감정이 격하다는 건 지금 어떻게 해야 할지 모르겠다는 신호인 경우가 많기 때문이다.

● 3단계: 아이의 감정 공감하고 경청하기는 감정코칭의 핵심 단계다. 긍정적, 부정적 감정 모두 평가하지 말고 공감해준다. 스스로 감정을 들여다볼 수 있도록 해주는 것이다. 예를 들면, 동생과 싸우다가 "동생이 죽었으면 좋겠어!"라고 말했다면 "어떻게 그런 험한 말을 해!"라고 아이의 말을 막거나 "왜?"라고 묻기보다 "그렇구나, 그 정도로 화가 났구나"라고 공감해주는 것이다. "왜"라는 질문보다 "무엇을", "어떻게"로 접근해야 한다. 아이가 하는 말을 반복하거나 맞장구를 쳐 공감해준다.

● 4단계: 아이의 감정을 표현하도록 도와주기는 감정은 무수히 세분화되어 있다. 감정이 어떤 내용인지 구체적이고 정확히 파악하는 것이 중요하다. 상황에 따라 아이들이 느끼는 감정을 가능한 한 스스로 표현할 단어를 찾을 수 있도록 부모가 돕는 것이 좋다.

● 5단계: 아이 스스로 문제를 해결할 수 있도록 감정에 대해 공감해주더라도 행동까지 다 받아주어서는 안 된다. 아이 스스로 해결책을 찾도록 해야 한다. 예를 들어 "친구에게 거짓말을 하지 않는다." "동생을 때리지 않는다."라는 식으로 행동의 한계를 제안하고 그 안에서 감정을 표출하는 방법을 찾게 해준다.

## /존 가트만(2007)의 자녀 양육태도 자가진단 후 부모의 자녀양육 형태

● A칸은 축소전환형 부모이다. 아이의 부정적인 감정에 주의를 기울이지 않으며 무관심한 태도를 보인다. 아이가 느끼는 공포, 두려움, 화 등과 같은 부정적인 감정을 무시하고, 이러한 모습을 보이면 그 상황을 이해하기보다는 그런 감정을 빨리 없애려는데 관심을 둔다. 실제로 이러한 부모는 아이의 감정 자체를 이해하고 받아주기보다는 아이의 감정은 금방 쉽게 바뀌기 때문에 중요하다고 생각하지 않고 있기 때문이다. 이런 부모에게 양

육된 아이는 자신의 행동에 대해 죄책감을 느끼지 못하고 책임감이 부족한 아이로 성장한다. 또한 자신의 감정을 받아주지 않는 부모에게 자신이 감정을 더 과격하게 표출해서 나중에는 점점 감정표현을 하지 않을 수 있다. 감정적인 교류가 부족한 탓에 자신의 의견을 강하게 내세우며 사회성이 부족한 모습을 보인다. 이런 아이는 자아존중감이 낮다. 자신의 감정에 대해 지속적으로 부정적인 지적을 받게 되면서 정서적으로 미성숙한 모습을 나타내게 된다. 감정을 주체하지 못하여 충동적인 행동을 자주 보이거나 지나치게 소극적이고 위축되는 모습을 보이기도 한다.

이러한 모습으로 학교생활에서 모둠활동이나 교우관계의 사회성 부족으로 또래관계에서 어려움을 보인다. 자신의 감정을 올바르게 표출하는 방법을 배우지 못해 부정적인 감정에 휩싸일 때면 부모가 그랬듯이 폭력적인 행동이나 폭언으로 자신의 감정을 표출하는 경우가 많아진다.

● B칸은 억압형 부모이다. 아이가 부정적인 감정을 드러내는 것은 비판하고, 감정을 표현했다는 이유로 체벌 또는 야단치거나 무시를 하는 모습을 보인다. 아이의 부정적인 감정은 올바르지 못한 것으로 인식하고 체벌을 하더라도 부정적인 감정을 소멸시키려고 한다. 이러한 모습에 대해 합리화하며, 이이가 올바르게 자라기 위해서는 비난, 협박, 체벌 등의 수단을 사용하는 것이 옳다고 믿는다.

● C칸은 방임형 부모이다. 아이의 감정을 인정하고 공감해주지만, 아이의 행동을 좋은 방향으로 이끌어주지는 못한다. 아이가 마음을 어떻게 진정해야 하는지 타인에게 어떻게 내 마음을 표현해야 하는지에 대해서 구제적인 방안을 제공하지 못한다. 이런 경우는 아이가 자기감정은 잘 표현하지만, 자기 행동에 구체적인 정보를 받지 못하기 때문에 자기중심적인 행동을 보이게 된다. 자신의 행동 한계를 몰라서 자신의 감정만을 먼저 생각하는 경향이 강하고 이로 인해 또래관계나 교우관계가 원만하게 이루어지지 못한다.

● D칸은 감정코치형 부모이다. 아이의 감정을 인정하고 공감하면서 부정적인 감정을 올바르게 표출하는 방법을 구체적으로 제시해 준다. 행동의 한계를 정확하게 알려주어도 되는 행동과 하면 안 되는 행동에 대해 정확히 말해준다. 아이의 감정에 공감해 주지만, 올바른 행동을 할 수 있도록 제한을 두기도 한다. 아이의 감정을 좋은 것, 나쁜 것으로 구분하지 않으며 아이의 감정 상황을 직면할 수 있도록 도와주며 앞으로 어떻게 해결하면 좋을지 구체적인 행동 방안을 제시해 준다.

 이 경우는 아이가 느끼는 감정이 이상하거나 나쁜 것이 아니라 자연스러운 것으로 인지하게 된다. 이런 인식은 다른 친구들의 감정도 소중하다는 것을 자연스럽게 배려하고 인정하게 된다.

또한, 자기 행동에 야단치는 부모보다 자신을 공감해 주고 해결방안을 같이 찾아주는 부모의 모습을 보면서 자신이 문제에 직면했을 때 해결할 수 있는 능력을 키우며 부모를 신뢰하게 된다. 유대감도 높게 형성된다.

# 존 가트만의 부모가 자녀에 대한 감정의 자녀 양육태도 자가진단 검사

*존 가트만(2007). 내 아이를 위한 사랑의 기술

각 항목마다 자신의 느낌에 가장 가까운 답에 표시하세요.

| 번호 | 내 용 | 선택 | |
|---|---|---|---|
| | | 예 | 아니오 |
| 1 | 아이들은 슬퍼해야 할 일이 별로 없어야 한다. | | |
| 2 | 자기가 억제할 수 있다면 분노 즉, 화나는 감정을 느끼는 것은 괜찮다고 생각한다. | | |
| 3 | 아이들은 때때로 어른들의 동정심을 유발하기 위해 일부러 슬픈 것처럼 행동한다. | | |
| 4 | 아이가 화를 낼 때는 '아이를 그 상황에서 격리시켜 얼마간 반성의 장소에서 반성의 시간을 갖도록 하는 벌칙' 타임아웃을 주는 것이 좋다. | | |
| 5 | 아이들은 울거나 짜증내는 등 슬픔을 표현하면 버릇이 없어지기 때문에 그런 행동은 좋지 않다. | | |
| 6 | 내 아이가 슬퍼하면 무슨 수를 써서라도 아이를 슬픔에서 벗어나게 해 주고 싶다. | | |
| 7 | 나는 한가하게 슬픔 같은 감정에 시간을 빼앗기고 싶지 않다. | | |
| 8 | 화는 위험한 감정상태다. | | |
| 9 | 아이들이 슬퍼할 때 무관심하게 그냥 놔두면 대부분 저절로 사라지면서 알아서 해결되는 것 같다. | | |
| 10 | 화는 대부분 공격성을 불러온다. | | |
| 11 | 아이들은 종종 자기의 뜻을 이루기 위해 슬픈 척한다. | | |
| 12 | 자기가 통제할 수만 있다면 슬픔의 감정을 느끼는 것은 괜찮다고 생각한다. | | |
| 13 | 슬픈 감정은 빨리 극복하고 벗어나야 한다. | | |
| 14 | 아이가 너무 오랫동안 슬퍼하지만 않는다면, 나는 아이의 슬픔을 잘 다룰 수 있다. | | |
| 15 | 나는 지나치게 감정적인 아이보다 행복한 아이를 더 선호 한다. | | |
| 16 | 아이가 슬퍼할 때야말로 아이와의 문제를 해결할 수 있는 좋은 기회다. | | |
| 17 | 나는 내 아이가 슬픔을 빨리 극복해서 나아지도록 도와준다. | | |
| 18 | 아이가 슬퍼 할 때는 내가 아이에게 뭔가 가르치기에 적절치 않은 시기다. | | |
| 19 | 슬픔에 빠지면 아이들은 그들 인생 의 부정적인 부분에 지나친 관심을 두게 된다고 생각한다. | | |
| 20 | 아이는 화를 낼 때마다 버릇이 없어진다. | | |
| 21 | 나는 내 아이가 화내는 허용범위를 정해둔다. | | |
| 22 | 아이가 슬픈 척하는 것은 관심을 끌기 위해서다. | | |
| 23 | 화는 깊이 연구할 가치가 있는 감정이다. | | |
| 24 | 아이들이 화를 내는 이유는 대개 아직 어리고 또 이해력이 부족해서다. | | |
| 25 | 나는 아이의 분노를 명랑한 기분으로 바꿔주려고 노력하는 편이다. | | |

| 번호 | 내 용 | 선택 | |
|---|---|---|---|
| | | 예 | 아니오 |
| 26 | 화가 날 때는 밖으로 표현해야 한다. | | |
| 27 | 아이가 슬퍼할 때가 바로 아이와 가까워질 수 있는 기회다. | | |
| 28 | 아이들에게는 화낼 일이 거의 없다. | | |
| 29 | 나는 아이가 슬퍼할 때, 아이를 슬프게 만든 것이 과연 무엇인지 찾아내도록 도와준다. | | |
| 30 | 아이가 슬퍼할 때, 나는 내가 그 기분을 이해한다는 것을 알려준다. | | |
| 31 | 나는 우리 아이가 슬픔을 경험해 보기를 원한다. | | |
| 32 | 아이가 슬퍼하는 이유를 알아내는 것이 중요하다. | | |
| 33 | 유년시절이란 천진난만해야 할 시기이지 슬픔이나 분노를 느낄 시기가 아니다. | | |
| 34 | 아이가 슬퍼할 때, 나는 아이 옆에 앉아서 그 슬픔에 대해 함께 대화를 나눈다. | | |
| 35 | 아이가 슬퍼할 때, 왜 그런 기분이 들었는지 아이가 알아낼 수 있도록 도와주려고 한다. | | |
| 36 | 아이가 화낼 때야말로 아이와 가까워질 수 있는 좋은 기회다. | | |
| 37 | 아이가 화를 낼 때, 아이와 함께 그 기분을 느껴보려고 노력한다. | | |
| 38 | 나는 아이가 분노라는 감정을 경험해 보기를 바란다. | | |
| 39 | 아이들이 때때로 분노를 느끼는 것도 좋다고 생각한다. | | |
| 40 | 아이가 화를 낼 때 왜 그 이유를 알아내는 것이 중요하다. | | |
| 41 | 아이가 슬퍼할 때, 그렇게 슬퍼하면 성격이 나빠지니까 그만두라고 한다. | | |
| 42 | 아이가 슬퍼할 때, 저러다 아이가 부정적인 성격이 되지 않을까 걱정스럽다. | | |
| 43 | 나는 슬픔이라는 감정에 대해서 아이에게 특별히 가르치거나 설명해 주지 않는다. | | |
| 44 | 슬픔에 대해 내가 만일 아이에게 뭘 가르쳐 줄 게 있다면, 그건 바로 슬픔을 표현해도 된다는 것이다. | | |
| 45 | 나는 슬픔을 다른 감정으로 바꿀 수 있는 방법에 어떤 것이 있는지 잘 모르겠다. | | |
| 46 | 아이가 슬퍼하고 있을 때, 아이를 위로해 주는 것 말고는 내가 할 수 있는 일이 별로 없다. | | |
| 47 | 아이가 슬퍼하고 있을 때 무슨 일이 있든지 언제나 나는 아이를 사랑한다는 사실을 인식시키려고 노력한다. | | |
| 48 | 아이가 슬퍼할 때, 아이가 나에게 무엇을 어떻게 해주길 바라는지 도무지 모르겠다. | | |
| 49 | 나는 화라는 감정에 대해서 아이에게 특별히 가르치거나 설명해 주려하지 않는다. | | |
| 50 | 화에 대해 내가 만일 아이에게 무엇을 가르쳐 줄 게 있다면 그건 바로 화를 표현해도 된다는 것이다. | | |
| 51 | 아이가 화를 낼 때, 아이의 기분을 이해하려고 노력하는 편이다. | | |
| 52 | 아이가 화를 낼 때, 나는 아이를 사랑한다는 사실을 인식시키려고 노력한다. | | |

| 번호 | 내 용 | 선택 | |
|------|-------|------|------|
| | | 예 | 아니오 |
| 53 | 아이가 화를 낼 때, 아이가 나에게 무엇을 어떻게 해주길 바라는지 도무지 모르겠다. | | |
| 54 | 우리 아이의 성질이 좀 나빠서 걱정된다. | | |
| 55 | 화가 난다고 해서 아이가 그 분노를 그냥 드러내고 표현하는 것은 옳지 않다고 생각한다. | | |
| 56 | 화를 낸 사람들은 스스로를 통제하지 못하는 사람들이다. | | |
| 57 | 아이는 짜증이 나는 만큼 화를 낸다. | | |
| 58 | 아이들은 자신이 원하는 것을 언더내기 위해 화를 낸다. | | |
| 59 | 아이가 화를 낼 때, 나는 아이의 파괴적인 성향을 걱정한다. | | |
| 60 | 아이가 화를 내도록 내버려 둔다면 아이는 항상 자기 맘대로 해도 된다고 생각할 것이다. | | |
| 61 | 화내는 아이는 무례하다. | | |
| 62 | 아이들이 화를 내는 것을 보면 심각하다기보다는 좀 웃긴다. | | |
| 63 | 나는 화가 나면 판단력이 흐려져서 나중에 후회할 일을 하곤 한다. | | |
| 64 | 아이가 화가 났을 때, 이때가 문제를 해결할 수 있는 좋은 기회다. | | |
| 65 | 아이가 화를 내면 때려서라도 바로 잡아야 한다. | | |
| 66 | 아이가 화를 내면 나는 이이가 분노를 다 표현하도록 그냥 두기보다는 중단시키는데 중점을 둔다. | | |
| 67 | 나는 아이가 화내는 것을 크게 신경 쓰지 않는다. | | |
| 68 | 나는 아이가 화를 내는 것을 별로 심각하게 받아들이지 않는다. | | |
| 69 | 화가 날 때, 나는 폭발하는 것 같은 기분이 든다. | | |
| 70 | 화는 아무것도 해결해 주지 않는다. | | |
| 71 | 아이가 분노를 표현하면 분노는 더욱 커진다. | | |
| 72 | 아이의 분노는 중요하다. | | |
| 73 | 아이도 화를 낼 권리가 있다. | | |
| 74 | 아이가 화가 났을 때, 나는 무엇이 아이를 화나게 했는지 꼭 찾아본다. | | |
| 75 | 자신을 화나게 한 것이 무엇인지 아이 스스로 찾아낼 수 있도록 도와주는 것이 중요하다. | | |
| 76 | 아이가 나에게 화를 낼 때, 나는 속으로 '듣기 싫다.'고 생각한다. | | |
| 77 | 아이가 화를 낼 때, 나는 이이가 화를 좀 다스릴 수 있으면 좋겠다고 생각한다. | | |
| 78 | 아이가 화를 낼 때, 나는 '왜 저 이이가 매사를 순순히 받아들이지 못할까?' 라고 생각한다. | | |
| 79 | 나는 아이가 화를 내더라도 자기 입장을 떳떳이 표현할 수 있기를 바란다. | | |
| 80 | 나는 아이가 좀 슬퍼한다고 해서 큰일이 났다고 생각하지 않는다. | | |
| 81 | 아이가 화를 낼 때, 도대체 무슨 생각을 하는지 알고 싶다. | | |

# 존 가트만의 부모가 자녀에 대한 감정의 자녀 양육태도 자가진단 검사

1. 검사지를 작성하신 후 검사지에 '예'라고 표시한 번호에 O를 하세요
2. 각 열에 O를 한 수를 세어 맨 밑에 칸에 기록하세요

| | | | |
|---|---|---|---|
| 1 | | | |
| 2 | | | |
| | 3 | | |
| | 4 | | |
| | 5 | | |
| 6 | | | |
| 7 | | | |
| | 8 | | |
| 9 | | | |
| | 10 | | |
| | 11 | | |
| 12 | | | |
| 13 | | | |
| 14 | | | |
| 15 | | | |
| | | 16 | |
| 17 | | | |
| 18 | | | |
| 19 | | | |
| | 20 | | |
| | 21 | | |
| | 22 | | |
| | | 23 | |
| 24 | | | |
| 25 | | | |
| | 26 | | |
| | | 27 | |

| | | | |
|---|---|---|---|
| 28 | | | |
| | | | 29 |
| | | | 30 |
| | | | 31 |
| | | | 32 |
| 33 | | | |
| | | | 34 |
| | | | 35 |
| | | | 36 |
| | | | 37 |
| | | | 38 |
| | | | 39 |
| | | | 40 |
| | 41 | | |
| | 42 | | |
| 43 | | | |
| | | 44 | |
| | | 45 | |
| | | 46 | |
| | | 47 | |
| | | 48 | |
| | | 49 | |
| | | 50 | |
| | | | 51 |
| | | 52 | |
| | | 53 | |
| | 54 | | |

| | | | |
|---|---|---|---|
| | 55 | | |
| | 56 | | |
| | 57 | | |
| | 58 | | |
| | 59 | | |
| | 60 | | |
| | 61 | | |
| 62 | | | |
| | 63 | | |
| | | | 64 |
| | 65 | | |
| 66 | | | |
| 67 | | | |
| 68 | | | |
| | 69 | | |
| | 70 | | |
| | | | 71 |
| | | | 72 |
| | | | 73 |
| | | | 74 |
| | | | 75 |
| 76 | | | |
| 77 | | | |
| 78 | | | |
| | | | 79 |
| 80 | | | |
| | | | 81 |

| 합계 | A | B | C | D |
|---|---|---|---|---|
| | | | | |

# 보웬의 자아분화 척도 진단 후 '사분면 상담지표' 활용

자식을 불행하게 하는 가장 확실한 방법은 언제나 무엇이든지 손에 넣을 수 있게 해주는 일이다.

- 루소의 '에밀' 중에서 -

청소년들은 수많은 아픔의 근원이 부모로부터 시작되고 성인이 되어도 상처로 남아있다. 자녀는 부모에게 받은 갈등이나 상처를 해결하지 못한 채 성인으로 성장하게 되면 잘못된 자아로 삶에 부정적인 영향을 미친다. 부부갈등으로 인한 부모와 자녀 간 그릇된 의사소통이 청소년의 또래나 대인관계의 부정적인 역할을 한다. 부모와 갈등이 해결되지 않고 갈등내용 이 청소년이 된 자신과 관련이 깊을수록 또래관계에 부정적 감정이 높다. 청소년은 가정에서 부모갈등이 잘 해결될수록 부모와 자녀 사이에 개방적

의사소통으로 대화가 원활하다. 그리고 자녀가 부모에게 필요한 것과 따뜻함을 빠르게 충족을 받는다면 성장기 발달에 긍정적인 영향을 미친다.

부모에게 받는 애정의 유대는 건강한 부모·자녀 간의 가족 구성원 관계를 확장한다. 이처럼 자녀가 정서적, 인지적, 사회적인 토대를 부모로부터 마련한다면 개방적인 의사소통을 하는 정서적 안정된 청소년으로 성장한다. 오늘날 부모의 이혼으로 한 부모 가족은 엄마, 아빠, 자녀로 구성된 소위 핵가족보다 훨씬 더 보편화되었다. 모든 종류의 편부모 가정을 살펴보면 엄마, 아빠, 심지어는 손주를 키우는 조부모가 이끌어가는 가정도 있다.

현대 가정에서의 편부모 생활은 일반적으로 흔하지만, 편부모와 자녀에게 상당한 스트레스가 될 수 있다. 부모의 이별 후에 가족의 재정과 자원이 급격히 감소하여 부모와 이별을 경험한 자녀의 학업성취도와 또래관계에 미치는 영향을 매우 크다.

대가족 가족 체계의 붕괴, 조부모나 편부모 형태의 가족 구성원이 자녀의 감정에 대해 갈등의 문제로 나타날 수 있다. 청소년이 가족관계에서 겪는 문제의 갈등이 특수한 상황에서 벌어지기도 한다. 일반적인 가정에서 성장하지 못하는 환경에 노출된 청소년이 자신의 고민을 해결할 수 있도록 학교나 사회의 여러 기관에서 도와야 한다.

청소년기에 접어든 청소년이 부모와 주변 환경에 이유 없는 갈등이 왜 발생하는지를 모를 때가 많다. 자신이 부모와 타인, 또는 주변 환경에 어떠한 감정 형태를 보이는지 스스로 인지하지 못하고 있기 때문이다. 이런 경우 청소년이 자신의 감정 상태를 알아볼 수 있는 보웬의 자아분화척도 진단을 한 후 자신의 자아분화 상태를 인지할 수 있도록 한다. 청소년이 자신의 자아분화 정도를 인지하게 되고, 그로 인해 내면에서 자신도 모르게 나타나는 갈등 원인을 파악하면 사분면 상담지표에 갈등 지점을 쉽게 정할 수 있게 된다. 자아분화의 원인을 알게 된 청소년이 어느 상태에서 갈등의 크기가 가장 크게 나타나는지를 확인하면 상담에 도움이 될 수 있다.

## /보웬의 자아분화 척도란?

머레이 보웬(Murray Bowen, 1913.1.31-1990.10.9)은 미국 정신과의사이자 조지타운대학교(Georgetown University) 정신의학과 교수였다. 보웬은 가족 치료 선구자이자 체계적 치료 창립자이다. 1950년대 초, 가족의 체계치료를 개발했다. 보웬은 증상보다는 대인관계에 관심을 보였다. 또한 진단에 앞서 나타나는 전구상태(prodromal state)에도 주목하였다. 보웬에게 있어 각 개념은 확장되었고 신체적 정서적 사회적 질병으로 연계하였다.

보웬의 자아분화는 정신 내적 측면과 대인 관계에 관련된 개념이고, 감정과 사고를 분리하는 능력이다. 따라서 분화된 사람은 사고와 감정 사이에 균형을 이룰 수 있으며 자제력이 있고 객관적일 수 있다. 보웬에게 자아분화는 어린이가 엄마와의 융합에서 벗어나서 자기 자신의 정서적 자주성을 향해 나아가는 장기적인 과정이다.

자아분화를 정신 내적 측면에서 볼 때 지적 기능이 정서적 기능에서 얼마나 분화되어 있는가를 의미하는 것이다. 분화된 사람은 사고와 감정을 분리하는 능력이 있고 둘 사이에 균형을 이룰 수 있으며, 자제력이 있고 객관적이다. 자아분화가 잘 이루어지지 못한 사람은 확고한 자아를 발달시키지 못하고 거짓 자아가 차지하는 비중이 높게 되어 일관된 신념을 갖지 못하고 독립적인 행동을 하지 못한다. 따라서 분화되지 못한 사람은 자율성과 자주성이 부족하며, 다른 사람과 융합하려는 경향이 있다. 정서와 지성 사이의 융합이 클수록 다른 사람의 정서적 반응에 융합되기 쉽다. 정서적 융합은 분리와 반대개념이다. 융합된 사람은 확고한 신념과 확신을 고수하지 못하며, 이성적 사고가 아닌 감정에 바탕을 둔 의사결정을 한다.

보웬이 개념화한 자아분화는 개인의 성장 목표이자 치료 목적으로 정체감을 형성하고 자기 충동적 사고와 행동에서 자유를 획득해가는 과정을 말한다. 결국 분화는 자아형성을 통하여 이루어진다. 다세대 가족 상담의 핵심 개념으로 치료 목표이자 성장 목표를 두고 있으며 정신 내적 수준과 대인 관계적 수준으로 구분할 수 있다. 정신 내적 수준의 분화는 지적 기능이 정서적 기능에서 얼마나 분화되었는가를 의미한다. 대인 관계적 수준의 분화는 다른 사람과 구별되는 확고한 자아 발달과 일관된 신념에 의해 자주적이고 독립적인 행동의 척도이다. 즉, 자아 분화는 사고로부터 감정을 분리할 수 있고 타인과 구별되는 확신과 신념, 자주성을 지닌 정도를 의미한다.

보웬의 분화와 융합의 특징을 보면 분화된 사람은 사고와 감정이 균형이 잡혀있고 자제력과 객관적 사고 기능을 가진다. 또한 다른 사람과 친밀과 정서적 접촉을 하면서도 확고한 자아정체감과 독립성을 유지한다. 반면에 분화되지 않는 사람은 감정으로부터 사고를 구별하기 어렵고 객관적 사고나 자제력이 부족하고 다른 사람과 융합하려는 경향이 있다.

감정과 사고 사이의 융합이 클수록 다른 사람의 정서적 반응에 쉽게 추종하고 이성보다는 감정에 의한 의사결정을 한다. 정서적 융합은 분화와 대비되는 개념으로는 융합된 사람은 확신과 신념을 고수하지 못하고 남의 인정을 추구하며, 외부 규준이나 다른 사람의 요구에 민감하게 반응하고 의존하게 된다.

# /보웬의 자아분화 진단지의 해석

자아분화 진단지의 점수가 낮을수록 융합이며 높을수록 분화가 된 것이다. 융합인 경우는 나의 자아수준이 낮은 단계이다. 예를 들면 나와 타인의 구분이 명확하지 않아서 가족을 하나의 결합체인 융합된 것으로 느끼는 상태이다. 반대로 분화가 될수록 자아정체감이 높은 상태가 된다.

● A수준(4~18점)은 인정받고 싶은 충동이 크고 불안이 심하여 망상증, 우울증이 오기 쉽다.
때로는 정신적인 치료를 요구하기도 한다.

● B수준(19~36점)은 타인에 영향을 많이 받는다. 거짓 자아가 높고 감정 조절에서 어려움을 자주 느낀다. 학습이나 심신 수련, 명상 등을 통하여 상위 수준으로 진입이 매우 쉽다.

● C수준 (36~46점)은 지적 기능이 크다. 감정, 이성 조절이 쉬우며 타인과의 갈등에서 회복이 빠르다. 일반인의 최고 단계라고 보아도 무방하다.

● D수준(46~52점)은 자신의 내적 관점이 자유로우며 동시에 타인에 대한 배려와 귀를 기울일 줄 안다. 최상의 리더십을 보유한 사람이다. 보편적으로 일반인에게서는 보기 어렵고 깊은 심신 성숙을 이룬 종교인들에게

서 볼 수 있다.

　보웬은 자아분화 정도를 측정하기 위해 모든 사람을 단일 연속선상에서 범주화하는 방법을 사용했다. 자아 분화가 가장 낮게 되어있는 상태를 0으로 하고, 자아 분화가 가장 높게 되어있는 상태를 100으로 하여 그 수준을 재조명했다.

● A수준(0-25점)의 분화는 주위 사람들의 감정이나 반응에 민감하고 의존적이다. 자아 분화 수준이 낮은 사람들은 대인관계를 오랫동안 지속하는 것이 어렵다. 긴장이나, 스트레스 상황에 적응하지 못하며 타인에게 심한 정서적 애착을 보이고, 욕구가 충족되지 못할 때 불안해한다. 가장 낮은 수준으로 가족 및 다른 사람에게 정서적으로 융합되어 감정적이며 자신의 사고에 몰입되어 있다. 삶의 에너지가 대부분 다른 사람의 인정을 받고자 하는 욕구 불충족에 따른 정서적 반응에 소모되고 대체로 불안 정도가 높다. 긴장이나 불안, 스트레스 상황에서 사고 기능이 감정 기능에 의해 지배당하고 다른 사람에게 상처받기 쉽다.

● B수준(25-50점)의 분화는 자기 신념과 의견은 있으나 긴장과 스트레스 상황에서는 영향을 받아 쉽게 변화한다. 생활은 관계 지향적이고 대부분의 에너지는 사랑과 인정을 받기 위해 사용하고, 자기 존중은 다른 사람에게 달려있다. 이는 타인이 인정해 주면 자신이 괜찮은 사람인 것 같고, 타인이

인정해주지 않으면 형편없는 사람으로 여긴다는 것이다.

그들은 감정표현에 예민하고, 다른 사람의 분위기, 표현, 자세를 해석하는 데 예민하고 감정의 직접적인 표현, 충동적인 행동으로 반응한다. 증상과 문제는 관계 체계가 균형을 상실할 때 발생하며, 신체적 질병, 정신적 질병, 사회적 역기능의 문제 등을 일으킬 수 있다. 그들의 정서적 질병은 신경질적으로 내면화된 문제, 우울증 그리고 행동과 성격장애 문제 등으로 나타난다. 낮은 자아 분화 수준으로 융합의 정도가 심하지 않으나 관계 지향적이다. 대부분의 에너지는 다른 사람의 인정을 받기 위하여 사용되고 자신의 가치를 다른 사람의 평가와 인정에 의존한다. 다른 사람이나 집단에 자신을 맡기고 쉽게 영향을 받는다. 전 단계와 차이점은 더 분화될 수 있는 잠재력을 가지고 있다.

● C수준(50-75점)의 분화는 보통 자아 분화 수준으로 스트레스가 발생해도 감정에 지배당하지 않을 만큼 사고가 충분히 발달되어 있다. 자의식이 잘 발달해서 자율적이고 독립적으로 의사결정을 한다. 다른 사람과 융합되지 않으면서 밀접한 관계를 유지하고 목표 지향적인 활동을 한다.

● D수준(75-100점)의 분화는 높은 자아 분화 수준으로 사고와 감정이 분리되어 있고, 높은 수준의 독립성을 가지며 거의 완전한 성숙 수준이다. 특히, 95 이상은 현실적으로 드물며, 하나의 가상적이고 이론적 상태라고 할 수 있다. 75-95 정도는 자신의 가치관의 신념이 뚜렷하고 다른 사람의 관

점에 귀 기울일 줄 안다. 다른 사람의 비난이나 칭찬에 좌우되지 않고, 자신과 타인에 대한 기대가 현실적이고 적절한 현실감과 이상에 대한 예민한 감각을 가지고 있다.

# 보웬의 자아분화 진단지

다음의 문장들을 잘 읽고 자신의 특성과 어느 정도 일치하는지를 알아보면 됩니다.
최근 2년 동안의 전반적인 행동, 경험 및 의견을 돕는 문항입니다.
점수는  1.전혀 아니다  2. 아니다  3. 그렇다  4. 아주 그렇다

| 번호 | 내 용 | 점 수 | | | |
|---|---|---|---|---|---|
| | | 1 | 2 | 3 | 4 |
| 1 | 나는 중요한 일을 결정을 내릴 때 마음 내키는 대로 결정하는 일이 많다. | | | | |
| 2 | 나는 말부터 해놓고 나중에 가서 그 말을 후회하는 일이 많다. | | | | |
| 3 | 나는 화가 나면 물불을 가리지 않고 행동하는 편이다. | | | | |
| 4 | 나는 욕을 하고 무엇이든지 부수고 싶은 충동을 느낀다. | | | | |
| 5 | 나는 다른 사람들과의 싸움에 잘 말려드는 편이다. | | | | |
| 6 | 나는 대수롭지 않은 일에도 화를 잘 내는 편이다. | | | | |
| 7 | 내 말이나 의견이 남의 비판을 받으면 즉시 바꾼다. | | | | |
| 8 | 내 계획이 주위 사람의 인정을 받지 못하면 잘 바꾼다. | | | | |
| 9 | 나는 비교적 내 감정을 잘 통제하는 편이다. | | | | |
| 10 | 나는 남이 지적할 때보다 내가 틀렸다고 여길 때 의견을 더 잘 따른다. | | | | |
| 11 | 나는 대다수 사람들의 의견보다 내 의견을 더 중시한다. | | | | |
| 12 | 논쟁이 일더라도 필요할 때에는 내 주장을 굽히지 않는다. | | | | |
| 13 | 주위의 말을 참작은 해도 어디까지나 내 소신에 따라 결정한다. | | | | |

\* 먼저 점수를 계산하시기 바랍니다. 1~8번까지는 자신이 정한 답의 번호가 점수입니다.
그리고 9 ~ 13번까지는 점수가 반대로 매겨집니다.
2.아니다 라고 결정을 하였으면 점수는 3점입니다. 전혀 아니다. 는 4점. (2 → 3, 1 → 4)

## 로널드 T.포터 에프론의 분노 유형 진단 후 '사분면 상담지표'의 활용

인간의 가장 위대한 승리는 자기 자신을 지배하는 것이다. 스스로에게 지배당하는 것은 그 무엇보다도 부끄럽고 비참한 일이다.

- 플라톤 -

2018년 오마이 뉴스의 내용에서 등교를 거부하는 초등학생의 사건이 있었다. 학교에 가지 않고 집에서 자유롭게 놀고 있는 자녀를 보고 엄마는 '독을 빼는 중'이라고 표현했다. 자꾸 눈치를 보고 행동을 주저하는 학교에서의 습관이 남아있어 일단은 마음껏 놀게 하며 치유의 과정을 거치고 있다. 자녀가 등교를 거부하는 이유는 초등학생들 사이에 유행하는 '복종놀이' 때문이다. 한 아이를 지정해 자기들 명령에 복종하게 하는 놀이인데, 그 명령은 주축이 되는 친구의 요구로 주로 다른 친구를 대신 괴롭히는 행동이다. '복종놀이'에 지속적으로 지명된 아들은 극도의 스트레스로 우울증을 받게 되고 어느 날 발작에 가까운 경련을 일으켰던 학교폭력의 일종이라고 할 수 있다.

아동청소년센터에서 상담한 중학생인 여학생이 외상 후 스트레스 장애(PTSD)를 호소한 것은 1차 학교폭력을 당했을 때였다. 외상 후 스트레스 장애(PTSD)는 정신적으로 극심한 스트레스를 받거나 심리적으로 불안정한 상태를 말한다. 정신적으로 충격을 받거나 두려운 사건을 목격하거나 당했을 '정신적 외상'을 경험하게 된다. 이 여학생은 타인과의 갈등을 적극적으로 해결하기보다는 혼자 감당하려고 하다가 혼자서 해결할 수 없을 만큼 정서적 어려움과 혼란만 가중되어 결국 극단적인 자해로 주위에 자신이 힘들다는 것을 표현했다. 이 경우 여학생은 자해한 상황은 또래관계를 중시하고 또래들에게 받은 폭력을 부모, 학교, 누구에게 도움의 손을 내밀지 못하고 혼자 해결하려고 했다. 혼자 스스로 해결하려다가 또래 집단에서 고립되거나 따돌림을 받게 되는 것이 두려워 주위에 숨기고 참다가 결국 정서적 충격인 외상 후 스트레스로 전이되면서 자해를 하게 되었다.

자녀가 학교를 그만둘 때 부모들이 가장 걱정하는 건 자녀의 사회성이다. 하지만 사람들이 모여 있다고 사회성이 저절로 길러지진 않는다. 오히려 미숙한 공동체 안에서는 약육강식과 승자독식의 부조리를 몸으로 직접 익히게 될 뿐이다. 교육사회학을 연구한 가도와키 아쓰시는 사람이 어울리는 필요한 것을 사회력과 사회성으로 구분했다. 사회력은 사회를 보다 나은 방향으로 바꿔나가는 능력이고 사회성은 사회에 적응하는 능력이라고 설명했다. 학교 내에서 발생하는 청소년들 사이의 갈등으로 인한 학교폭력이나 따돌림은 사회적인 법과 규제를 익힐 사회성을 배움의 기회로 만들어주지는 못한다. 그러므로 학교에서의 생활지도는 청소년들의 정서와 인성에 긍정적인 사회성을 함양할 수 있도록 현실적으로 맞게 성장하도록 지도하고 노력해야 한다.

청소년기에는 원인도 모르게 분노를 느낄 경우가 있다. 청소년 스스로 내면에서 나타나는 분노의 형태나 종류를 모르는 경우 로널드 T.포터 에프론의 '분노 유형 진단 척도'를 진단해 보면 청소년에게 맞는 분노유형의 파악이 가능하다. 청소년이 자신도 모르게 이유 없는 분노를 느끼게 될 때 진단 후 분노의 종류나 원인을 확인할 수 있다. 자신이 가지고 있는 분노로 인한 갈등을 사분면 상담지표에 갈등 지점으로 정하면 자신이 느끼고 있는 분노로 인한 갈등 크기 시각적으로 확인할 수 있다. 청소년에게 시각적으로 확인한 자신의 분노로 인한 갈등 지점은 상담으로 무의식으로 내면에 쌓인 분노를 해소하도록 도움을 준다.

# /로널드 T. 에프론의 분노의 종류

분노는 평상시 화를 통제하기 위해 사용하던 기능을 이용할 수 없거나 제어가 불가능할 때 표출되는 감정이다. 이런 증상은 풍선이 계속 부풀어 터지는 것과 같은 현상이며, 물을 저장하는 댐에서 물이 흘러넘치는 것과 같다. 로널드 T. 에프론은 분노를 크게 6가지로 분류했다.

● 돌발성 분노는 한마디로 지킬박사 같은 경우라고 할 수 있다. 갑자기 예기치 않게 성격이 돌변할 정도로 화가 치밀어 감정이나 생각, 행동을 전혀 스스로 통제하지 못하거나 혹은 일부만 통제할 수 있는 분노를 말한다. 이런 분노를 표출하는 사람은 마치 폭주하는 기관차처럼 엄청난 속도로 보통 수준의 화를 넘어 폭발하는 경향을 보인다. 이런 사람은 주위에 아무것도 보이지도 들리지도 않기 때문에 어떤 말로도 진정이 되지 않는 넘치는 분노를 다소 진정이 되고 나서 스스로 제어할 수 있다.

● 잠재적 분노라는 것은 항상 특정 사건에 대해 즉각적인 반응으로 나타나는 것만은 아니다. 이성이라는 장막 속에서 수년간 용암처럼 이글거리다 한순간에 밖으로 분출하는 현상으로 분노의 습성이 눈에 띈다. 이런 분노는 주로 특정 개인 혹은 자신에게 피해를 주었다고 생각하는 모임이나 집단을 향해 분노가 장기적으로 쌓였을 때 나타내는 경향이 강하다. 또한, 자신이 불공평하다고 느끼는 상황에 병적인 집착을 보이기도 한다. 잠재적

분노를 겪고 있는 사람은 대부분은 자신에게 피해를 주는 가해자가 도덕적으로 타락하였으며 폭력적이거나 악랄하다고 믿는다.

● 생존성 분노는 자신의 존재 가치를 결정짓는 특정 부분에 위협이 가해졌을 때 폭발하는 특징이 있다. 이런 사람은 욱하거나 분노하는 게 무척 괴롭고 지치는 일이지만 위험한 상황에 처했을 때 살아남기 위한 대응책으로 분노가 발생한다. 그중에서도 육체적인 위협에 가장 민감하게 반응하는 특징이 있다.

● 체념적 분노란 인생을 자기 마음대로 조절할 수 없거나 중요한 상황에서 아무런 영향을 미칠 수 없다는 사실을 깨달았을 때 나타나는 분노이다. 이러한 분노는 지금 직면한 상황에서 자신이 아무것도 할 수 없다는 무력감에서 비롯되는 특징을 나타낸다.

● 수치심에서 비롯된 분노는 자신이 창피를 당하거나 비난을 당했을 때 혹은 모욕을 당했다고 느꼈을 때 민감하게 반응하는 사람들에게 나타난다. 상대가 의도적으로 무시하는 것이 아닌데도 일단은 자신이 무시나 수치스러움을 느꼈다면 상대에게 욕설을 퍼붓거나 폭력적인 행동하는 경향을 강하게 나타낸다.

● 버림받음에서 비롯된 분노는 외로움, 초조함, 불안감 등을 견디지 못하

는 사람에게 나타난다. 버림받음에서 비롯된 분노는 배신, 냉대 받을지도 모른다는 사실 혹은 상상 속의 위협 때문에 촉발되는 분노다.

돌발성 분노와 잠재적 분노를 제외하고는 나머지 4개의 분노들은 각 개인에게 꼭 필요한 것을 얻기 위해 나타난다. 생존성 분노의 경우 신체적인 안전을 지키기 위한 욕구, 체념적 분노는 긴박한 상황 속에서 자신이 중요한 역할을 하고 싶은 욕구, 수치심 분노는 사회구성원으로 존중받고 싶은 욕구, 버림받음에서 비롯된 분노는 사랑하는 사람에게 속하고 싶은 욕구를 반영한다.

● 돌발성 분노: 1-7번 중에 Y 혹은 *로 답한 문항 개수 파악
● 잠재적 분노: 8-16번 중에 Y 혹은 *로 답한 문항 개수 파악
● 생존성 분노: 17-23번 중에 Y 혹은 *로 답한 문항 개수 파악
● 체념적 분노: 24-29번 중에 Y 혹은 *로 답한 문항 개수 파악
● 수치심에서 비롯된 분노: 30-36번 중에 Y 혹은 *로 답한 문항 개수 파악
● 버림받음에서 비롯된 분노: 37-43번 중에 Y 혹은 *로 답한 문항 개수 파악

[진단]
최소한 몇 점 이상이면 화를 조절하는 데 문제가 있다고 정해진 것은 없지만 대답 가운데 'Y' 혹은 '*'가 있다면 끓어오르는 화를 조절하는 데 어려움이 있다는 의미이다. 일반적으로 'Y'와 '*'가 많을수록 분노 문제가 심

각하다는 것이며, 어느 특정유형에서 'Y'와 '*'가 더 많이 나왔다면 해당 유형의 분노 문제를 갖고 있을 확률이 높다.

# 분노 유형 판별 진단지

*로널드 T. 에프론 저'욱하는 성질 죽이기' 출처

주어진 답 가운데 자신과 가장 비슷한 것을 각 문항에 적으시오.

-Y : 네. 종종 그렇습니다.

-N : 아니요, 그런 생각이나 행동은 하지 않습니다.

-M : 잘 모르겠습니다. 이 문장이 내 생각이나 행동과 일치한다고 확신할 수 없습니다.

-* : 네, 정말 그렇습니다. 매우 심각하고 위험하며 무서운 일입니다.

| 번호 | 내 용 | 선택 | | | |
|---|---|---|---|---|---|
| | | Y | N | M | * |
| 1 | 화가 극심하게 치솟는다. | | | | |
| 2 | 가끔 너무 화가 나서 행동이나 말을 주체할 수 없다. | | | | |
| 3 | 사람들은 내가 화가 많이 났을 때 나더러 이상하다, 무섭다 혹은 미친 것 같다고 말한다. | | | | |
| 4 | 화가 많이 났을 때(술이나 약물 때문이 아니라) 기억이 끊겨서 내가 했던 말이나 행동이 기억나지 않은 적이 있다. | | | | |
| 5 | 나는 화가 많이 났을 때 내가 누군가를 심하게 다치게 하거나 죽일까봐 걱정이 된다. | | | | |
| 6 | 화가 나면 나는 딴사람이 된 것 같다. | | | | |
| 7 | 누군가 나를 모욕하거나 협박하면 즉각 화가 치민다. | | | | |
| | 합 계 | | | | |
| 8 | 예전에 모욕을 당했거나 상처받았던 일을 계속 곱씹는다. | | | | |
| 9 | 예전에 당했던 모욕 때문에 화났던 게 누그러지거나 풀리기는커녕 시간이 갈수록 더 심해진다. | | | | |
| 10 | 나는 가끔 나를 다치게 했던 사람들에게 복수하는 강렬한 환상에 사로잡힌다. | | | | |
| 11 | 다른 사람이 나에게 저지른 짓 때문에 그 사람을 증오한 적이 있다. | | | | |
| 12 | 내가 겉으로 안 드러내서 그렇지 속으로 얼마나 화가 났는지를 알면 사람들은 놀랄 것이다. | | | | |
| 13 | 사람들이 은근슬쩍 넘어가려는 것을 보면 화가 머리끝까지 난다. | | | | |
| 14 | 쉽게 용서하지 못한다. | | | | |
| 15 | 화가 점점 쌓여가지만 다른 사람에게는 아무 말도 하지 않는다. | | | | |
| 16 | 당한 만큼 갚아주기 위해 남을 고의적으로 다치게(육체적, 말) 한다. | | | | |
| | 합 계 | | | | |

| 번호 | 내 용 | 선 택 | | | |
|---|---|---|---|---|---|
| | | Y | N | M | * |
| 17 | 내가 다른 사람과 몸싸움이 났을 때 여러 사람이 달려들어서야 간신히 떼어냈다. | | | | |
| 18 | 화가 많이 나면 다른 사람을 크게 다치게 하거나 죽이겠다고 협박한다. | | | | |
| 19 | 나는 곧잘 깜짝 놀란다. 예를 들어, 누가 뒤에서 어깨만 살짝 쳐도 화들짝 놀란다. | | | | |
| 20 | 화가 나면 마치 내가 살아남기 위해 싸우는 것 같은 기분이 든다. | | | | |
| 합 계 | | | | | |
| 21 | 상상속의 위험에서든 진짜 위험에서든 자신을 지키기 위해<br>물, 불을 가리지 않고 분노를 터뜨린 적이 있다. | | | | |
| 22 | 22. 다른 사람들이 나를 해칠 것이라고 믿는 건 거짓이며 편집 증세가 있다는 말을 자주 듣는다. | | | | |
| 23 | 나는 정말 화가 나면서도 사실은 두려워서 투쟁 도주 반응(Fight or Flight Response. 위기<br>상황에서 본능적으로 싸울 것인지 도망칠 것인지를 결정하는 반응)을 보인다. | | | | |
| 25 | 혼자 '더 이상 못 참아'라고 생각한 뒤에 욱하는 성질이 폭발한 적이 있다. | | | | |
| 26 | 내가 통제할 수 없는 상황에 처하면 화가 나고 무기력한 느낌이 든다. | | | | |
| 27 | 내 뜻대로 일이 되지 않으면 물건을 부수고, 바닥을 주먹으로 내려치거나 악을 쓴다. | | | | |
| 28 | 너무 화가 나면 설혹 상황을 악화시키는 일이라고 해도 무슨 일이든 해야 직성이 풀린다. | | | | |
| 29 | 나를 조절할 수 있는 통제권이나 힘이 있는 사람에게<br>폭력을 행사하거나 복수하는 생각을 품은 적이 있다. | | | | |
| 합 계 | | | | | |
| 30 | 사람들이 나를 존중하지 않으면 분노가 치민다. | | | | |
| 31 | 나에게는 내 평판을 지키는 일이 무척 중요하다. | | | | |
| 32 | 사람들이 나를 바보, 못난이, 무능력자라고 생각할까 봐 자주 걱정한다. | | | | |
| 33 | 나는 누군가 내 잘못을 지적했을 때처럼 창피를 당하면 정말 화가 난다. | | | | |
| 34 | 비판에 지나치게 민감하다는 소리를 자주 듣는다. | | | | |
| 35 | 사람들이 나를 혹평했다 싶으면 계속 마음에 담아둔다. | | | | |
| 36 | 사람들이 나를 무시하면 화가 난다. | | | | |
| 합 계 | | | | | |

| 번호 | 내 용 | 선택 | | | |
|---|---|---|---|---|---|
| | | Y | N | M | * |
| 37 | 내가 버림받았거나 배신당했던 때를 생각하면 분노가 치민다. | | | | |
| 38 | 질투심이 너무 강해서 괴롭다. | | | | |
| 39 | 나를 소위 걱정한다는 사람들이 못 믿을 사람들임을 증명하기 위해 증거를 찾는다. | | | | |
| 40 | 사랑하는 사람들로부터 냉대받거나 무시당하면 견딜 수가 없다. | | | | |
| 41 | 나를 버리고 떠났거나 나를 냉대했던 혹은 배신했던<br>이성 친구 혹은 현재 이성 친구에게 복수하겠다는 생각에 집착한다. | | | | |
| 42 | 내 가족이나 친구들이 나를 사랑하고, 챙겨주고, 관심 가져주는 것보다<br>내가 주는 게 훨씬 많아서 손해 보는 기분이 든다. | | | | |
| 43 | 일단 누군가에게 화가 많이 나면<br>그 사람이 어떤 따뜻한 말이나 안심시키는 말을 해도 전혀 받아들이지 못한다. | | | | |
| **합 계** | | | | | |

# 박아청의 자아정체성 척도 진단 후 '사분면 상담지표'의 활용

가족이 있기에 내가 이 세상에 존재하기 때문이다. 그래서 아무리 소중한 물건이 있다하여도 가족보다 사랑할 수는 없다.

– 맹자 –

학교나 사회에서 가난한 청소년을 생각해 보았는지 궁금하다. "청소년이 왜 가난해?"라고 질문한다면 어떻게 답해야 할까? 청소년이 가난한 이유는 다양하다. 청소년 쉼터에서 생활하지만 먼저 보육원에서 자란 청소년이 있다. 부모의 이혼으로 재혼가정과 한부모가정에서 발생하는 갈등으로 혼란을 거듭하면서 가출한 미성년의 청소년들도 있다. 가장 마음이 아픈 상황은 청소년들이 가난과 방황 속에 오랫동안 방치되어 부모의 버림에 대한 기억으로 우울감에서 빠져나오지 못하고 범죄에 노출되는 상황에 있는 경우다. 이런 상황에서 성장한 청소년들의 안타까움은 꿈 없이 살아가며 희망을 가지는 것이 불가능하다는 것이다. 미성년자가 일자리를 구하려면 친권자나 보호자의 동의서를 받아야 한다. 그래서 보호자 없이 생활하는 청소년들은 노동력의 장벽에 맞부딪치게 된다. 사회에서 일부 청소년의 노동력을 착취하는 기성세대에게 정당한 노동의 대가를 받지 못하는 억울한 경우도 많다.

사회복지 차원에서 정당한 보호를 받지 못하는 청소년들의 사회 빈곤을 부정할 수는 없다. 주위에 관심을 가지고 살펴보면 여전히 수많은 청소년이 돈을 벌기 위한 욕구를 나쁘게 이용하는 탐욕스러운 사람들에게 이용당하는 사례가 많다. 생계가 어렵거나 생활환경이 불우한 청소년은 불합리한 사회에 적응하고 노동력을 착취나 강제로 상납 당하며 자신의 존재 자체가 부정적으로 인식하고 꿈을 포기하기도 한다. 부모의 부재와 가난한 부모, 편부모, 양부모, 한 부모, 조부모 등 생활환경이 열악한 경우가 상당히 많다. 이런 가난한 상황의 청소년에게 범죄의 상황에 빠지기 전에 사회복지의 돌봄과 불법 범죄로부터 안전할 수 있는 교육적 혜택을 제대로 받을 수 있도록 사회적으로 관리나 책임이 있어야 한다.

# /빈민 한 생활로 생계형 범죄에 놓여 있는 청소년들

생계형 청소년의 범죄가 사회적으로 심각하다. 2018년 생계형 청소년의 안타까운 범죄가 있었다. 친구와 슈퍼마켓에서 라면 4개를 훔친 특수절도 혐의로 불구속 입건되어 경찰조사를 받았다. 이 사건으로 기소 의견으로 검찰에 출석하라는 통보를 받은 청소년 중 한 명이 집 근처 다리에서 뛰어내려 극단적인 선택을 했다. 사건이 발생했을 때 청소년이 보호자에게 알리지 말아 달라고 사정했다. 부모나 위탁 중인 보호자에게 알리지 않아 청소년의 극단적인 선택을 미리 예방하지 못했다는 경찰의 자책이 있었다.

생계형 청소년 범죄의 사건들은 보통 금액이 적은 가벼운 범죄이지만 특수절도죄라는 중한 범죄혐의를 적용해서 청소년들은 겁을 먹고 극단적인 선택을 할 때도 있다. 청소년 범죄의 통계를 보면 강력범은 5%이고 생계형 범죄가 95%이다.

생계를 핑계로 범죄에 내몰리는 청소년들의 관리가 시급하다. 가출하면 "당장 생활이 막막해서 어쩔 수 없었어요." 하는 경우가 많다. 청소년들이 가출한 동안 임시 거처와 생활 지원이 온전하게 된다면 불법 범죄 쪽으로 유입되는 청소년들은 상당수 막을 수 있다. 부산지방법원 부장판사인 천종호 판사는 청소년들의 범죄로 소년재판을 할 때 청소년들이 학교 밖에서 벌어지는 좁은 의미의 청소년 비행은 절도, 강도, 성매매 등 대부분의 범죄 유형은 생계형이라고 말했다. 정당한 판결보다는 사후 청소년 비행 관리에 더욱 마음이 쓰이는 것이다. 누구도 겪어서는 안 되는 방임과 학대의 그늘에 놓인 청소년들을 위험한 불법 범죄의 길로 빠지지 않게 교육과 계도가 절실하게 필요하다.

 청소년 시기에 가정의 빈곤으로 인해 사회적인 불법 범죄에 시달리는 청소년들은 학생으로서 자아정체감에 시달리고 있다. 가정이나 학교로 돌아가도록 부모나 학교에서 인도하고, 만약 가정환경이 열악해 돌아갈 곳이 없다면 직업교육이나 일자리 알선 등 생계를 위한 독립생활을 지원하는 방향으로 예산과 인력을 측정하여 시행해야 한다. 그러면 생계형 청소년 범죄가 크게 줄어들 것이다.

 청소년기에 환경에 적응하지 못하는 경우, 또래나 타인과의 관계에서 "나는 누구인가?"라는 질문에 스스로 대답하지 못한다. 자아정체감의 혼란스러운 성장기는 자신의 주관적인 세계에 눈을 뜨거나 독특성을 자각하려고 무의식으로 노력하는 시기다. 즉, 마음속으로 자기가 어떤 사람이 되어야 할 것인가 하는 이상형을 그리는데, 이것을 자아정체감이라고 한다. 자신의 자아정체감을 모르고 있는 혼란스러운 위기 청소년에게 자신에게 맞는 자아정체감을 찾을 수 있도록 도와야 한다. 자아정체감을 찾을 수 있다면 현재 처한 여러 생활환경에 의한 갈등 원인 파악이 가능하다.

방황하는 청소년에게 박아청의 '청소년 자아정체감 척도' 진단을 한 후 방황하게 된 원인을 스스로 찾고, 사분면 상담지표에 방황으로 인한 갈등 지점을 정한다. 사분면 상담지표에 시각적으로 갈등 크기를 확인한다면 청소년에게 효과적인 상담이 될 수 있다.

## /박아청(2003) 청소년 자아정체성 척도 진단

자아정제감이란 자신을 시간의 흐름에 따라서 불변하는 실체로 인식하는 개인의 느낌으로 자신에 관해서 통합된 신념을 가지고 있느냐에 대한 개념이다. 자아정체감이 형성되었다는 것은 자기의 성격, 취향, 가치관, 능력, 관심, 인간관, 세계관, 미래관 등에 대해 비교적 명료한 이해를 하고 있으며, 그런 이해가 지속성과 통합성을 가지고 있는 상태를 말한다. 이것은 개인의 이상과 행동 및 사회적 역할을 통합하는 자아의 기능에 의해서 이루어진 결과이다.

자아발달의 최종단계를 E.에릭슨은 자아정체감의 발견으로 표현하였다. E.에릭슨이 말하는 이 시기는 12~18세의 청소년들로 급격한 생리적, 신체적, 지적 변화를 경험한다. 이로 인해 청소년들은 수많은 충동과 무한한 동경심 또는 호기심을 갖는다. 청소년들은 미숙한 상태에서 좌절과 회의. 불신을 경험한다. 이 시기의 중심문제는 자아정체감을 확립하는 일이다. 청소년들은 자신이 누구이며, 가정과 학교, 사회에서의 역할이 무엇인지에 대해 알고 싶어 한다. 또한, 타인의 눈에 비친 자기는 누구인가에 심각한 관심을 나타내기도 한다.

청소년들에게 자아정체감의 결여는 역할의 혼란을 초래한다. 이 위기를 극복하지 못하면 준비되지 않은 상태에서 성인의 역할을 수행해야 하는 불행을 겪게 된다. 자아정체감 척도를 개발한 Dignan(1965)은 자아정체감은 "사회적 상호작용을 통해 형성되는 것으로 성장과정에서 자기 자신을 비추어 볼 수 있는 대상으로부터 반영되는 종합적인 자기상 또는 자기를 묘사해 주는 자기 관련 이미지들(silf-referent images)의 복합"이라고 정의했다. 자아정체감에 대한 논의는 '나는 누구인가?'라는 질문을 전제로 한다.

자아정체감에 대한 다양한 정의 중에 '자신만의 개별성. 독창성을 갖게 되어 자신을 다른 사람과 분리된 자기 일관성을 확립해 가는 것의 총체'를 의미하기도 한다. 박아청은 한국청소년의 자아정체성 수준을 측정하기 위해서 1996년에 개발하고, 2003년에 타당화 연구를 통해 수정 보완한 한국형 청소년 자아정체성 척도 검사이다. 이 검사는 총 60문항으로 이루어져 있으며 주체성, 자기수용성, 미래 확신성, 목표지향성, 주도성, 친밀성의 6개 하위영역으로 구성되어 있다. 각 문항은 5점 척도(1='전혀 그렇지 않다'에서 5='매우 그렇다')로 평정하게 되어있고 총점의 범위는 최저 60

점에서 최고 300점으로, 점수가 높을수록 자아정체성 수준이 높다는 것을 의미한다.

 자아정체성을 측정하는 기존의 검사들은 자아정체성의 부분적인 측면을 측정할 수 있다는 한계가 있었으나 박청아(2003)의 한국형 청소년 자아정체성 척도 검사는 이를 극복하고 자아정체성을 전체적이고 포괄적인 측면에서 측정할 수 있는 다면적 검사이다. 청소년 자아정체감의 척도 진단은 다양하게 있지만, 이 책에서는 박청아(2003)의 한국형 청소년 자아정체성 척도 진단을 추천한다.

## /자아정체감의 구정요소의 하위영역

● 주체성: 능력감, 주관적인 역할 혹은 환경을 적극적으로 지배하여 영향을 줄 수 있다는 느낌의 정도이다. 즉 자신의 연속성과 자기가 누구인지를 알고 있는가를 측정하는 것이다.
● 자기수용성: 있는 그대로의 능력과 재능을 그대로 받아들이고 있는 정도, 자신감을 갖고 자신에 대한 신뢰 정도를 측정하는 것이다.
● 미래 확신성: 자신의 장래 직업에 대한 계획에 확신 정도, 시간적 경과에 대한 희망의 정도를 측정하는 것이다.
● 목표지향성: 장래의 자아상을 파악하고 자기 스스로가 목표를 지향하

는 방향을 신뢰하며, 주어진 과업을 수행 또는 실현하려는 의지의 정도를 측정하는 것이다.

● 주도성: 자신의 주변의 일을 스스로가 주도적으로 실행하려고 하며, 자신의 역할에 대한 인지능력의 정도를 측정하는 것이다.

● 친밀성: 타인들과의 친밀한 관계를 유지하기 위해서 융통성을 갖고 있고, 주체적인 관계를 유지하고 있으며 집단 속에서 한 구성원으로서 자신의 노출 정도를 측정하려는 것이다.

| 하위영역 | 문항 | 문항수 |
|---|---|---|
| 주체성 | 1 . 7 . 13 . 19 . 25 . 31 . 37 . 43 . 49 . 55 | 10 |
| 자기수용성 | (2).(8). 14 .(20).(26).(32).(38).(44).(50).(56) | 10 |
| 미래 확신성 | (3). 9 .(15). 21 . 27 .(33). 39 . 45 . 51 .(57) | 10 |
| 목표지향성 | (4).(10).(16).(22).(28).(34).(40).(46).(52). 58 | 10 |
| 주도성 | (5).(11).(17).(23).(29).(35).(41).(47). 53 .(59) | 10 |
| 친밀성 | (6).(12).(18).(24).(30).(36). 42 .(48). 54 .(60) | 10 |
| 자아정체성 |  | 60 |

* ( )는 역체점 문항

# 한국형 청소년 자아정체감 척도 진단

| 번호 | 내　　　용 | ①<br>전혀<br>해당<br>되지<br>않는다 | ②<br>별로<br>해당<br>되지<br>않는다 | ③<br>어느<br>쪽도<br>아니다 | ④<br>조금<br>해당<br>된다 | ⑤<br>매우<br>많이<br>해당<br>된다 |
|---|---|---|---|---|---|---|
| 1 | 나는 내 일을 잘 처리할 수 있다. | | | | | |
| 2 | 나는 이 세상에 있으나 마나 한 존재이다. | | | | | |
| 3 | 나는 앞으로 무엇이 되고 싶은지 잘 모르겠다. | | | | | |
| 4 | 시작할 때는 열성을 보이나 그것이 오래가지 못한다. | | | | | |
| 5 | 나는 다른 사람의 충고를 무턱대고 따르는 편이다. | | | | | |
| 6 | 모임에 나가면 가급적 사람이 적은 곳이나 구석에 앉는다. | | | | | |
| 7 | 누가 시키지 않아도 내 일은 내가 알아서 한다. | | | | | |
| 8 | 내가 보잘것없는 존재라고 생각할 때가 많다. | | | | | |
| 9 | 내가 무엇이 되고 싶은가를 나는 분명히 알고 있다. | | | | | |
| 10 | 나는 꾸준히 한 가지 일에 몰두하지 못한다. | | | | | |
| 11 | 나는 다른 사람들이 하자는 대로 잘 이끌린다. | | | | | |
| 12 | 나는 낯선 사람을 만나는 것을 꺼려한다. | | | | | |
| 13 | 나의 일은 스스로 처리한다. | | | | | |
| 14 | 나는 우리 집안에서 나는 꼭 필요한 존재이다. | | | | | |
| 15 | 나는 장차 무엇이 하고 싶은지 나 스스로도 모르겠다. | | | | | |
| 16 | 나는 계획한대로 일을 끝까지 실행하지 못한다. | | | | | |
| 17 | 나는 대다수 사람들이 하는 대로 그저 따라가는 것이 최선이다. | | | | | |
| 18 | 나는 여러 사람들과 함께 있을 때 마음이 불편하다. | | | | | |
| 19 | 나는 내 판단에 자신이 있다. | | | | | |
| 20 | 나는 믿을만한 가치가 없는 사람이다. | | | | | |

| 번호 | 내 용 | ① 전혀 해당 되지 않는다 | ② 별로 해당 되지 않는다 | ③ 어느 쪽도 아니다 | ④ 조금 해당 된다 | ⑤ 매우 많이 해당 된다 |
|---|---|---|---|---|---|---|
| 21 | 어른이 되어 어떤 직업을 갖게 될지 알고 있다. | | | | | |
| 22 | 나는 빈둥거리며 많은 시간을 허송하는 편이다. | | | | | |
| 23 | 난 혼자서는 어떤 일을 결정하기가 어렵다. | | | | | |
| 24 | 여러 사람이 있는 곳에는 앞에 나서기가 두렵다. | | | | | |
| 25 | 나는 하루하루를 열심히 살아간다. | | | | | |
| 26 | 이 세상일은 결국 허무한 일이라고 생각한다. | | | | | |
| 27 | 나의 진로에 대하여 구체적인 계획을 갖고 있다. | | | | | |
| 28 | 나는 일하기를 별로 좋아하지 않는다. | | | | | |
| 29 | 나는 다른 사람을 이끌기보다 따라가는 편이다. | | | | | |
| 30 | 할 말이 있어도 하지 못하고 그냥 넘어가는 때가 많다. | | | | | |
| 31 | 나는 내 모습 이대로가 자랑스럽게 생각한다. | | | | | |
| 32 | 나는 이 세상을 잘 살아갈 것 같지 않다. | | | | | |
| 33 | 나는 장래 무슨 직업을 택할 것인가 결정할 수가 없다 | | | | | |
| 34 | 나는 어렵거나 힘든 일은 피하는 편이다. | | | | | |
| 35 | 나는 결단력이 부족하다. | | | | | |
| 36 | 나는 여러 사람들 중에서 유별나게 보이는 것을 두려워한다. | | | | | |
| 37 | 나는 나의 목적을 달성하기 위해서 열심히 노력한다. | | | | | |
| 38 | 나는 다른 사람들보다 무능하다고 생각한다. | | | | | |
| 39 | 나는 뚜렷한 삶의 목표를 정해놓고 있다. | | | | | |
| 40 | 나는 남달리 잘하는 일이 별로 없다. | | | | | |
| 41 | 스스로 생각하기보다는 남들의 좋은 생각을 기다린다. | | | | | |
| 42 | 나는 모임에서 기꺼이 리더 역할을 맡는다. | | | | | |
| 43 | 나는 일단 시작한 일은 기어코 끝내고야 만다. | | | | | |
| 44 | 나는 자신에게 중요한 것이 무엇인지를 생각한 적이 없다. | | | | | |

| 번호 | 내 용 | ① 전혀 해당 되지 않는다 | ② 별로 해당 되지 않는다 | ③ 어느 쪽도 아니다 | ④ 조금 해당 된다 | ⑤ 매우 많이 해당 된다 |
|------|------|------|------|------|------|------|
| 45 | 지금 내가 할 일이 무엇인가를 잘 알고 있다. | | | | | |
| 46 | 하고 싶은 일 중에 무엇부터 해야 할지 모르겠다. | | | | | |
| 47 | 남의 말을 잘 받아들이고 타인의 행동에 영향을 받기 쉽다. | | | | | |
| 48 | 나는 낯선 곳이나 새로운 일을 두려워한다. | | | | | |
| 49 | 나는 내가 매우 쓸모 있는 사람이라고 생각한다. | | | | | |
| 50 | 나는 근본적으로 무능하다고 생각한다. | | | | | |
| 51 | 미래를 위해 미리 준비하는 것은 현명한 일이다. | | | | | |
| 52 | 나는 무엇을 하려고 해도 의욕도 없고 그냥 시간만 지나간다. | | | | | |
| 53 | 나의 감정을 솔직하게 표현할 수 있다. | | | | | |
| 54 | 나는 사람들과 사귀는 것을 좋아한다. | | | | | |
| 55 | 나는 내 스스로 선택하는 것을 좋아한다. | | | | | |
| 56 | 다른 사람들 앞에서 나의 참모습이 드러나는 것이 두렵다. | | | | | |
| 57 | 나는 내 장래 일에 대해 미리 계획하고 싶지 않다. | | | | | |
| 58 | 나는 앞으로 무엇이 되려고 하는지 분명히 알고 있다. | | | | | |
| 59 | 나 자신에 대한 생각이 정리되어 있지 못하다. | | | | | |
| 60 | 나는 나의 부모님께서 원하는 이성하고만 교제할 것이다. | | | | | |

나는 권위적이고 폭력적인 아버지에 의해 성장하게 되었다.

나는 지금도 연세가 아흔이신 아버지가 무섭고 두렵다. 어쩌다 전화가 걸려온다면 수차례 심호흡을 한 후 통화버튼을 누를 정도다.

왜 그런 증상이 나타날까?

내가 어릴 때 아버지는 무척 권위적이고 엄격하며 폭력적이었다. 남존여비 사상이 뚜렷한 분이기도 했다. 그래서 아버지가 어릴 때부터 두렵고 싫었다. 나는 사남매로 위로 오빠가 있는 장녀였다. 딸이라는 이유로 폭력적이고 엄격한 아버지 밑에서 눈치를 보며 성장해야 했다. 특히 어머니와 아버지의 부부싸움으로 벌어진 사이에서 가교역할도 어렸던 딸로서 쉽지 않은 일이었던 것으로 기억한다. 부모싸움으로 난장판이 된 현장의 흔적들을 잊고 싶지만 간혹 현실로 소환되는 기억들은 감정을 표현하지 못하고 억눌려 성장한 과거 삶들을 회상하게 한다. 내 나이가 환갑이 되도록 아버지의 눈을 맞추면서 대화를 한 적이 없으며, 지금도 대화를 하게 되면 아버지와 옆으로 앉아 눈을 맞추지 못한다. 장남인 오빠는 아버지의 높은 기대와 사랑을 받았던 것으로 기억된다.

부모의 기대감으로 오빠의 성장기도 그리 행복했다고 할 수는 없다. 완고한 아버지의 기대에 맞춰서 자신이 하고 싶은 일을 제대로 할 수 없는 아버지의 꼭두각시 같은 청소년기를 보냈다고 할 수 있다. 이제 중년이 넘어 노년으로 접어드는 나는 아버지에 대한 두려움이나 미움이 퇴색된 과거로 지우고 싶다 하지만 그런 생각을 할수록 딸이라는 편애를 받고 성장한 과거의 서러운 감정이 저 밑바닥에서 스물 스물 올라오는 것을 느낀다. 내면에 있는 아버지의 두렵고 엄했던 생각에서 벗어나고 싶지만 스스로가 감정에서 벗어나는 것이 쉽지 않다는 것을 안다. 그리고 아버지의 기대감을 평생 어깨에 올려두고 단 한 번도 자신의 주장을 해보지 못하고 아버지 곁에서 살아내고 있는 오빠의 삶에 가여운 연민이 느껴진다. 동생들도 아버지의 무지한 권위와 엄격함에 자유스럽지 못하고 자신들만의 상처가 있을 것으로 생각이 된다.

"나는 아빠, 엄마처럼 살고 싶어!"라는 말을 들을 수 있는 부모가 되자.

지인들이 20여 년 동안 상담을 했던 상담사례를 책으로 써서 부모자녀간의 소통에 어려움이 있는 가정에 도움을 줄 수 있도록 하라는 말에 용기를 내어 그동안 청소년들을 상담했던 사례를 준비하게 되었다. 상담으로 20여 년의 세월을 보내는 동안 느낀 점은 상담을 하는 청소년들과 그 부모와의 갈등관계나 문제점들은 많은 시간이 지났어도 큰 변화가 없다는 것을 알게 되었다.

참 이상한 일이다! 상담을 하는 부모와 자녀의 갈등문제는 시대가 변하고 시간이 흘러도 과거나 지금이나 부정적인 갈등관계의 변화가 거의 없다는 것이다. 자녀에게 높은 기대를 요구하는 부모와 그 기대를 부담스러워 하면서 자신만의 행동으로 거부감을 나타내는 방법은 과거와 별 차이가 없다.

폭력적이고 자녀에 대한 이해심이 부족한 부모에게서 성장한 자녀들의 성장후 상황을 보면 폭력적인 자신의 부모님에게서 양육을 받은 것에 불만이 쌓여 자신은 절대로 부모를 닮지 않아야지 하면서 부모가 된다. 그러나 가정에서 자녀에게 폭력이나 폭언을 무의식중에 자행하는 부모는 자신의 부모를 닮아가고 있다는 것을 사건이 일어난 후에 인지를 하게 된다는 것이다.

어릴 때 자녀들이 가정에서 부모로부터 받은 기억들은 자녀의 평생을 좌우 할 수 있는 근본적인 인성이 된다는 것을 부모들은 알아야 한다.

성장기에 가정에서 부모에게 보고 배우는 가정교육은 자녀의 인생을 어떻게 설계하고 살아갈 수 있게 하는지는 그 부모의 모습이라고 생각한다. 세월이 흘러도 부모자식 사이에 발생되는 갈등을 요인은 거의 변화가 없지만 현대는 서로의 갈등을 해결하고 해소하는데 방법들은 찾으려고 노력하고 있다. 자녀는 부모의 모습을 보고 자라면서 무의식에 부모를 닮으면서 성장한다. 세상의 모든 부모들은 자신들이 옳다고 생각하는 교육관을 가지고 자녀를 양육하려고 한다. 이제는 부모의 고집이나 독선보다는 자녀의 인격을 존중하고 인정하는 대화로 가정을 이끌어 가야 한다. 부모가 변한다면 자녀도 부모와 공감하고 소통하는 대화를 할 것이다. 우리의 자녀들은 지금은 청소년이지만 시간이 지나서 성인이 되고, 가정을 이끄는 부모가 될 것이다. 부모들은 자녀들을 잘 양육하여 성장시켜 미래의 훌륭한 부모가 되도록 노력해야 한다. 꼭 자녀가 닮고 싶은 부모가 되길 바란다.

편찮으신 부모를 보면서 나를 성찰하게 되었다.

원고의 마지막 수정을 하던 중에 나의 부모님은 두 분이 교대로 넘어지면서 엉덩이뼈 골절로 입원과 퇴원으로 정신없게 만들었다. 이번 부모님의 병원 출입사건으로 절대로 넘을 수 없는 높은 산처럼 두려웠던 아버님이 '이빨 빠진 호랑이'에도 비교할 수 없을 만큼 약하고 마치 '종이호랑이' 같은 노인으로 변했다는 것을 느끼게 되었다. 이제는 편찮으신 몸으로 딸을 찾으시는 아버님을 이해하고 편하게 눈을 맞춰 볼 용기를 내려고 한다. 아버님이 세월이 흘러 나이 들고 기력이 쇠약해지면 힘없는 노인으로 변한 모습에 두려워하고 싫었던 태산 같은 아버지의 부정적인 감정을 이제는 어쩔 수 없이 받아들여야 한다는 것을 알게 되었다. 부모와 자식을 거부할 수 없는 보이지 않는 끈으로 이어져있다는 말을 인정할 수밖에 없었다. 상담으로 나를 성찰하게 되었으며, 저자가 청소년 상담을 중요하게 생각하는 것도 부모와 가정환경은 청소년기에 중요한 역할을 한다는 것을 깨달았기 때문이다.

청소년들을 상담하면서 성장기에 부모의 양육태도는 자녀의 일생을 부정적이고 자아존중감이 없는 어른이 되고 그들의 자녀에게 부정적인 영향을 미친다. 그로인해 자녀를 위해 부모의 양육태도의 중요성을 자녀를 양육하는 부모들에게 전달하고 싶다.


일반적으로 갈등에 적용될 수 있는 문제를 각색한 24가정의 사례이다.

상담내용이 각색된 24가족의 상담사례는 평범한 가정에서 일반적으로 일어날 수 있는 부모와 자녀의 내면적인 갈등이기도 하다. 사례는 직접적인 갈등의 내용을 개인정보를 위해 상담이론에 맞게 각색하여 수록했다. 자녀를 부모의 삶속에서 조정하는 마리오네트로 키우고 싶어 하는 부모들이 많다. 세상이 변하고 시대가 변하면 부모도 자녀의 양육태도가 변해야 된다고 생각한다. 자녀가 하고자 하는 일을 지지해주고 이끌어 주는 것이 부모의 긍정적인 양육태도일 것이다. 이제는 부모가 원했던 대리만족 같은 양육방식보다는 자녀가 하고 싶어 하는 것을 이끌어주고 지지해 주는 교육으로 자녀가 원하고 있다는 것을 이해해야 한다. 청소년이 행복하면 부모는 편안하고 그리고 가정도 평화롭다. 서로를 이해하지 못하면 작은 갈등이 더 큰 사건으로 발전하여 자녀를 잃을 수 있다는 생각이 든다. 이 책을 읽는다면, 부모의 입장에서 생각하고 또 자녀 편에서 이해하여 서로에게 상처를 남기지 않기를 바라는 간절한 마음으로 썼다는 것을 기억해 주기 바란다. 부디 사랑하는 자녀가 성장 후에 부모와 어색해하거나 눈을 맞추지 못한 채 안절부절 하는 자녀가 되지 않도록, 부모와 자녀는 서로 살을 부비며 공유한 시간만큼 세월이 지나도 서로를 존중하고 배려하는 가족이 되길 바란다.

마지막으로 상담의 중요성을 인지하고 상담사례를 쓰긴 하지만 글 쓰는 실력이 부족한 나에게 용기를 주며 사례 내용의 수정 보완에 수고해주신 자존출판사 관계자들에게 무사 출판에 대한 감사의 인사를 남긴다.

22년 늦여름쯤에

# 참고도서

*문은희(2011). 엄마가 아이를 아프게 한다. 예담.

*이우경(2020). 사춘기 아이 때문에 힘들어하는 엄마들에게. 메이트북스

*수잔 포워드. 김형섭 외2명 옮김(2010). 독이 되는 부모. 푸른아이

*황현주 외5명(2013). 아동상담. 파란마음

*천성문 외 8명(2015). 심리치료와 상담이론. 센게이지 러닝코리아

*이경애(2021). 마음이 마음대로 안 될 때. 인간사랑

*이성동(2016)역저. 쟈코모 리쫄라띠,

　　　　　코라도 시니갈이아. 공감하는 뇌: 거울 뉴런과 철학. UUP

*한덕웅(2006). 인간의 동기심리. 박영사

*전미경(2020). 솔직하게, 상처주지 않게. 지와인

*제석봉 외2명(2016)공역. 현대의 교류분석. 학지사

*권석만(2017). 인간 이해를 위한 선격심리학. 학지사

*김선영(2021). 엄마를 미워하면 나쁜 딸일까. 책들의 정원

*임말희(2015)역저 장-다비드 나지오. 위기의 청소년. NUN

*김시원(2015)역저, 개스린 겔다드, 데비드 겔다드. 청소년 상담. 한올아카데미

*노성덕 외7인(2009). 학부모개입 지침서, 가족갈등. 서울-한국청소년상담원

*로널드 T. 에프론 (2021). 욱하는 성질 죽이기, 다연

*유재봉, 심혜경 역저(2011), 수잔 에바포터. 청소년은 왜 그렇게 행동할까?. 교문사

*문은희(2011). 엄마가 아이를 아프게 한다. 예담.

*이우경(2020). 사춘기 아이 때문에 힘들어하는 엄마들에게. 메이트북스

*수잔 포워드. 김형섭 외2명 옮김(2010). 독이 되는 부모. 푸른아이

*황현주 외5명(2013). 아동상담. 파란마음

*천성문 외 8명(2015). 심리치료와 상담이론. 센게이지 러닝코리아

*이경애(2021). 마음이 마음대로 안 될 때. 인간사랑

*이성동(2016)역저. 쟈코모 리쫄라띠, 코라도 시니갈이아.

공감하는 뇌: 거울 뉴런과 철학. UUP

*한덕웅(2006). 인간의 동기심리. 박영사

*전미경(2020). 솔직하게, 상처주지 않게. 지와인

*제석봉 외2명(2016)공역. 현대의 교류분석. 학지사

*권석만(2017). 인간 이해를 위한 선격심리학. 학지사

*김선영(2021). 엄마를 미워하면 나쁜 딸일까. 책들의 정원

*임말희(2015)역저 장-다비드 나지오. 위기의 청소년. NUN

*김시원(2015)역저, 개스린 겔다드, 데비드 겔다드. 청소년 상담. 한올아카데미

*노성덕 외7인(2009). 학부모개입 지침서, 가족갈등. 서울-한국청소년상담원

*로널드 T. 에프론 (2021). 욱하는 성질 죽이기, 다연

*유재봉, 심혜경 역저(2011), 수잔 에바포터. 청소년은 왜 그렇게 행동할까?. 교문사

# 참고논문

*이예진 외4인(2021) '청소년의 공격성에 영향을 미치는 요인' 한국콘텐츠학회논문지

*이형진 외1명(2015). '부모의 학대와 방임이 청소년의 공격성에 미치는 영향' 대구대학교

*양원영, 원희랑, 김준홍(2013). 인문계 고등학생의 입시스트레스와 자살생각과의 관계

　　　　　　　　　-우울에 따른 매개효과, 청소년 시설환경

*홍성조(2022). 사이버 폭력 프로파일, 부모 및 중학생의 자기관련 변인.

　　　　　학업 스트레스와 학교생활적응과의 관계. 한서대학교 교육대학원 박사학위논문

*박초원(2022). 비자살적 자해 청소년의 부정정서와 반추가 억제 조절에 미치는 영향.

　　　　　중앙대학교 대학원 석사학위논문

*전예림(2021). 성인 사이버폭력 경험, 청소년기 학교폭력경험, 외상 경험에 따른 군집 유형과 심리적 증상,

　　　　　사회적 지지, 내현적 수치심에서의 차이. 고려대학교 교육대학원 석사학위논문

*윤종선(2021), 빈곤청소년의 일상 스트레스와 심리적 안녕감 사이의 관계

　　　　　-자기효능감과 진로성숙도의 조절효과를 중심으로. 대전대학교 대학원 석사학위논문

*최영(2021), 초기 청소년기 학교폭력 경험의 특성과 종단적 변화. 한양대학교 대학원 석사학위논문

*신문정(2021), 학교 밖 청소년의 개인, 가족, 친구, 지역사회체계가 우울에 미치는 영향.

　　　　　부산대학교 대학원 석사학위논문

*전체원(2021). 청소년의 가정, 학교, 사이버상에서의 폭력피해 경험이 공격성에 미치는 영향

　　　　　: 자아존중감과 사회적 지지의 매개효과를 중심으로. 서울대학교 대학원 석사학위논문

*임혜은(2021), 청소년의 아동학대경험이 경험회피, 사회불안 및 분노억제를 통해 전위된 공격행동에 미치는 영향

　　　　　: 내외통제성향의 조절효과. 이화여자대학교 대학원 박사학위논문

*현경숙(2021). 중학생의 우울이 진로성숙에 미치는 영향 : 자아존중감 매개효과. 제주대학교 대학원 석사학위논문

*류현미(2021). 청소년의 비자살적 자해에 대한 국내 연구동향. 충북대학교 대학원 석사학위논문

*박가희(2021). 부모의 심리적 통제가 청소년의 비자살적 자해에 미치는 영향

　　　　　: 정서표현 양가성의 매개효과. 한국교원대학교 교육대학원 석사학위논문

*이문영(2021). 청소년 자해행동, 자살생각 및 자살시도와 관련 요인 : 개인특성, 가정환경, 학교환경을 중심으로.

　　　　　인하대학교 대학원 박사학위논문

*홍미애(2021). 청소년의 부모애착과 비자살적 자해와의 관계에서 자아존중감의 매개효과.

　　　　숭실대학교 기독교대학원 석사학위논문

*윤숙경(2021). 청소년의 충동성이 비자살적 자해에 미치는 영향 : 정서조절곤란의 매개효과.

　　　　한국교원대학교 교육대학원 석사학위논문

*이영희(2020). 청소년 자해행동의 보호요인과 위험요인

　　　　　　: 중학생의 일상적 스트레스, 자기통제, 사회적 지지를 중심으로. 강원대학교 대학원 석사학위논문

*조세정(2020). 청소년이 지각한 가족기능과 부적응사고, 신체화가 비자살적 자해에 미치는 영향.

　　　　우석대학교 교육대학원 석사학위논문

*오윤서(2020). 비자살적 자해 청소년을 대상으로 한 상담 개입

　　　　　　: 상담자 경험을 중심으로. 한양대학교 상담심리대학원 석사학위논문

*김보경(2019). 학업중단 위기 학생의 위기극복 과정에 대한 질적 연구. 동국대학교 대학원 석사학위논문

*김나은(2019). 부모의 정서적 학대가 청소년의 자해행동에 미치는 영향

　　　　　　- 정서조절곤란의 매개효과 및 또래갈등의 조절효과. 명지대학교 일반대학원 석사학위논문.

*이미정(2017). 초등학생이 지각한 부모양육태도와 자아개념이 학교적응에 미치는 영향.

　　　　수원대학교 대학원 석사학위논문

*박혜연(2018). 지각된 부모의 양육태도와 귀인성향의 관계. 아주대학교 교육대학원 석사학위논문

*강성미(2016). 부모양육태도와 일반계 고등학교 남학생의 학교생활 부적응에 대한 연구

　　　　　　: 부모양육태도와 부적응. 인하대학교 교육대학원 석사학위논문

*전자배(2019). 청소년이 인지한 또래 집단규범이 집단따돌림 행동에 미치는 영향. 서울대학교 대학원 박사학위논문

*김연희(2019). 부모의 양육태도와 아동의 성격강점이 회복탄력성과 학교생활적응에 미치는 영향.

　　　　대전대학교 대학원 석사학위논문

*장벼리(2016). 한 부모 가정의 양육태도와 외현화 문제의 관계. 성균관대학교 일반대학원 석사학위논문

*오인경(2018). 청소년이 지각한 부모양육태도와 대인관계문제와의 관계에서 정서조절곤란의 매개효과.

　　　　목포대학교 교육대학원 석사학위논문

*김동현(2018). 청소년이 지각한 부모양육태도와 학교생활적응의 관계에서 자기통제의 매개효과.

　　　　아주대학교 일반대학원 석사학위논문

*김연주(2018). 가정폭력으로 인한 청소년비행의 억제 방안 연구. 한세대학교 일반대학원 박사학위논문

＊허진아(2017). 청소년의 학대피해가 폭력피해에 미치는 영향

　　　　: 일탈적 생활양식의 매개효과를 중심으로. 동국대학교 대학원 박사학위논문

＊유청우(2016). 청소년이 지각한 부모의 양육태도와 학교폭력 가·피해 경험과의 관계.

　　　　전북대학교 교육대학원 석사학위논문

＊정은진(2016). 고등학생이 지각한 부모양육태도, 회복탄력성, 자아존중감의 관계.

　　　　아주대학교 대학원 석사학위논문

＊안우경(2016). 부모의 양육태도와 중학교 남학생의 학교생활 부적응에 대한 연구.

　　　　인하대학교 교육대학원 석사학위논문

＊양상민(2015). 학교폭력 집단유형별 청소년의 공동체의식에 영향을 미치는 요인.

　　　　이화여자대학교 사회복지대학원 석사학위논문

＊최유원(2019). 청소년의 부모로부터 방임경험이 학교폭력가해에 미치는 영향에서 교사지지의 조절효과 분석

　　　　: 저소득층 집단을 중심으로. 연세대학교 사회복지대학원 석사학위논문

＊신혜정(2015).여자 가출청소년의 비행또래 집단 경험. 이화여자대학교 대학원 박사학위논문

＊정지원(2014). 학교폭력을 유발하는 메커니즘 : 놀이 하위문화와 패거리 효과를 중심으로.

　　　　연세대학교 대학원 박사학위논문

우리는 각자만의 개성대로
선한 영향력을 끼치는 '문화'를 만듭니다


-자존출판사